국립중앙도서관 출판시도서목록(CIP)

(왕초보) 3step 패턴 영어회화 300
감수 : 이승원, 이규승
— 서울 : 창, 2009 p. ;   cm

ISBN 978-89-7453-171-3 13740 : ₩15000
영어 회화[英語會話]

747.5-KDC4
428-DDC21   CIP2009000340

영어 초보자를 위한
왕초보 3step 패턴 영어회화 300

2009년 2월 25일 1쇄 발행
2024년 1월 25일 17쇄 발행

지은이 | 이승원 · 이규승
펴낸이 | 이규인
디자인 | 박선영
펴낸곳 | 도서출판 **창**
등록번호 | 제15-454호
등록일자 | 2004년 3월 25일

주소 | 서울특별시 마포구 대흥로 4길 49, 1층(용강동 월명빌딩)
전화 | (02) 322-2686, 2687 / **팩시밀리** | (02) 326-3218
홈페이지 | http://www.changbook.co.kr
e-mail | changbook1@hanmail.net

ISBN 978-89-7453-171-3 13740

정가 15,000원

*잘못 만들어진 책은 〈도서출판 창〉에서 바꾸어 드립니다.

*이 책의 저작권은 〈도서출판 창〉에 있습니다.
  저작권법에 의해 보호를 받는 저작물이므로 무단 전재와 복제를 금합니다.

왕초보 3-step 패턴 영어회화 300

이승원·이규승 감수

창
Chang Books

F·o·r·e·w·o·r·d

들어가면서...

여러분은 지금 국제화시대에 살고 있습니다. 최근 우리 사회의 이슈이자 많은 분들이 고민하는 부분 중의 하나가 어떻게 하면 원어민처럼 유창하게 영어를 잘 할 수 있을까? 하는 바람일 것입니다. 이러한 시대 상황을 고려해 편집·제작된 책이 바로 '왕초보 3step 패턴 영어회화 300' 입니다. 수많은 영어회화학습의 방법들이 있지만 생각만큼 효과를 얻기란 쉽지 않습니다. 그렇다면 영어 초보자에게 있어 가장 중요한 영어회화 학습의 요소는 무엇일까? 발음, 문법, 어휘, 물론 모두 중요하지만 가장 중요한 것은 지금 당장 할 수 있는 자신감입니다. 이 책은 바로 이러한 분들을 위해 아주 기초적인 회화에서부터 수준 높은 회화까지 구사할 수 있도록 단계별로 구성되어 있어 영어 초보자도 쉽게 접근할 수 있도록 만들어진 학습서입니다.

그 동안 중고등학교와 대학교를 마치면서 영어는 반드시 읽혀야 할 필수과목으로 되어 오면서 요즘에는 세계화 시대에 발맞추어 영어는 초등학교부터 시작해야 하는 필수 언어가 되었습니다. 필자는 이렇게 많은 시간을 투자하면서 배워온 영어지만 외국인 앞에서 대화하려면 말하기를 주저하게 되고 말을 하더라도 곧 막혀버리거나 더듬거리는 모습을 수없이 지켜보면서 '영어를 좀더 쉽고 효율적으로 할 수 있는 방법이 없을까' 하는 생각을 해오던 중 드디어 이번에 '왕초보 3step 패턴 영어회화 300' 이라는 책을 출간하게 되었습니다.

한 언어를 마스터하기 위해 학습자의 끈기와 인내를 필요로 하지만 보다 더 쉽고, 빠르고, 효율적으로 할 수 있는 방법은 '원어민들이 자주 사용하는 패턴을 학습자에게 각인시킨 후 반복적인 연습과 훈련으로 익숙해지도록 하는 것' 이라고 생각하였습니다. 그래서 이 책은 손쉽게 영어공부의 재미와 자신감을 느낄 수 있도록 효과적이고 과학적으로 만들어졌습니다.

이 책의 구성을 살펴보면 제1편, 제2편, 제3편으로 나누어져 가장 필수적인 패턴만을 엄선한 총 300개의 패턴과 문형으로 수록되어 있습니다.

Foreword

제1편에서 영어공부를 위한 가장 기초적인 패턴을 정리하여 회화에 반드시 필요한 기본 패턴위주로 기술하였습니다.

제2편에서는 학습자의 주관적인 입장에서 질문을 통한 실력 향상을 위해 질문형 패턴을 위주로 문형을 정리하였습니다.

제3편에서는 기초적인 패턴과 질문형 패턴을 읽힌 후 가능한 한 보다 수준 높은 패턴 및 문형에 익숙해지도록 하였습니다.

각각의 영어패턴은 유용한 표현을 먼저 읽힌 후, 각각의 상황에 맞는 예문을 통하여 익숙해지도록 하였으며, 문형 연습을 통하여 최대한 반복적인 학습효과가 나타날 수 있도록 고려하였습니다. 또한, Tip을 통하여 추가적인 문법과 주요해설을 설명하였을 뿐만 아니라 주요 어휘나 숙어 등을 추가하였습니다.

영어 학습을 정복하는 데에는 여러 가지 방법이 있겠지만 공통적인 것은 많이 읽고 소리 내어 반복적인 훈련하는 것입니다. 눈으로 보고 암기하는 것만으로는 부족합니다. 그래서 이 책은 본사 홈페이지에서 MP3로 다운받아 언제나 편리하게 들을 수 있도록 하였습니다. 원어민 발음에 따라 소리 내어 읽고 자신의 발음이 명확히 들리도록 하는 반복적인 훈련만이 큰 성과를 가져올 것입니다.

이 책을 통하여 독자 여러분의 부족했던 영어를 보충하여 영어에 자신감을 얻어 원어민 앞에서도 유창하게 대화할 수 있도록 영어회화 실력이 획기적으로 향상되기를 바라는 마음 간절합니다.

감사합니다.

Foreword

✳ 차례 ✳

Part 1 1단계 패턴

Unit 1 Thank you ~
001	Thank you ~	감사합니다, 매우 감사합니다.	16
002	Thank you for ~	~에 대해 감사합니다, ~해서 감사합니다.	17
003	I appreciate ~	~에 대해 감사합니다.	18
004	I'd appreciate ~	~하면 감사하겠습니다.	19

Unit 2 I'm sorry ~
005	I'm sorry to ~	~해서 미안합니다, ~해서 유감입니다.	21
006	I'm sorry for(about) ~	~대해 미안합니다.	22
007	I'm sorry that ~	~해서 미안합니다, ~하다니 서운합니다.	23

Unit 3 I am ~
008	I'm glad ~	~하게 되어 기뻐요.	25
009	I'm delighted ~	~하게 되어 기뻐요.	26
010	I'm pleased ~	~하게 되어 기뻐요, ~에 만족해요.	27
011	I'm trying to ~	~을 해보려고 하는 중이에요.	28
012	I am going to ~	~을 할 예정이다, ~에 가는 중이다.	29
013	I'm not going to ~	나는 ~하지 않을 예정이에요.	30
014	I was just going to ~	나는 막 ~할 예정이었어요.	31
015	I'm looking for ~	나는 ~을 찾고 있습니다.	32
016	I'm here to ~	나는 ~하러 왔는데요.	33
017	I'm sure ~	나는 ~을 확신한다.	34
018	I'm afraid ~	~을 두려워하다, 유감스럽지만 ~하다.	35

Unit 4 This(That) is ~
019	This is what ~	이것이 바로 ~이다.	37
020	This is why ~	이것이 바로 ~하는 이유이다, 이래서 ~하다.	38
021	That's what ~	그것이(은) 바로 ~이다.	39
022	That's why ~	그것이(은) 바로 ~이유이다, 그래서 ~하다.	40
023	That's because ~	그것은 ~때문이다.	41
024	That's how ~	그것이 바로 ~한 방법이다, 그렇게 해서 ~하다.	42

Unit 5 I can't ~
025	I can't stop ~ing ~	나는 ~하는 것을 멈출 수 없어요.	44
026	I can't believe ~	~을 믿을 수가 없어요.	45
027	I can't wait ~	~을 기다릴 수 없어요, ~을 빨리 하고 싶어요.	46
028	I can't stand ~	~을 참을 수가 없어요.	47
029	I can't think of ~	~가 생각나지 않아요.	48

Unit 6 I know ~
030	I know what ~	~을 알고 있어요.	50
031	I don't know what ~	~을 몰라요, 모르겠어요.	51
032	I don't know why ~	왜 ~하는지 모르겠어요.	52
033	I don't know how to ~	~하는 방법을 모르겠어요, 어떻게 ~해야 할지 모르겠어요.	53
034	I don't know where to ~	어디로(어디에서) ~해야 할지 모르겠어요.	54

Unit 7 I like ~
035	I like to ~	나는 ~하기를 좋아해요, ~하고 싶어요.	56
036	I like ~ing	나는 ~하는 것을 좋아해요.	57

Unit 8 I think ~
037	I think (that)	나는 ~라고 생각해요.	59
038	I don't think you should	나는 당신이 ~해서는 안 된다고 생각해요.	60
039	I'm thinking of ~	나는 ~에 대해 생각중이에요, ~하려고 생각중이에요.	61

Unit 9 I want ~
040	I want to ~	나는 ~하고 싶다(싶어요).	63
041	I want you to ~	나는 당신이 ~하기를 원해요.	64
042	You don't want to ~	당신이 ~해서는 안 될 것 같아요.	65
043	I just wanted to ~	나는 단지 ~하고 싶었을 뿐이야, ~하고 싶었다.	66

Foreword

Part 2 2단계 패턴

Unit 10 Are you ~
044	Are you sure ~	당신은 확신해요? 확실해요?	69
045	Are you ready to ~	~할 준비가 되어 있나요?	70
046	Are you prepared to ~	당신 ~할 준비가 되어 있어요?	71
047	Are you interested in ~	당신은 ~에 관심 있어요?	72
048	Are you done with ~	당신은 ~을 끝냈어요?	73

Unit 11 Is it ~
049	Is it okay if ~	~ 해도 괜찮을까요?	75
050	Is it all right to ~	~ 해도 될까요?	76
051	Is it possible to ~	~ 하는 것이 가능할까요? ~할 수 있을까요?	77

Unit 12 Is there ~
052	Is there a ~	~가 있습니까? ~가 있어요?	79
053	Is(Are) there any ~	~가 있습니까? ~가 있어요?	80
054	Is there anything ~	다른 ~가 있습니까?	81
055	Is there anyone who ~	~할 누군가 있습니까?	82
056	Is there something ~	~한 무엇이 있습니까?	83

Unit 13 Do you want ~
057	Do you want to ~	~하고 싶습니까? ~할래요?	85
058	Do you want me to ~	내가 ~해주기를 원하세요?	86
059	What do you want to ~	무엇을 ~하고 싶어요?	87
060	When do you want to ~	언제 ~하고 싶어요?	88
061	Why do you want to ~	왜 ~하고 싶어요?	89

Unit 14 Do you think ~
062	Don't you think ~	~가 아니라고 생각해요?	91
063	What do you think of ~	~에 대해 어떻게 생각해요?	92
064	Why do you think ~	왜 ~라고 생각해요?	93

Unit 15 Do you know ~
065	Do you know what ~	~가 무엇인지를 아세요?	95
066	Do you know why ~	왜 ~인지 아세요?	96
067	Do you know when ~	언제 ~하는지 아세요?	97
068	Do you know how to ~	~하는 방법을 알아요?	98
069	Do you know anything about ~	~에 대하여 아는 것 있어요?	99
070	Do you know if ~	~인지 알아요?	100

Unit 16 Do you have ~
071	Do you have any ~	~이 좀 있어요?	102
072	Do you have anything ~	~한 것이 있어요?	103
073	Do I have to ~	내가 ~해야 합니까? 내가 ~해야 하나요?	104

Unit 17 Can I ~
074	Can I help you ~	당신이 ~하는 것을 도와드릴까요?	106
075	Can I get you ~	~를 갖다 드릴까요?	107
076	Can I have ~	~를 해 줄래요?, ~를 갖다 줄래요?	108
077	Can I borrow ~	~를 빌려 줄래요?	109
078	Can I use ~	~를 사용해도 될까요?	110

Unit 18 Can you ~
079	Can you give me ~	~를 해줄 수 있어요?	112
080	Can you tell me ~	~를 말해 줄 수 있어요?	113
081	Can you show me how to ~	~하는 방법을 알려 줄래요?	114
082	Can you lend ~	~ 좀 빌려 줄래요?	115

Unit 19 Shall + I(we)~
| 083 | Shall we ~ | 우리 ~할까요? | 117 |
| 084 | Shall I ~ | 제가 ~할까요? | 118 |

Unit 20 Would you ~
| 085 | Would you please ~ | ~해 주시겠어요? ~해 주실래요? | 120 |
| 086 | Would you mind ~ | ~해도 될까요? ~해 줄래요? | 121 |

F·o·r·e·w·o·r·d

	087	Would you mind if I ~	~해도 될까요?	122
	088	Would you like to ~	~를 하시겠어요?	123
	089	Would you like me to ~	제가 ~를 할까요?	124
	090	What would you like to ~	당신은 무엇을 ~하시겠어요?	125
	091	When would you like to ~	언제 ~하고 싶습니까?	126
	092	Where would you like to ~	어디에 ~하고 싶습니까?	127
	093	How would you like ~	~을 어떻게 원하세요?	128
	094	How do you like ~	~을 어떻게 해드릴까요?	129
Unit 21 What ~	095	What kind of ~	무슨(어떤) 종류의 ~?	131
	096	What sort of ~	무슨(어떤) 종류의 ~, 도대체 어떻게 된 것인가?	132
	097	What type of ~	무슨(어떤) 종류의 ~	133
	098	What brings you ~	무슨 일로 ~ 오셨어요?	134
	099	What makes you ~	왜 ~하나요?	135
	100	What happened to ~	~에게 무슨 일이 있어요?	136
	101	What's wrong ~	~에게 잘못이라도 있어요? 무슨 일이 있어요?	137
	102	What's the problem ~	~에게 문제가 뭐죠?	138
	103	What do you mean ~	~는 무슨 뜻이지요?	139
	104	What should I ~	내가 무엇을 ~해야 하나요?	140
	105	What about ~	~는 어때요? ~는 어떻게 되나요?	141
	106	What if ~	만약 ~하면 어떻게 하지요?	142
	107	What do you say ~	~은 어떨까요? 어떻게 생각해?	143
	108	What's the best way to ~	무엇이 ~하는 가장 좋은 방법이죠?	144
	109	What is your ~	당신의 ~는 무엇인가요?	145
Unit 22 Where ~	110	Where are you ~ing ~	당신은 어디에서 ~하고 있어요?	147
	111	Where are you going to ~	당신은 어디로(에서) ~할 예정입니까?	148
	112	Where can I ~	내가 어디에서 ~할 수 있을까요?	149
	113	Where's a good place to ~	어디가 ~할 좋은 장소이죠?	150
Unit 23 When ~	114	When are you ~ing ~	당신은 언제 ~할 거예요?	152
	115	When can I ~	언제 ~할 수 있을까요?	153
	116	When was the last time ~	마지막으로 ~한 것이 언제입니까?	154
Unit 24 Who ~	117	Who is your ~	당신의 ~는 누구죠?	156
	118	Who is going to ~	누가 ~할 거죠?	157
	119	Who did you ~	당신은 누구를 ~했어요? 당신은 누구에게 ~했어요?	158
Unit 25 Why ~	120	Why are you ~	당신은 왜 ~해요?	160
	121	Why are you always ~	당신은 왜 항상 ~해요?	161
	122	Why don't you ~	~하는 게 어때요? ~하지요?	162
	123	Why don't we ~	우리 ~하면 어때요? ~할래요?	163
	124	Why didn't you ~	왜 ~하지 않았어요?	164
Unit 26 Which ~	125	Which is + 비교급	어느 것이 더 ~해요?	166
	126	Which ~ do you prefer	당신은 어느 것을 더 좋아해요?	167
	127	Which one do you ~	당신은 어느 것을 더 좋아해요?	168
	128	Which do you prefer, A or B	A와 B중에서 어느 것을 더 좋아해요?	169
Unit 27 How ~	129	How about ~	~ 어때요? ~해 줄래요?	171
	130	How can I ~	내가 어떻게 ~할 수 있을까요?	172
	131	How do I ~	내가 어떻게 ~을 하죠?	173
	132	How do you like ~	~을 어떻게 해드릴까요? ~가 어떻습니까?	174
	133	How do you feel ~	~을 어떻게 생각해요? ~은 어때요?	175

F·o·r·e·w·o·r·d

	134	How come ~	왜 ~해요?	176
	135	How many ~	얼마나 많은 ~해요?	177
	136	How much ~	얼마나 많은(양) ~해요? ~은(가격) 얼마입니까?	178
	137	How far ~	~은 얼마나 먼(거리, 정도)가요? 거리가 얼마인가요?	179
	138	How long ~	(시간이)얼마나 오래 ~하지요? (길이가) ~인가요?	180
	139	How long does it ~	~하는 데 (시간이)얼마나 걸리지요?	181
	140	How long have you ~	~한 지 얼마나 됐어요?	182
	141	How often ~	얼마나 자주 ~하세요?	183
	142	How soon ~	얼마나 빨리 ~할 수 있을까요? 언제 ~할 수 있을까요?	184
Unit 28 Have you ~	143	Have you got ~	~을 가지고 있어요?	186
	144	Have you ever + 과거분사(P.P.) ~	~을 해 본 경험이 있어요?	187
	145	Have you seen ~	~을 본 적 있어요?	188
	146	Have you heard about/of ~	~에 대해 들었어요?	189

Part 3 3단계 패턴

Unit 29 I have ~	147	I have + 명사 ~	~을 가지고 있다, 먹다	194
	148	I have to ~	~을 해야만 합니다.	195
	149	You have to ~	당신은 ~을 해야만 합니다, 해야만 해요.	196
	150	You don't have to ~	당신은 ~할 필요가 없어요.	197
	151	I've got to ~	~을 해야만 해요.	198
	152	I've been ~	~을 해오고 있어요, ~을 해봤어요.	199
	153	I've done ~	~을 했어요, ~을 끝냈어요.	200
	154	I've heard ~	~을 들었어요.	201
	155	최상급 + I've ever + 과거분사(p.p.) ~	내가 지금까지 ~한 것 중 가장 ~해요.	202
	156	I've never + 과거분사(p.p.) ~	나는 ~해 본 적이 없어요.	203
	157	I haven't ~	나는 ~하지 못했어요, 나는 ~하지 않았어요.	204
Unit 30 I must ~	158	I must + 동사 ~	나는 ~을 해야만 해요.	206
	159	You must be ~	당신은 ~해야 해요, 당신은 ~하겠군요.	207
	160	must have + 과거분사(p.p.) ~	~했었음에 틀림없다.	208
Unit 31 I will ~	161	I'll get ~	내가 ~할게요.	210
	162	I'll have ~	나는 ~을 먹을게요.	211
	163	You'll have to ~	당신은 ~을 해야만 할 거예요.	212
	164	I'll check ~	내가 ~을 알아볼게요.	213
	165	I'll take care of ~	내가 ~을 돌볼게요, 처리할게요.	214
	166	Will you ~	~해 줄래요? ~할래요?	215
Unit 32 I'd like ~	167	I'd like ~	~를 주세요, ~를 원해요.	217
	168	I'd like to ~	~하고 싶은데요.	218
	169	I'd like to give you ~	당신에게 ~를 주고 싶어요.	219
	170	I'd like to let you know ~	나는 ~를 알려 주고 싶어요.	220
	171	I'd like to ~, but ~	나도 ~하고 싶지만	221
Unit 33 I'd ~	172	I would ~	나라면 ~하겠는데요.	223
	173	I'd say (that) ~	(아마) ~일 거예요, ~라고 말하고 싶습니다.	224
	174	I'd rather ~	~하는 게 낫겠어요.	225
	175	I'd rather not ~	~하지 않는 게 낫겠어요.	226
	176	I'd rather ~ than ~	~하느니 차라리 ~하겠어요.	227
	177	Would you rather ~ or ~	~해요 아니면 ~해요?	228

Foreword

Unit 34 had better ~	178	You'd better ~	당신은 ~하는 것이 좋겠어요.	230
	179	You'd better not ~	당신은 ~하지 않는 것이 좋겠어요.	231
	180	I think you'd better ~	당신은 ~하는 것이 좋을 것 같아요.	232
	181	We'd better ~	우리 ~하는 것이 좋겠어요, 우리 ~해요.	233
Unit 35 You should ~	182	You should try ~	~해야 합니다, ~해봐야 해요.	235
	183	You should learn how to ~	~하는 방법을 배워야 해요.	236
	184	You shouldn't ~	~하면 안돼요.	237
	185	You should have + 과거분사(p.p.) ~	당신은 ~했어야 했어요.	238
	186	I should have + 과거분사(p.p.) ~	나는 ~했어야 했어요.	239
	187	Should I ~?	내가 ~을 해야 하나요?	240
	188	Maybe you should ~	당신이 ~하는 것이 좋겠네요, ~해야 합니다.	241
	189	I think you should ~	나는 당신이 ~해야 한다고 생각해요.	242
Unit 36 Let me ~	190	Let me + 동사	내가 ~하죠, 내가 ~할게요.	245
	191	Let me check ~	내가 ~을 확인해 볼게요.	246
	192	Let me take ~	내가 ~을 할게요.	247
	193	Let me think about ~	~에 대해 생각해 볼게요.	248
	194	Let me tell you about ~	~에 대해 말해 줄게요.	249
	195	Let me see if ~	내가 ~인지 아닌지 알아 볼게요.	250
	196	Let me know if~	~하면 내게 알려줘요, ~인지 내게 알려줘요.	251
	197	Let me know what ~	~을 나에게 알려줘요.	252
Unit 37 Let's ~	198	Let's go ~	~에 갑시다.	254
	199	Let's get ~	~합시다.	255
	200	Let's see ~	~을 봅시다.	256
Unit 38 I never ~	201	I never thought ~	~에 대한 전혀 생각을 못했어요.	258
	202	I never dreamed ~	꿈에도 ~하지 않았어요.	259
	203	I never expected ~	전혀 ~을 기대하지 않았어요.	260
	204	I never want to ~	절대 ~하고 싶지 않아요.	261
	205	I'd never ~	절대 ~하지 않을 거예요.	262
Unit 39 I wonder ~	206	I wonder what ~	나는 ~이 궁금해요.	264
	207	I wonder when ~	언제 ~하는지 궁금해요.	265
	208	I wonder why ~	왜 ~하는지 궁금해요.	266
	209	I wonder how ~	어떻게 ~하는지 궁금해요.	267
	210	I wonder if ~	~할지 궁금해요.	268
	211	I was wondering if ~	~한지 궁금해요.	269
	212	No wonder ~	~것은 조금도 이상하지 않다, ~은 당연하다.	270
Unit 40 It seems(You seem) ~	213	It seems that ~	~인 것 같아요.	272
	214	It seems like ~	~처럼 보여요, ~인 것 같아요.	273
	215	It seems as if ~	~처럼 보여요, ~인 것 같아요.	274
	216	You seem to ~	당신은 ~한 것 같아요.	275
Unit 41 오감동사	217	look like ~	~처럼 보여요.	277
	218	sound like ~	~처럼 들려요, ~인 것 같아요.	278
	219	smell ~	~한 냄새가 나요, 냄새가 ~해요.	279
	220	taste ~	~한 맛이 나요, 맛이 ~해요.	280
	221	feel like ~	~하고 싶다, ~처럼 느껴져요.	281
	222	don't feel like ~	~하고 싶지 않다, ~할 기분이 아니다.	282
Unit 42 If ~	223	If you have any ~	당신이 조금이라도 ~이 있다면	284
	224	If you don't mind ~	괜찮으시다면	285

Foreword

225	If you ask me ~	내 생각을 말하자면, 내 생각에는	286
226	If there's ~	만약 ~이 있다면	287
227	If I were you ~	내가 당신이라면	288
228	If it were not for ~	만약 ~이 없다면	289
229	If it had not been for ~	만약 ~이 없었다면	290

Unit 43 take ~
230	It takes + 명사(부사) ~	~이 걸리다, ~이 필요하다.	292
231	take A to B ~	A를 B로 데리고 가다, 가지고 가다.	293
232	take ~ for granted	당연하게 여기다(생각하다).	294

Unit 44 mean ~
233	mean to ~	~을 의도하다, ~할 작정이다.	296
234	I didn't mean to ~	~하려던 것이 아니었어요.	297
235	(Do) you mean ~ ?	~라는 말인가요? ~라는 거예요?	298

Unit 45 get ~
236	~ be getting better	~이 점점 좋아지고 있어요	300
237	~ get ready	~을 준비하다, 용의가 있다.	301
238	get + 사람 + 사물 ~	~에게 ~을 사주다, 가져다 주다.	302
239	get + 사물 + 과거분사(p.p.) ~	~를 당하다, ~해 받다.	303

Unit 46 need ~
240	I need ~	나는 ~가 필요해요.	306
241	I need to ~	나는 ~가 필요해요.	307
242	I don't need ~	나는 ~할 필요가 없어요.	308

Unit 47 hope ~
243	I hope ~	나는 ~하기를 바랍니다.	310
244	I hope to ~	나는 ~하기를 바랍니다.	311

Unit 48 agree
245	I agree ~	나는 ~에 동의합니다, ~에 찬성하다.	313
246	I agree with ~	나는 ~에 동감입니다.	314

Unit 49 There is ~
247	There is ~	~가 있어요.	316
248	There is no room for ~	~할 여지가 없다.	317
249	There is no knowing ~	~아는 것은 불가능하다, ~을 알 수 없다.	318

Unit 50 I wish I could ~
250	I wish I could ~	나도 ~할 수 있었으면 좋겠어요.	320
251	I wish I could, but ~	나도 ~할 수 있었으면 좋겠지만 ~해요.	321

Unit 51 I'm + 형용사(형용사구) ~
252	I'm happy to ~	~하게 되어 기쁘다, 기꺼이 ~하겠습니다.	323
253	I'm frustrated ~	~라서 실망했어요, 좌절했어요.	324
254	I'm in (no) mood ~	~할 기분이다(기분이 아니다), ~하고 싶다.	325

Unit 52 What is more, ~
255	What is more, ~	그 위에 또, 게다가 ~	327
256	Whatever (may) happen ~	무슨 일이 있어도 ~	328

Unit 53 cannot but(help) ~
257	cannot but ~	~하지 않을 수 없다.	330
258	cannot help ~	~하지 않을 수 없다.	331
259	have no choice but ~	~할 수밖에 없다, ~하지 않을 수 없다.	332

Unit 54 enough ~
260	동사 + enough + 명사	~이 충분히 있다, 충분한 ~을 가지고 있다.	334
261	형용사 + enough to ~	~할 만큼 ~하다, ~할 정도로 ~하다.	335

Unit 55 독립구문
262	To tell (you) the truth	사실대로 말하자면, 사실	337
263	To be sure	확실히, 틀림없이, 과연	338
264	To begin with	우선, 첫째로, 무엇보다 먼저	339
265	As for me	나로서는, 나라면	340

Unit 56 have something to ~
266	have something to do with ~	~와 관계가 있다.	342
267	have nothing to do with ~	~와 아무 관계가 없다.	343

Foreword

	268	I have nothing particular to ~	특별히 ~할 일이 없다.	344
	269	I have trouble ~ing	나는 ~에 어려움을 겪다.	345
Unit 57 Time (Moment) ~	270	(The) next time ~	다음에 ~할 때	347
	271	Every time ~	~할 때마다	348
	272	By the time ~	~할 때, ~ 즈음에	349
	273	The moment ~	~하자마자, ~하는 순간에	350
Unit 58 give	274	I give you my word ~	~에 대하여 약속하다.	352
	275	Give my best regards to ~	~에게 안부 전해 주세요.	353
	276	~ gives(has) a smooth(rough) ride	~가 승차감이 좋다(나쁘다).	354
Unit 59 숙어 및 관용 표현	277	for nothing	공짜로, 헛되이	356
	278	be동사 + on duty ~	~에 근무중이다.	357
	279	get used to ~	~에 익숙해지다.	358
	280	be allergic to ~	~에 알레르기가 있다, ~에 질색이다.	359
	281	fall in love with ~	~와 사랑에 빠지다, ~에게 반하다.	360
	282	Help yourself to ~	~을 마음대로 드세요.	361
	283	be on terms with ~	~와 관계에 있다.	362
	284	far from ~	~하기는커녕, 결코 ~이 아닌	363
	285	~ in no way	결코 ~하지 않다.	364
	286	~ on my way home	집에 가는 도중에 ~하다.	365
	287	I bet (that) ~	틀림없이 ~이다.	366
	288	I used to ~	~하곤 했다, ~하였다.	367
	289	It is no use ~ing	~해도 소용없다.	368
	290	It's a good idea to ~	~하는 것은 좋은 생각이다.	369
	291	It is time ~	~해야 할 시간이다.	370
	292	~ not ~ until ~	~때까지 ~하지 않다, ~이 되어 비로소 ~하다.	371
	293	It has been ~ since ~	~한 지 ~이 되다.	372
	294	too ~ to ~	~하기에 ~하다, ~해서 ~할 수 없다.	373
	295	so ~ that ~	매우 ~하여 ~하다.	374
	296	On ~ing	~하자마자	375
	297	spare + 목적어 ~	~를 용서하다, (돈,시간을) 내주다(할애하다).	376
	298	~ be to blame ~	(~에 대하여) 책임이 있다, ~이 나쁘다.	377
	299	keep + 목적어 + from ~ing	~에게 ~을 못하게 하다.	378
	300	Sure, I can	그럼요, 제가 ~할 수 있어요.	379

부록

• 로마자 한글 표기법	380
• 수사 읽는 방법	381
• 형용사 · 부사 변화표	383
• 불규칙 동사 변화표	384
• 불규칙 복수형 명사 변화표	385
• 철자와 발음법	386
• 활용도 높은 필수 영어 문장	388

Part 1
1단계 패턴

Unit 1   Thank you ~

Unit 2   I'm sorry ~

Unit 3   I am ~

Unit 4   This(That) is ~

Unit 5   I can't ~

Unit 6   I know ~

Unit 7   I like ~

Unit 8   I think ~

Unit 9   I want ~

> **The early bird catches the worm.**
> 일찍 일어나는 새가 벌레를 잡는다.

Pattern 001~004

Unit 1

Thank you ~

우리말의 '감사하다' 의 표현에 해당하는 영어는 'Thank'이다. 상대방의 답례에 대한 표현으로 Thank는 가장 많이 사용되는 동사다. 감사의 표현으로 Thank 이외에 Appreciate의 동사도 자주 사용된다. 일반적으로 Thank는 주어를 생략하고 사용하지만 Appreciate는 주어를 사용하여 감사를 표현한다. 상황에 따라 적절하게 다양한 표현으로 답례 표현을 할 수 있어야 한다.

Expressions

1. Thank you.   감사합니다.
2. Thanks a lot.   대단히 감사합니다.
3. Thank you very much.   대단히 감사합니다.
4. Thank you so much.   대단히 감사합니다.
5. I appreciate your help.   도와 주셔서 감사합니다.

Pattern 001

Thank you ~

감사합니다, 매우 감사합니다.

Useful expressions

1. **Thank you.** 감사합니다.
2. **Thanks.** 고마워.
3. **Thanks a lot.** 정말 고마워.
4. **Thank you** so much. 대단히 감사합니다.
5. **Thank you** very much. 대단히 감사합니다.

Dialogue

A : How are you these days? 요즘 어떠세요?
B : Fine, thanks. And you? 좋아요, 고마워요. 당신은 어떠세요?
A : I am fine too. Thanks. 저도 좋아요, 고마워요.
B : You look so good. 안색이 좋아 보이네요.

Exercises

1. Thanks _____ _____. 정말 고마워.
2. Thank you so much _____. 다시 한 번 대단히 감사합니다.
3. Thank you _____. 진심으로 감사합니다.

Tip

Thank you와 Thanks는 감사함을 표현할 때 사용된다. Thank you는 정중한 표현으로 격식을 차린 표현인 반면, Thanks는 친한 사람끼리 편안하게 사용할 수 있는 표현이다. 처음 보는 사람에게 Thanks 표현을 사용해서는 안된다. Thanks a lot은 매우 감사하다는 표현으로 많이 쓰이고 Thank you a lot이라는 영어표현은 사용하지 않는다.

Answers 1. a lot 2. again 3. sincerely

002 Pattern

Thank you for ~   ~에 대해 감사합니다, ~해서 감사합니다.

Useful expressions

1. **Thank you for** coming. 와 주셔서 감사합니다.
2. **Thank you for** your time. 시간 내주어 감사합니다.
3. **Thank you for** your attention. 경청해 주셔서 감사합니다.
4. **Thank you for** your compliment. 칭찬해 주셔서 감사합니다.
5. **Thank you for** calling Rogers Sporting Goods. 로저스 스포츠 용품입니다.

Dialogue

A : **Thank you for** coming to us. 우리들을 방문해주셔서 감사합니다.
B : **Thank you for** inviting me. 저를 초대해 주셔서 감사합니다.
A : Come this way. 이리로 오세요.
B : Thank you. 감사합니다.

Exercises

1. Thank you for _____ _____. 함께 해 주셔서 감사합니다.
2. Thank you for _____ e-Mart service center. 이마트 서비스 센터입니다.
3. Thank you for all your _____ _____. 당신의 모든 노고에 감사합니다.

Tip

Thank다음에 감사해야 할 대상인 사람을 목적격으로 하는 것이 중요하다. Thanks 다음에는 사람을 목적격으로 할 수 없지만, Thank는 반드시 사람을 목적격으로 하여야 한다. For 다음에 명사나 동명사가 온다는 점에 유의하자.

Answers 1. joining us 2. calling 3. hard work

Thank you ~ **17**

Pattern 003

I appreciate ~

~에 대해 감사합니다.

Useful expressions

1. **I appreciate your help.** 도와 주셔서 감사합니다.
2. **I deeply appreciate your concern.** 걱정해 주셔서 깊이 감사합니다.
3. **I appreciate it.** 감사합니다.
4. **I greatly appreciate your kindness.** 친절에 대단히 감사합니다.
5. **I appreciate your inviting me to breakfast.** 아침식사에 초대해 주셔서 감사합니다.

Dialogue

A : Would you please come to us for the birthday party? 생일 파티에 와 주시겠어요?
B : Sure. I'd love to. 물론입니다. 좋습니다.
A : I sincerely appreciate your joining us. 함께 해 주셔서 진심으로 감사합니다.
B : The pleasure is mine. 저도 기쁩니다.

Exercises

1. I appreciate _____ _____. 친절에 감사합니다.
2. I appreciate _____ _____, but it's none of your business. 걱정해 주시는 것은 고맙지만 당신이 상관할 일이 아닙니다.
3. I really appreciate _____ _____. 제의에 진심으로 감사합니다.

Tip

appreciate는 원래 '진가를 알다, 가치를 인정하다'의 의미로 상대의 호의, 배려에 감사하다는 의미로 쓰인다. 따라서, thank 다음에는 감사해야 할 대상자가 나오지만 appreciate 다음에는 대상자의 호의, 배려 등의 행위가 나오는 것이 일반적이다.

Answers 1. your kindness 2. your concern 3. your offer

004 Pattern

I'd appreciate ~

~하면 감사하겠습니다.

Useful expressions

1. **I'd appreciate that.** 그렇게 해 주시면 감사하겠습니다.
2. **I'd appreciate it if you'd not park here.** 여기에 주차하지 않으면 감사하겠습니다.
3. **I'd greatly appreciate it.** 그렇게 해 주시면 정말 감사하겠습니다.
4. **I'd appreciate it if you could do here before you leave.** 가기 전에 여기에도 해 주시면 감사하겠습니다.
5. **I'd appreciate it if you would turn the light off.** 불을 꺼 주시면 감사하겠습니다.

Dialogue

A : Can I make a suggestion for you? 하나 제안해도 될까요?
B : Really? I'd appreciate it. 정말이요? 그럼 감사하겠습니다.
A : I am afraid that you can't accept that. 받아들일 수 없을 것 같아서요.
B : What is that? 무엇인데요?

Exercises

1. Would you? I'd really appreciate _____. 그래 주시겠어요? 그러면 정말 감사하겠습니다.
2. Yes, I'd appreciate _____. 네 그렇게 해 주시면 감사하겠습니다.
3. I'd appreciate _____ if you could call me. 저에게 전화해 주시면 감사하겠습니다.

Tip

I'd appreciate는 원래 상대방 행위를 가정하여 사용되는 감사의 표현이다. 따라서 문장 속에서 가정을 의미하는 행위에 대하여 감사를 표시하는 것으로 would 와 함께 능동이나 수동의 형태로 쓰이게 된다.

Answers 1. it 2. that 3. it

Pattern 005~007

I'm sorry ~

I'm sorry는 상대방에게 '미안합니다', '죄송합니다'의 사과를 할 때 많이 사용하는 기본적인 표현이다. 이러한 경우 I'm sorry to ~, I am sorry for ~, 또는 I'm sorry that ~ 의 형태로 사용하며 '~에 대하여 미안합니다'의 의미를 지닌다. 그러나 '미안합니다'의 의미뿐만 아니라 때때로 상대방에게 가벼운 부탁을 하거나 상대방에게 '유감입니다' 또는 '안타깝습니다', '애석합니다'의 의미를 전할 때에도 사용한다.

Expressions

1. I'm sorry. 　　　　　　　　　미안합니다.
2. I'm **very** sorry. 　　　　　　정말 미안합니다.
3. I'm sorry **to bother you.**　　번거롭게 해서 죄송합니다.
4. I'm sorry **for being late.**　　늦어서 미안합니다.
5. I'm sorry **that you are sick.**　당신이 아프다니 안됐습니다.

" I'm sorry ~ "

005 Pattern

I'm sorry to ~   ~해서 미안합니다, ~해서 유감입니다.

Useful expressions

1. **I'm sorry to disturb you.** 방해해서 미안합니다.
2. **I'm sorry to have kept you waiting long.** 오래 기다리시게 해서 죄송합니다.
3. **I'm sorry to give you all this trouble.** 이렇게 폐를 끼쳐서 죄송합니다.
4. **I'm sorry to hear the news.** 그 소식을 듣게 돼서 정말 유감이에요.
5. **I'm sorry to have wasted your time like this.** 이렇게 당신의 시간을 소비하게 하여 죄송합니다.

Dialogue

A : **I'm so sad.** 몹시 슬프네요.
B : **What's wrong with you?** 무슨 일 있어요?
A : **My father passed away two weeks ago.** 이주일 전에 아버지가 돌아가셨어요.
B : **I'm sorry to hear that.** 안됐군요.

Exercises

1. I'm sorry to _____ you. 번거롭게 해서 미안합니다.
2. I'm sorry to _____ _____ you waiting. 기다리게 해서 죄송합니다.
3. I'm sorry to _____ that I cannot come. 유감스럽게도 갈 수가 없습니다.

Tip
sorry는 기본적으로 '미안하게 생각하는', '유감스러운' 의미를 갖는 형용사로 to + 부정사, for(about) + 명사(동명사), that절과 함께 쓰이는 것이 일반적이다. pass away는 die와 같은 의미이나 어른이 돌아가셨을 때 쓰는 표현이다.

Answers 1. trouble 2. have kept 3. say

Pattern 006

I'm sorry for(about) ~ ~에 대해 미안합니다.

Useful expressions

1. **I'm sorry for** him. 그가 안됐어요(그 사람이 가엽다).
2. **I'm sorry for** being late. 늦어서 죄송합니다.
3. **I'm sorry about** that. 그것에 대해 미안해요(유감입니다).
4. **I'm sorry for** the inconvenience. 불편을 끼쳐드려 죄송합니다.
5. **I'm very sorry about** what happened to your son. 아드님 일은 정말 유감입니다.

Dialogue

A : I have to work late again tonight. **I am sorry about** it, honey. 오늘도 늦게까지 일해야돼. 여보 미안해요.
B : What happened? 무슨 일 있어요?.
A : I have an urgent work to do tonight. 오늘밤 급한 일이 생겨서.
B : Take time. 천천히 하세요.

Exercises

1. I'm _____ sorry about this. 이 일에 정말 죄송해요.
2. I'm _____ sorry about what happened. 그 일은 정말 유감이에요.
3. I'm _____ sorry about this mess. 이렇게 난장판을 만들어 놓아서 정말 죄송해요.

Tip

I feel sorry에서 sorry는 '가엾은', '유감스러운' 의 의미로 위로를 할 때 주로 사용되며 I am sorry의 의미와 다소 차이가 있다. awfully와 extremely는 '대단히', '몹시' 의 의미를 갖는다.

Answers 1. awfully 2. very 3. extremely

007 Pattern

I'm sorry (that) ~   ~해서 미안합니다, ~하다니 서운합니다.

Useful expressions

1. **I'm sorry** I couldn't help you.   도와주지 못해서 미안해요.
2. **I'm sorry that** you weren't able to come.   당신이 오시지 못해서 안타깝네요.
3. **I'm sorry that** you cannot stay longer.   더 오래 못 계신다니 서운합니다.
4. **I'm sorry that** you are sick.   당신이 편찮으시다니 안됐습니다.
5. **I'm sorry that** I have not written to you for a long time.   오랫동안 편지를 드리지 못하여 죄송합니다.

Dialogue

A : Can you skip a signature?   서명 안 해도 되지 않나요?
B : **I'm sorry** we can't do **that**.   미안하지만 그럴 수가 없군요.
A : Why is that?   왜 그렇죠?
B : We need the recipient's signature.   수령인의 서명을 받아야 하거든요.

Exercises

1. I'm sorry we _____ do that.   미안하지만 그럴 수가 없군요.
2. I'm sorry I didn't _____ you.   당신 말을 믿지 않아 미안해요.
3. I'm sorry that you're _____.   네가 떠난다니 유감이야.

Tip

I'm sorry 다음의 that절에서 I가 주어가 되면 ~해서 미안함을 표시하지만, you나 제3자가 주어가 되면 ~해서 서운(섭섭, 애석)하다는 의미가 된다. 또한, that절 이하의 that은 생략되기도 한다. won't 는 will not의 줄임말이다.

Answers 1. can't 2. believe 3. leaving

Pattern 008~018

Unit 3

I am ~

I am은 주어 + 동사의 가장 기초적인 문형으로 I'm으로 보통 줄여 사용된다. I'm + 명사는 '나는 ~이다'의 의미로 1형식을 표현할 때 사용되고 I'm + ~ing은 진행형의 문장으로 '~을 하고 있다'의 표현을 할 때 사용된다. I'm + 형용사, 부사는 자기의 감정, 상태, 목적 등을 나타날 때 사용되는 표현이다.

Expressions

1. I'm a gentleman. 나는 신사이다.
2. I'm trying to study hard. 나는 열심히 공부하려고 노력하고 있다.
3. I'm glad to meet you. 나는 당신을 만나서 기쁩니다.
4. I'm happy. 나는 행복합니다.
5. I'm going to leave soon. 나는 곧 떠날 예정입니다.

"I am ~"

008 Pattern

I'm glad ~

~하게 되어 기뻐요.

Useful expressions

1. **I'm glad** to meet you. 만나게 돼서 반가워요(첫인사).
2. **I'm glad** you've come. 네가 와서 기쁘다.
3. **I'm glad** to see you here. 나는 여기서 당신을 만날 수 있어서 좋습니다.
4. **I'm glad** that I found you. 너를 찾아서 기쁘다.
5. **I'm glad** I cleared up some things for you. 뭔가 해 드려서 저도 기쁜 걸요.

Dialogue

A : How do you do? 처음 뵙겠습니다.
B : How do you do? 처음 뵙겠습니다.
A : **I'm glad** to meet you. 만나 뵙게 되어 기쁩니다.
B : **I'm** very **glad** to meet you as well. 저도 역시 만나뵙게 되어 매우 기쁩니다.

Exercises

1. I'm glad to _____ you. 만나서 반가워요.
2. I'm glad _____ _____ it. 마음에 든다니 좋군요.
3. I'm glad _____ worked out fine. 나는 모든 일이 잘 풀려서 기분이 좋아.

Tip

I'm glad 다음에 부정사(to + 동사원형), that절이 오는 경우가 대부분이며 that은 생략되기도 한다. 간혹, glad다음에 of + 명사(동명사)가 오는 경우도 있고 또한 단독으로 사용되어 'Whew, I'm glad(휴, 다행이다)' 라는 의미로 사용되기도 한다.

Answers 1. see 2. you like 3. everything

Pattern 009

I'm delighted ~

~하게 되어 기뻐요.

Useful expressions

1. **I'm delighted** at your success. 당신이 성공했다니 기뻐요.
2. **I'm delighted** to see you. 당신을 뵙게 되어 기쁩니다.
3. **I'm delighted** that I am selected as a leader. 내가 리더로 선출되어서 기쁘다.
4. **I'm delighted** to discover a very good restaurant nearby. 가까이에서 아주 좋은 식당을 발견하게 되어 기쁘다.
5. **I'm delighted** that you were able to visit us. 당신이 우리를 방문할 수 있었 던 것을 기쁘게 생각합니다.

Dialogue

A : What a great success! 대단한 성공이네요!
B : Yes, it is. I'm delighted at this success. 네, 그래요. 성공해서 기뻐요.
A : Any secret at this? 어떤 비밀이라도 있나요?
B : Nothing special. I have tried my best to make it. 특별한 것 없어요. 성공하려고 최선을 다했 을 뿐이에요.

Exercises

1. I'm delighted that I _____ you. 너를 봐서 기쁘다.
2. I'm delighted to _____ that I have been given a bonus. 나는 상여금을 받게 되어 매우 기쁘다.
3. I'm delighted to _____ you that we've decided that you are the best qualified applicant. 당신이 가장 적임자로 결정된 것을 알려 드리게 돼 기쁩니다.

Tip
Delighted는 '기뻐하는', '즐거워하는'의 뜻으로 전치사 at(by, with), to 부정사 및 that절을 동반하여 기쁨, 즐거움을 표시할 때 사용된다. glad는 to 부정사 및 that절과 주로 사용되는 것에 비하여 delighted는 그것 이외에 at, by등 전치사와도 사용된다.

Answers 1. saw 2. find 3. tell

010 Pattern

I'm pleased ~   ~하게 되어 기뻐요, ~에 만족해요.

Useful expressions

1. **I'm pleased** to meet you. 처음 뵙겠습니다.
2. **I'm pleased** to be here. 여기 오게 되어 기쁩니다.
3. **I'm pleased** at your success. 네가 성공했다니 기쁘네.
4. **I'm pleased** about it. 나는 그것이 마음에 든다.
5. **I'm pleased** you did. 잘 했어요.

Dialogue

A : **I'm pleased** to meet you. 처음 뵙겠습니다.
B : Glad to meet you as well. 저도 역시 뵙게 되어 기뻐요.
A : When did you come? 언제 왔어요?
B : Yesterday. 어제요.

Exercises

1. I'm pleased at _____ _____. 그 소식을 들으니 기쁘네.
2. I'm very pleased _____ _____ you again. 또 뵙게 되어 정말 반갑습니다.
3. I'm very pleased to _____ _____ the election results. 나는 선거 결과를 듣고 아주 기뻐하고 있어요.

Tip

pleased는 '기쁜', '만족스러운'의 뜻으로 delighted의 의미와 더 가깝다고 할 수 있다. Delighted와 마찬가지로 전치사 at(about, with), to 부정사 및 that절을 동반하여 기쁨, 특히 만족스러움을 표현할 때 많이 사용된다.

Answers 1. the news 2. to see 3. hear about

Pattern 011

I'm trying to ~ ~을 해보려고 하는 중이에요.

Useful expressions

1. **I'm trying to** have lunch. 점심 먹으려던 중이야.
2. **I'm trying to** help you. 당신을 도와주려고 하는 중이에요.
3. **I'm trying to** call you. 당신에게 전화하려던 중이에요.
4. **I'm trying to** speak English well. 영어를 잘 하려고 노력하는 중이야.
5. **I'm trying to** please her. 그녀를 기쁘게 해주려고 하고 있는 중이야.

Dialogue

A : What are you trying to do in the future? 너는 앞으로 무엇을 하려고 하니?
B : **I am trying to** work hard. 열심히 일해 보려고 하는 중이야.
A : Really? What are you going to do? 정말? 무엇 하려고 하는데?
B : I am considering starting a trade business. 무역업을 시작해 보려고 해.

Exercises

1. I'm trying to _____ the house. 집에 페인트칠하려는 중이에요.
2. I'm trying to _____ the work at a minimal cost. 나는 최소의 비용을 들여 그 일을 하려는 중이야.
3. I'm trying to _____ _____ an hour each day for meditation. 나는 명상을 위해 매일 1시간씩 할애하려는 중이에요.

Tip

'I'm trying to ~'은 '~을 해보려고 하는 중이에요.'의 의미로 '~하려고 노력하고 있다, 애쓰고 있다' 등 무엇을 하려고 적극적인 의지를 표현할 때 사용되는 표현이다. set aside는 '~ 을 위해 (시간을) 할애하다'의 의미이다.

Answers 1. paint 2. accomplish 3. set aside

012 Pattern

I am going to ~   ~을 할 예정이다, ~에 가는 중이다.

Useful expressions

1. **I'm going to leave.** 나는 떠날 예정이야.
2. **I'm going to sleep.** 나는 잠을 잘 예정이야.
3. **I'm going to pick my daughter up.** 나는 딸을 데리러 갈 예정입니다.
4. **I'm going to meet two foreigners tonight.** 오늘 밤 두명의 외국인을 만날 예정입니다.
5. **I'm going to take a trip to Europe tomorrow.** 나는 내일 유럽에 여행을 떠날 예정입니다.

Dialogue

A : **What are you going to do tonight?** 당신은 오늘 저녁에 무엇을 할 예정입니까?
B : **I am going to meet a friend of mine.** 저는 친구를 만날 예정입니다.
A : **How about tomorrow night?** 내일 밤은요?
B : **Well, maybe I will be free.** 글쎄, 아마도 시간 있을 거예요.

Exercises

1. I'm going to _____ a birthday party tonight. 나는 오늘 밤 생일 파티를 가질 예정입니다.
2. I'm going to _____ a soccer game on TV tomorrow afternoon. 나는 내일 오후 TV로 축구 경기를 볼 예정이야.
3. I'm going to _____ a meeting with my customers today. 나는 오늘 손님들과 미팅을 할 예정입니다.

> **Tip**
> I'm going to는 가까운 시일 내에 '~을 할 예정이다' 라는 의미로 미래형으로 나타낼 때 사용하는 표현이다. going to + 동사원형과는 달리 be going + 부사등과 사용될 경우 '~에 가는 중이다' 라는 진행형의 의미를 나타낸다.

Answers 1. have 2. watch 3. have

Pattern 013

I'm not going to ~
나는 ~하지 않을 예정이에요.

Useful expressions

1. **I'm not going to** meet you. 나는 당신을 만나지 않을 거예요.
2. **I'm not going to** tell you a lie. 나는 당신에게 거짓말 하지 않을 거예요.
3. **I'm not going to** work at this restaurant any longer. 나는 이 음식점에서 더 이상 일하지 않을 예정입니다.
4. **I'm not going to** believe you any more. 나는 당신을 더 이상 믿지 않을 거예요.
5. **I'm not going to** make a trip to Japan. 나는 일본을 여행하지 않을 예정입니다.

Dialogue

A : Are you going to USA at the consecutive holidays? 당신은 연휴에 미국에 갈 예정입니까?
B : No, I'm not going to be there at this time. 아니요, 이번에는 가지 않을 거예요.
A : What are you going to do at these holidays? 당신은 이번 연휴에 무엇을 할 예정입니까?
B : I'm going to stay at my home. 집에서 쉴 예정입니다.

Exercises

1. I'm not going to _____ _____. 나는 당신을 지지하지 않을 거예요.
2. I'm not going to _____ _____ you any more. 나는 더 이상 당신을 찾지 않을 거예요.
3. I'm not going to _____ heavily _____ you. 나는 당신에게 많이 의존하지 않을 거예요.

> **Tip**
> 'I'm going to'의 부정은 'I'm not going to'로 가까운 미래에 하지 않을 것임을 강조하는 표현이다. 매우 많이 사용되는 표현으로 원어민의 발음은 '아임 낫 거너'로 들린다. rely on은 '~에게 의지하다' '신뢰하다'의 의미이다.

Answers 1. support you 2. look for 3. rely on

014 Pattern

I was just going to ~ 나는 막 ~할 예정이었어요.

Useful expressions

1. **I was just going to** leave for the USA. 나는 막 미국으로 출발하려고 했어요.
2. **I was just going to** go for a walk. 나는 막 산보하러 나갈 예정이었어요.
3. **I was just going to** email you. 나는 막 당신에게 이메일을 보내려고 했어요.
4. **I was just going to** give you a ring. 나는 당신에게 막 전화하려고 했어요.
5. **I was just going to** buy a shirt for you. 나는 당신 셔츠를 사려고 했어요.

Dialogue

A : I'm sorry that I didn't come to you on time. 시간에 맞추어 오지 못해 미안해.
B : **I was just going to** leave. 나는 막 떠나려던 중이었어.
A : Sorry for that. How long did you wait for me? 미안해. 얼마나 오래 기다렸는데?
B : For one and half an hour. 1시간 반동안 기다렸지.

Exercises

1. I was just going to _____ _____. 나는 막 영어를 공부하려고 했어요.
2. I was just going to _____ _____ a picnic. 나는 막 소풍가려고 했어요.
3. I was just going to _____ _____. 나는 막 당신에게 전화할 참이었어요.

Tip

'I was just going to ~'는 '막 ~하려던 참이었다, 하려고 했다'의 의미로 실제 이행하지 않고 막 하려던 상황을 나타내는데 사용되는 표현이다. 'give + 사람 + a ring'은 '누구에게 전화하다'로 'give + 사람 + a call' 또는 'call + 사람'과 동일한 의미를 갖는다.

Answers 1. study English 2. go on 3. call you

Pattern 015

I'm looking for ~
나는 ~을 찾고 있습니다.

Useful expressions

1. **I'm looking for** a bookstore. 나는 서점을 찾고 있습니다.
2. **I'm looking for** a Rira elementary school. 나는 리라 초등학교를 찾고 있습니다.
3. **I'm looking for** a lost mobile phone. 나는 분실된 핸드폰을 찾고 있습니다.
4. **I'm looking for** the lotte hotel in Seoul. 나는 서울에 있는 롯데 호텔을 찾고 있습니다.
5. **I'm looking for** a new desk and chair for my son. 나는 아들이 사용할 책상과 의자를 찾고 있습니다.

Dialogue

A : May I help you, sir? 도와 드릴까요, 선생님?
B : **I'm looking for** a pair of gym shoes. 실내용 운동화 한 켤레를 찾고 있는데요.
A : Come this way please. 이쪽으로 오세요.
B : Right there. Shall I try on it? 저기 있네요. 신어 봐도 될까요?

Exercises

1. I'm looking for a _____ _____. 나는 지하철역을 찾고 있습니다.
2. I'm looking for a _____ _____. 나는 금발의 어린이를 찾고 있습니다.
3. I'm looking for _____ _____. 나는 다른 직업을 찾고 있습니다.

Tip

'I am looking for ~'는 '~을 찾고 있는 중이다.'의 의미로 필요한 물건, 분실물등을 찾고 있을 때 현재 진행형으로 사용할 수 있는 표현이다. sir는 '님', '선생', '귀하'의 뜻으로 의례적인 존칭의 호칭으로 점원이 남자손님을 호칭할 때에도 쓰인다. gym(gymnasium의 약어로 실내 경기장, 체육관을 의미) shoes는 실내용 운동화를 의미한다. 신발등은 두개가 짝이므로 항상 복수로 사용되는 점에 유의하자.

Answers 1. subway station 2. blond child 3. another job

016 Pattern

I'm here to ~

나는 ~하러 왔는데요.

Useful expressions

1. **I'm here to** meet you. 나는 당신을 만나러 왔어요.
2. **I'm here to** say hello to you. 나는 인사하러(안부를 전하러) 왔어요.
3. **I'm here to** interview. 나는 인터뷰하기 위해 왔어요.
4. **I'm here to** see the laser show. 나는 레이저 쇼를 구경하러 왔어요.
5. **I'm here to** look around the village. 나는 마을을 살펴보러 왔어요.

Dialogue

A : **What is the purpose of your coming?** 방문 목적이 무엇입니까?
B : **I'm here to browse in this bookstore..** 이 서점에서 이것저것 훑어보러 왔어요.
A : **Do you need any help?** 도움이 필요합니까?
B : **Not now, but if needed, I will tell you.** 지금은 괜찮아요. 그러나 필요하면 말하겠습니다.

Exercises

1. I'm here to _____ the book. 나는 책을 돌려주러 왔습니다.
2. I'm here to _____ a gift to you. 나는 당신에게 선물을 전달하러 왔어요.
3. I'm here to _____ a jewelry. 나는 보석을 사러 왔어요.

Tip

방문 목적을 표현하는 문장으로 I'm here to를 많이 사용한다. Here + to + 동사원형으로 목적을 나타내는 동사를 사용하여 방문한 목적을 분명히 한다. browse는 원래 (소를) 방목하다의 의미이지만 여기에서 '(책을) 여기저기 훑어보다'의 의미이다.

Answers 1. return 2. deliver 3. buy

Pattern 017

I'm sure ~
나는 ~을 확신한다.

Useful expressions

1. **I'm sure** of his success. 나는 그의 성공을 확신한다.
2. **I'm sure** of her innocence. 나는 그녀의 무죄를 확신한다.
3. **I'm sure** that they will come. 나는 그들이 올 것으로 확신한다.
4. **I'm sure** that he will live to eighty. 나는 그가 80까지 살 것을 확신한다.
5. **I'm sure** that they can make it. 나는 그들이 해낼 수 있다고 확신한다.

Dialogue

A : What is the possibility of our team winning? 우리 팀이 이길 가능성은 어떻습니까?
B : **I'm sure** that our team will win 99%. 우리 팀이 99% 승리할 것으로 확신합니다.
A : What is it based on? 무슨 근거로 그렇습니까?
B : I rely on my intuition. 직관으로 확신합니다.

Exercises

1. I'm sure of _____ _____. 나는 우리의 승리를 확신한다.
2. I'm sure of _____ _____. 나는 그의 정직을 의심하지 않는다.
3. I'm sure that she will _____ _____ _____. 나는 그녀가 시험에 합격할 것을 확신한다.

Tip

Sure는 '확실한', '확신하는'의 뜻으로 I'm sure 다음에 of + 명사(동명사)가 오면 '~을 확신한다'의 의미이고 sure about + 명사는 '~에 대해서 확신하다'의 의미를 갖는다. to be sure, for sure는 '확실히', '분명히'라는 의미로 사용된다.

Answers 1. our victory 2. his honesty 3. pass the examination

018 Pattern

I'm afraid ~   ~이 무섭다, 유감스럽지만 ~하다.

Useful expressions

1. **I'm afraid** of the dark. 나는 어둠이 무섭다.
2. **I'm afraid** of my dying. 나는 내가 죽는 것이 두렵다.
3. **I'm afraid** to dive from the high board. 나는 높은 다이빙대에서 뛰어내리는 것을 두려워한다.
4. **I'm afraid** of dogs. 나는 개들을 무서워한다.
5. **I'm afraid** that I can't go there with you. 유감스럽지만 당신과 함께 거기에 갈 수 없습니다.

Dialogue

A : Can we go for a walk tonight? 오늘 밤 같이 산책할 수 있어요?
B : **I'm afraid** not. 같이 산책 못해서 어쩌나요(유감스럽게도 같이 할 수 없습니다).
A : No problem. 괜찮습니다.
B : Why don't we make it next time? 다음에 같이 하면 어떨까요?

Exercises

1. I'm afraid of my _____ _____. 나는 내 그림자에 놀라고 있다.
2. I'm afraid _____. 유감스럽지만 그럴 수 없을 것 같습니다.
3. I'm afraid our time _____ _____. 유감스럽지만 우리의 시간이 다 되었다.

Tip
afraid는 원래 '두려워하는'의 형용사이다. 'be afraid of + 명사(동명사)' 또는 'be afraid to+ 동사원형'은 '~을 두려워하다'의 의미이다. 그러나 be afraid가 that절과 사용될 때에는 '유감스럽지만 ~입니다'의 뜻을 가진다.

Answers 1. own shadow 2. not 3. is up

Pattern 019~024

This (That) is ~

This(That) is가 What, Why, How 등이 이끄는 명사절과 연결하여 사용되거나 Because가 이끄는 절과 함께 사용되면 '이것(그것)이 바로 ~이다' 또는 '이것(그것)이 바로 ~하는 이유(방법)이다' 거나 '이래(그래)서 ~하다'의 의미로 해석된다. This(That)는 보통 단독으로 지시 대명사나 명사 앞에서 지시 형용사로 사용되지만, This(That) is가 What, Why, How의 명사절과 함께 사용될 경우 This(That)는 명사절 전체를 의미하게 된다.

● Expressions ●

1. **This is what I was looking for.** 이것이 바로 내가 찾고 있었던 것이다.
2. **This is why I love her.** 이것이 내가 그녀를 사랑한 이유이다.
3. **This is what she wanted.** 이것이 그녀가 원했던 것이다.
4. **That's why I went home.** 그것이 바로 내가 집에 간 이유이다.
5. **That's because she was absent at home.** 그것은 그녀가 집에 없었기 때문이다.

"This (That) is ~"

019 Pattern

This is what ~

이것이 바로 ~이다.

Useful expressions

1. **This is what** I was looking for. 이것이 바로 내가 찾고 있었던 것이다.
2. **This is what** I wanted to have. 이것이 내가 갖고 싶었던 것이다.
3. **This is what** we were looking forward to. 이것이 우리가 고대하고 있었던 것이다.
4. **This is what** you asked me to do. 이것이 네가 나에게 하라고 요구했던 것이다.
5. **This is what** she does for a living. 이것이 그녀가 생업으로 하고 있는 것이다.

Dialogue

A : What are you looking for? 당신은 무엇을 찾고 있습니까?
B : I'm looking for some books for my daughter. 딸에게 줄 몇 권의 책을 찾고 있습니다.
A : Do you happen to look for these novels? 혹시 이 소설책들을 찾고 있었습니까?
B : Yes. **This is what** I was looking for. 예, 이것이 바로 내가 찾고 있었던 것입니다.

Exercises

1. This is _____ _____ _____ asked me to buy. 이것이 내 아들이 사달라고 했던 것입니다.
2. This is what _____ _____ _____. 이것이 이내가 싫어했던 것입니다.
3. This is what _____ _____ to do now. 이것이 지금 당신이 해야 할 일입니다.

Tip
'This is what'은 '이것이 바로 ~이다' 라는 의미로 what다음에 절이 나와야 한다. 'look forward to' 는 '앞으로 고대(기대)하다' 의 뜻이고 'do for a living' 은 '생계를 위해 일하다' 의 의미이다.

Answers 1. what my son 2. my wife disliked 3. you have

Pattern 020

This is why ~

이것 때문에 ~했다, 이래서 ~하다

Useful expressions

1. **This is why** I love her. 이래서 내가 그녀를 사랑한다.
2. **This is why** I wanted you to do it. 이래서 내가 당신이 하기를 원했던 것이다.
3. **This is why** she returned home. 이래서 그녀가 집으로 돌아간 거예요.
4. **This is why** they got together. 이것 때문에 그들은 함께 모였다.
5. **This is why** you should not come here. 이래서 당신이 여기 와서는 안 된다.

Dialogue

A : How do you like your job? 당신의 직업은 어떻습니까?
B : Frankly speaking, it is boring. 솔직히 말하면, 그것은 지루합니다.
A : Really? Are you serious? 정말? 진심입니까?
B : Yes, I am. **This is why** I am looking for another job. 예, 그래요. 이래서 내가 다른 직업을 찾고 있습니다.

Exercises

1. This is why _____ _____ asking you. 이래서 내가 당신에게 묻고 있는 겁니다.
2. This is why _____ _____ to help her. 이래서 당신이 그녀를 도울 필요가 있는 것입니다.
3. This is why _____ _____ _____ to us. 이래서 그녀가 우리에게 오지 않은 것입니다.

Tip

'This is why'는 '이것이 바로 ~한 이유이다'라는 의미로 why 다음에 절이 와야 한다. '이것이 ~한 이유이다'는 의미는 우리말에서 '이래서 ~하다' 뜻으로 해석하는 것이 보다 자연스러운 표현이다.

Answers 1. I am 2. you need 3. she didn't come

021 Pattern

That's what ~

그것이(은) 바로 ~이다.

Useful expressions

1. **That's what** I like. 그것이 바로 내가 좋아하는 것이다.
2. **That's what** you need to help her. 당신이 그녀를 도와줘야 할 것은 바로 그것이다.
3. **That's what** he wants to know. 그것이 그가 알고 싶어 하는 것이다.
4. **That's what** they didn't demand. 그것은 그들이 요구하지 않은 것이다.
5. **That's what** she carried by herself. 그것은 그녀가 혼자서 들고 온 것이다.

Dialogue

A : What is that stuff? 그 물건이 뭐지?
B : **That's what** he bought during his trip. 그것은 그가 여행 중에 산 것이야.
A : That sounds interesting. 재밌겠네.
B : Do you also want to have it? 너도 그것 갖고 싶으니?

Exercises

1. That's what I _____ _____. 내가 말하고자 한 것이 아니었는데.
2. That's what they _____ _____ to know. 그것이 그들이 알고 싶은 것이에요.
3. That's what he _____ badly. 그것은 그가 몹시 싫어하는 것입니다.

Tip

'That's what'는 '그것이(은) 바로 ~이다'라는 의미로 what 다음에 절이 나와야 한다. 상대방이 말한 내용을 이어받아 what절 이후를 구체적으로 설명할 때 사용되는 표현이다.

Answers 1. didn't mean 2. would like 3. dislikes

Pattern 022

That's why ~   그것이(은) 바로 ~이유다, 그래서 ~하다.

Useful expressions

1. **That's why** I went home. 그래서 내가 집에 간 것이다.
2. **That's why** you have to come here. 그래서 당신이 여기에 와야 합니다.
3. **That's why** she didn't want to go with him. 그래서 그녀가 그와 함께 가고 싶어 하지 않았다.
4. **That's why** he is hesitating to date her. 그래서 그가 그녀와 데이트 하는 것을 주저하고 있다.
5. **That's why** we need to unite together. 그래서(그것이) 우리가 함께 뭉쳐야 한다.

Dialogue

A : Why is he not willing to go with her? 왜 그가 그녀와 함께 가려고 하지 않지?
B : I don't know the details, but it seems like she doesn't like him. 자세히는 모르지만 그녀가 그를 좋아하는 것 같지 않아.
A : **That's why** he is not willing to. 그래서 그가 같이 가려고 하지 않는구나.
B : That is just my guess. 그것은 단지 나의 추측이야.

Exercises

1. That's why I am _____ _____ you. 그래서 내가 너한테 화난 것이야.
2. That's why they _____ _____ to appease her. 그래서 그들이 그녀를 달래려고 함께 간 것입니다.
3. That's why she _____ _____ him. 그래서 그녀가 그를 좋아하지 않는 거야.

Tip

'That's why'는 '그래서 ~하다'의 의미로 자주 사용되는 표현이다. 마찬가지로 why다음에 절이 와야 하고 상대방이 먼저 말한 내용으로 그 결과 ~하다의 의미로 쓰인다. appease는 '(슬픔, 분노)를 달래다'의 뜻으로 사용된다.

Answers 1. angry with 2. went together 3. doesn't like

Pattern 023

That's because ~

그것은 ~ 때문이다.

Useful expressions

1. **That's because** she was absent at home. 그것은 그녀가 집에 없었기 때문이다.
2. **That's because** I have not taught the student. 그것은 내가 그 학생에게 가르쳐 주지 않았기 때문이다.
3. **That's because** they didn't settle the problem amicably. 그것은 그들이 문제를 원만하게 해결하지 못했기 때문이다.
4. **That's because** you tried to take your own benefit only. 그것은 당신이 당신만의 이익을 취하려고 했기 때문이다.
5. **That's because** she did a great job. 그것은 그녀가 수고를 많이 했기 때문이다.

Dialogue

A : Why is this scandal expanding? 왜 이런 스캔들이 확대되는 거야?
B : **That's because** the actress is trying to keep this quiet. 그 여배우가 이 사건을 덮어 버리려고 하기 때문입니다.
A : The more she can keep it quiet, the more quickly it will spread. 그녀가 덮으면 덮을수록 그것은 더 빨리 퍼질 텐데.
B : I agree with you. 저도 동감입니다.

Exercises

1. That's because she _____ _____ entirely. 그것은 그녀가 완전히 지쳐있기 때문이에요.
2. That's because _____ _____ _____ the details. 그것은 우리가 상세한 내용을 몰랐기 때문입니다.
3. That's because I _____ _____ love with her. 그것은 내가 그녀와 사랑에 빠졌기 때문입니다.

Tip

'That's because'는 That에 대한 구체적인 이유를 말하는 것이다. 문장 그대로 '그것은 ~때문이다'라는 의미이다. Because다음에 절이 나와야 한다는 점에 주의하자. amicably는 friendly의 의미로 '우호적으로', '원만하게'의 의미를 가진다.

Answers 1. is exhausted 2. we didn't know 3. fell in

Pattern 024

That's how ~ 그것이 바로 ~한 방법이다, 그렇게 해서 ~하다.

Useful expressions

1. **That's how** I passed the examination. 그것이 내가 시험에 합격한 방법이다.
2. **That's how** he got over the difficulties. 그것이 그가 어려움을 극복한 방법이다.
3. **That's how** we are manufacturing the goods. 그것이 우리가 제품을 만들어 내고 있는 방법이다.
4. **That's how** you can speak English fluently. 그것이 당신이 영어를 유창하게 할 수 있는 방법이다.
5. **That's how** they arrested the murderer on the spot. 그렇게 범인을 현장에서 체포했다.

Dialogue

A : How did you study to pass the entrance examination? 당신은 입학시험에 합격하기 위해 어떻게 공부했어요?
B : I studied hard until 02:00 a.m. everyday. 나는 매일 새벽 2시까지 열심히 공부했어요.
A : Weren't you tired? 피곤하지 않았어요?
B : I was a little tired, but tried to get it over. **That's how** I passed the examination. 나는 좀 피곤했지만 극복하려고 노력했지요. 그렇게 해서 나는 시험에 합격했어요.

Exercises

1. That's how my son entered the _____ _____. 그렇게 해서 나의 아들은 의과대학에 들어갔다.
2. That's how she _____ him. 그렇게 해서 그녀는 그와 결혼하였다.
3. That's how they _____ _____ within a short time. 그렇게 해서 그들은 단시간 내에 불어를 향상시켰다.

Tip

'That's how'는 '그것이 ~한 방법이다' 의미로 이 표현은 '그러한 방법으로 ~하다'로 바꿔 사용될 수 있다. arrest는 '(범인을) 체포하다'의 뜻으로 catch, seize와 같은 의미이다.

Answers 1. medical school 2. married 3. improved French

Pattern 025~029

I can't ~

Can은 '~을 할 수 있다' 는 긍정의 표현을 할 때 사용하지만 Can't는 '~을 할 수 없다' 는 부정의 표현을 할 때 사용된다. Can't는 Can not의 줄임말로 미국식 구어체에서 흔히 사용되고 문어체로 Cannot으로 보통 표현된다. I can't + 동사는 동사의 의미를 확실히 부정하고 싶을 때 사용되고 상대방에게 그 의미를 전달될 수 있도록 보통 강한 Accent로 발음한다.

Expressions

1. I can't stop doing it.   나는 그 일을 멈출 수가 없어요.
2. I can't believe it.   나는 그것을 믿을 수가 없어요.
3. I can't wait to see my daughter. 나는 딸을 빨리 보고 싶어요.
4. I can't stand waiting.   나는 기다리는 것을 참을 수 없어요.
5. I can't think of her.   나는 그녀가 생각나지 않아요.

"I can't ~"

Pattern 025

I can't stop ~ing ~ 나는 ~하는 것을 멈출 수 없어요.

Useful expressions

1. **I can't stop loving** you. 당신을 사랑하는 것을 멈출 수가 없어요.
2. **I can't stop eating** the delicious food. 그 맛있는 음식을 먹는 것을 멈출 수가 없어요.
3. **I can't stop dancing** with her. 그녀와 함께 춤추는 것을 멈출 수가 없어요.
4. **I can't stop taking** a trip to Europe. 유럽여행을 멈출 수가 없어요.
5. **I can't stop repressing** my tears. 울음을 참을 수가 없어요.

Dialogue

A : Hello Insu!, What are you doing there? 이봐 인수야! 거기서 무엇하고 있어?
B : I am playing basketball with my friends. 저는 친구와 농구를 하고 있어요.
A : Come home and finish your homework now. 집에 와서 지금 숙제를 마쳐야지.
B : Mom! **I can't stop playing** this game now. I will be there soon. 엄마! 지금 게임을 멈출 수가 없어요. 곧 갈게요.

Exercises

1. I can't stop _____ _____ with my friends. 나는 친구들과 계속 축구를 하게 돼요.
2. I can't stop _____ at this factory. 나는 이 공장에서 일하는 것을 멈출 수가 없어요.
3. I can't stop _____ _____ love with the beautiful girl. 그 예쁜 소녀와 사랑에 빠지는 것을 멈출 수가 없어요.

Tip
'I can't stop ~ing ~'는 현재 진행하고 있는 것을 멈출 수 없다는 의미로 항상 동명사를 수반하여야 한다. soccer는 축구를 의미하고 football은 미식축구를 의미한다. 미국에서는 특히, football을 American football로 표현한다.

Answers 1. playing soccer 2. working 3. falling in

026 Pattern

I can't believe ~

~을 믿을 수가 없어요.

Useful expressions

1. **I can't believe** what you said. 당신이 말한 것을 믿을 수 없어요.
2. **I can't believe** she did it. 나는 그녀가 그것을 했다는 것을 믿을 수 없어요.
3. **I can't believe** his piety. 나는 그의 경건함을 믿을 수 없어요.
4. **I can't believe** the two were related. 나는 이 두가지가 연관이 있다는 것을 믿을 수 없습니다.
5. **I can't believe** the witness's statement. 나는 그 증인의 진술을 믿을 수 없습니다.

Dialogue

A : Do you know that he killed the lovely girl? 너는 그가 그 귀여운 소녀를 죽였다는 것을 알고 있어?
B : Oh, Jesus! Who said that? 아 저런! 누가 그래?
A : The police said that. 경찰이 그래.
B : **I can't believe** it. 믿기지가 않네.

Exercises

1. I can't believe _____ again. 나는 너를 다시는 믿을 수 없어.
2. I can't believe that he is a _____ man. 나는 그가 정직한 사람이라고 믿지 않는다.
3. I can't believe you got _____. 나는 네가 정직 처분을 받은 것이 믿기지가 않네.

Tip

'I can't believe'는 놀라운 상황에서 도저히 믿을 수 없음을 나타내는 표현이다. Oh Jesus!는 놀라움을 표시할 때 사용되는 감탄사이다. suspend는 '(활동, 지불을)중지하다', '정직시키다'의 뜻으로 get suspended는 '정직처분을 받다'의 의미이다.

Answers 1. you 2. trustful 3. suspended

Pattern 027

I can't wait ~ ~을 기다릴 수 없어요, ~을 빨리 하고 싶어요.

Useful expressions

1. **I can't wait** to see my daughter. 나는 딸을 빨리 보고 싶어요.
2. **I can't wait** to watch the baseball game. 나는 야구 경기를 빨리 보고 싶어요.
3. **I can't wait** to marry her. 나는 그녀와의 결혼을 빨리 하고 싶어요.
4. **I can't wait** for the examination result. 나는 시험결과를 빨리 보고 싶어요.
5. **I can't wait** to tell my father the good news. 나는 아버지에게 좋은 소식을 빨리 말하고 싶어요.

Dialogue

A : What makes you so happy? 무엇 때문에 그렇게 즐거운 거야?
B : I just get a news that I passed the interview. 인터뷰 합격했다는 소식을 방금 들었어.
A : Great! Congratulations! 대단하군, 축하해!
B : **I can't wait** to tell my Mom the news. 빨리 엄마에게 알리고 싶어.

Exercises

1. I can't wait to _____ the great swimmer. 나는 그 대단한 수영선수를 만나고 싶어요.
2. I can't wait to _____ his latest novel. 나는 그의 최근 소설을 빨리 읽고 싶어요.
3. I can't wait to _____ the actress at a international film festival. 나는 국제 영화제에서 그 여배우를 빨리 보고 싶어요.

Tip

'I can't wait'는 '~하는 것을 기다릴 수 없다, 즉 빨리 보고 싶어 안달하다'의 의미로 기다릴 수 없는 것을 강조할 때 사용된다. congratulations는 (승진, 결혼등) 축하 인사할 때 사용되는 것으로 단독으로 사용될 때 항상 복수형으로 사용되며 신년, 크리스마스 때의 인사에는 사용되지 않는다.

Answers 1. meet 2. read 3. see

028 Pattern

I can't stand ~
~을 참을 수가 없어요.

Useful expressions

1. **I can't stand waiting.** 나는 기다리는 것을 참을 수가 없어요.
2. **I can't stand his boasting.** 나는 그가 잘난 척하는 것을 참을 수 없어요.
3. **I can't stand her insult.** 나는 그녀의 모욕을 참을 수 없어요.
4. **I can't stand the hot weather.** 나는 더운 날씨를 참을 수 없어요.
5. **I can't stand the noise of the construction anymore.** 나는 더 이상 그 공사의 소음을 참을 수 없어요.

Dialogue

A : **It's really cold outside.** 밖에 날씨가 너무 추운데요.

B : **I can't stand this weather.** 나는 이러한 날씨를 참지 못해요.

A : **According to weather forecast, it will snow tomorrow.** 일기예보에 의하면 내일 눈이 올 거라고 하는데요.

B : **I wish it will not be frozen.** 얼지 않았으면 좋겠는데.

Exercises

1. I can't stand _____ _____. 나는 고통을 참을 수 없어요.
2. I can't stand this _____ _____. 나는 이 추운 날씨를 참을 수 없어요.
3. I can't stand _____ _____ _____. 나는 그러한 행동을 참을 수 없어요.

Tip

'I can't stand'는 '~하는 것을 참을 수가 없다'의 의미로 stand의 다양한 뜻 중에서도 많이 사용되는 표현이다. stand가 '참다', '견디다'의 뜻으로 사용될 경우 뒤에 명사나 동명사를 수반하여 부정문, 의문문의 경우에 주로 사용된다.

Answers 1. the pain 2. cold weather 3. such a conduct

Pattern 029

I can't think of ~
~가 생각나지 않아요.

Useful expressions

1. **I can't think of** my grandfather. 나는 할아버지가 생각나지 않아요.
2. **I can't think of** his activities. 나는 그의 활동들이 생각나지 않아요.
3. **I can't think of** a good excuse. 나는 그럴 듯한 변명거리가 생각나지 않아요.
4. **I can't think of** calling her before. 나는 전에 그녀에게 전화한 것이 생각나지 않아요.
5. **I can't think of** where it could be. 나는 그것이 어디에 있을 지 생각나지 않아요.

Dialogue

A : Do you remember that we met before? 우리가 이전에 만난 적이 있나요?
B : Well, I can't think of it. 글쎄요. 나는 그것이 생각나지 않는데요.
A : I think that we met with each other at the previous company. 우리가 전 직장에서 서로 만났던 것으로 생각나는데요.
B : I am sorry that I can not recognize you immediately. 제가 바로 알아보지 못해서 미안합니다.

Exercises

1. I can't think of _____ _____. 나는 그의 얼굴이 생각나지 않아요.
2. I can't think of a _____ _____. 나는 더 좋은 생각이 나지 않아요.
3. I can't think of _____ _____ there. 내가 거기에 방문했었는지 생각나지 않아요.

Tip

'I can't think'는 '~을 생각할 수 없다, 생각나지 않는다'의 의미로 이전에 일어났던 일 또는 현재의 생각이 떠오르지 않을 때 기억나지 않는 상태를 표현하는 것이다.

Answers 1. his face 2. better idea 3. having been

Pattern 030~034

I know(don't know) ~

Know는 '알다', '알고 있다' 라는 의미의 동사로 이것의 부정형은 don't know이다. 목적어를 동반하여 보통 3형식으로 표현되고 동사 이후의 내용에 대하여 긍정일 경우 know로, 부정일 경우 don't know로 나타낸다. '~을 알고 있다' 는 'know + 목적어', 'know + 의문사 + 주어 + 동사', 'know + that + 주어 + 동사' 등의 다양한 문형으로 표현될 수 있다.

Expressions

1. I know what he said. 나는 그가 말한 것을 알고 있어요.
2. I don't know what she wants. 나는 그녀가 원하는 것을 몰라요.
3. I don't know why I sent it. 나는 내가 왜 그것을 보냈는지 모르겠어요.
4. I don't know how to go. 나는 가는 방법을 모르겠어요.
5. I don't know where to go. 나는 어디로 가야 할지 모르겠어요.

"I know ~"

Pattern 030

I know what ~
~을 알고 있어요.

Useful expressions

1. **I know what** he said. 나는 그가 말한 것을 알고 있어요.
2. **I know what** they want. 나는 그들이 원하는 것을 알고 있어요.
3. **I know what** she wants us to do. 나는 우리가 무엇을 하기를 그녀가 원하는지 알고 있어요.
4. **I know what** your goal is. 나는 당신의 목표가 무엇인지 알고 있어요.
5. **I know what** you need. 나는 당신이 뭐가 필요한지 알고 있어요.

Dialogue

A : How was your mountain climbing yesterday? 어제 등산은 어떠했어요?
B : It was hard. The mountains were covered with lots of snow, frozen. 고생했어요. 산이 눈으로 덮여있고 얼었어요.
A : **I know what** the situation of mountains would be like. 나는 그 산의 상태가 어땠을지 알고 있어요.
B : I don't want to climb the mountains again for the time being. 당분간 등산을 하고 싶지 않은데요.

Exercises

1. I know what the company _____ _____ _____. 나는 그 회사가 생산해온 것을 알고 있어요.
2. I know what my brother _____ last night. 나는 동생이 어젯밤 무엇을 했는지 알고 있어요.
3. I know what my wife wants me _____ _____. 나는 아내가 내가 무슨 일을 하길 원하는지 알고 있다.

Tip

'I know what'는 내가 과거 일어난 상황 또는 일어나려는 상황 등을 알고 있다는 의미이다. understand 와 함께 실제 대화에서 많이 사용되는 표현이다. be covered with는 '~으로 덮여있다'는 의미이다.

Answers 1. has been manufacturing 2. did 3. to do

031 Pattern

I don't know what ~ ~을 몰라요, 모르겠어요.

Useful expressions

1. **I don't know what** she wants. 나는 그녀가 원하는 것을 모르겠어요.
2. **I don't know what** to do at the moment. 나는 지금 무엇을 해야 할지 모르겠어요.
3. **I don't know what** they told us. 나는 그들이 우리들에게 무엇을 말했는지 모르겠어요.
4. **I don't know what** he is looking for. 나는 그가 무엇을 찾고 있는지 모르겠어요.
5. **I don't know what** the child is looking at. 나는 그 아이가 무엇을 보고 있는지 모르겠어요.

Dialogue

A : How is your business these days? 요즘 사업이 어때요?
B : It is getting worse day by day. **I don't know what** I have to do. 날로 악화되고 있어요. 무엇을 해야 할지 모르겠어요.
A : Is that right? 그렇습니까?
B : Yes. The situation is not improving well. 예, 상황이 잘 개선되고 있지 않아요.

Exercises

1. I don't know what the economic situation _____ _____. 나는 경제사정이 어떻게 될지 모르겠어요.
2. I don't know what it _____. 나는 그것이 무엇이라 부르는지 모르겠어요.
3. I don't know what _____ _____. 나는 무엇을 말해야 할지 모르겠어요.

Tip

'I don't know what'는 내가 과거에 일어난 상황 또는 일어나려는 상황 등을 알지 못하고 있을 때 사용되는 표현으로 보통 what다음에 절이나 to부정사와 함께 사용된다.

Answers 1. will be 2. calls 3. to say

Pattern 032

I don't know why ~   왜 ~하는지 모르겠어요.

Useful expressions

1. **I don't know why** I sent it. 내가 왜 그것을 보냈는지 모르겠어요.
2. **I don't know why** she is angry with me. 나는 왜 그녀가 나에게 화를 내는지 모르겠어요.
3. **I don't know why** they provided us with some gifts. 나는 그들이 왜 우리들에게 선물을 보냈는지 모르겠어요.
4. **I don't know why** you didn't tell me about it. 나는 왜 당신이 그것에 대해 말하지 않았는지 모르겠어요.
5. **I don't know why** he turned back. 나는 왜 그가 돌아왔는지 모르겠어요.

Dialogue

A : She appears to be blue. 그녀가 기분이 안 좋은 것 같아.
B : What happened to her? 그녀에게 무슨 일 있었니?
A : Maybe, but **I don't know** exactly **why** she is blue. 아마도, 그렇지만 왜 그녀가 기분이 안 좋은지는 나도 잘 모르겠어.
B : Curious to know why. 왜 그런지 궁금하네.

Exercises

1. I don't know why the recess _____ _____ lasting long. 나는 경기 침체가 오래 지속되는지 모르겠어요.
2. I don't know why he is working _____ _____. 나는 그가 왜 그렇게 열심히 일하는지 모르겠어요.
3. I don't know why she didn't _____ _____. 나는 그녀가 왜 바로 대답을 안 했는지 모르겠어요.

Tip
immediately 'I don't know why'는 why이하의 내용을 모른다는 의미로 why + 주어 + 동사의 형태로 사용된다. 명사절과 함께 구어체에서 어떤 문제에 대한 이유를 모를 때에도 'I don't know why' 자체만으로도 사용된다.

Answers 1. has been 2. so hard 3. respond immediately

033 Pattern

I don't know how to ~
~하는 방법을 모르겠어요, 어떻게 ~해야 할지 모르겠어요.

Useful expressions

1. **I don't know how to go.** 나는 어떻게 가야 할지 모르겠어요.
2. **I don't know how to find him.** 나는 그를 어떻게 찾아야 할지 모르겠어요.
3. **I don't know how to guide him.** 나는 그를 어떻게 안내해야 할지 모르겠어요.
4. **I don't know how to keep track of the accident.** 나는 그 사건을 어떻게 추적해야 할지 모르겠어요.
5. **I don't know how to take care of the child.** 나는 그 아이를 어떻게 돌봐야 할지 모르겠어요.

Dialogue

A : **Did you think about what to help the grandmother?** 당신은 그 할머니를 도울 수 있는 것을 생각해 보았어요?
B : **Yes, but I don't know how to help her.** 예, 그런데 어떻게 도와야 할지 모르겠어요.
A : **What about giving a pocket money every month?** 매달 용돈을 드리면 어떻겠어요?
B : **That's a good idea.** 그거 좋은 생각이네요.

Exercises

1. I don't know how to _____ _____. 나는 그녀를 어떻게 지원해야 할지 모르겠어요.
2. I don't know how to _____ the child to the school 나는 그 아이를 어떻게 학교에 데려다 주어야 할지 모르겠어요.
3. I don't know how to _____ _____. 나는 당신에게 어떻게 감사해야 할지 모르겠어요.

Tip

'how + to'는 '~하는 방법'을 표현하는 것으로 how의 의미와 같이 우리말로 '어떻게 ~해야 할지'의 의미이다. 'keep track of'는 '(어떤 사건)을 추적하다'의 의미를 갖는다.

Answers 1. support her 2. take 3. thank you

I know ~ 53

Pattern 034

I don't know where to ~
어디로(어디에서) ~해야 할지 모르겠어요.

Useful expressions

1. **I don't know where to** go. 어디로 가야 할지 모르겠어요.
2. **I don't know where to** find him. 그를 어디에서 찾아야 할지 모르겠어요.
3. **I don't know where to** guide him. 그를 어디로 안내해야 할지 모르겠어요.
4. **I don't know where to** take him. 그를 어디로 데리고 가야 할지 모르겠어요.
5. **I don't know where to** get ahold of her. 그녀를 어디로 연락해야 할지 모르겠어요.

Dialogue

A : Hello, sir! where can I take a taxi? 여보세요! 어디에서 택시를 잡을 수 있어요?

B : I am sorry. I don't know where to take a taxi. 미안합니다. 나도 어디에서 택시를 잡아야 하는지 모르겠는데요.

A : Do you happen to know where a bus stop is? 혹시 버스 정거장이 어디인지 아세요?

B : Yes, go straight and turn left. 예, 곧바로 가서 왼쪽으로 돌아 가세요.

Exercises

1. I don't know where to _____. 나는 어디에서 먹어야 할지 모르겠어요.
2. I don't know where to _____. 나는 어디에서 조사해야 할지 모르겠어요.
3. I don't know where to _____ _____ the bus. 나는 어디에서 버스를 내려야 할지 모르겠어요.

Tip

'where to'는 '~할 장소', '어디에서 ~할'의 의미로 'I don't know where to'는 '어디에서 ~하여야 할지 모르겠다'는 의미로 사용된다. get ahold of는 '~를 연락하다'의 의미이다.

Answers 1. eat 2. investigate 3. get off

Pattern 035~036  Unit 7

I like ~

Like는 '좋아하다'의 의미를 갖는 타동사로 명사뿐만 아니라 'to + 동사원형(부정사)' 및 '동사원형 + ing형태(동명사)'를 목적어로 취할 수 있는 동사이다. 보통 문형은 '주어 + like + 명사', '주어 + like + to + 동사원형', '주어 + like + ~ing'의 형태를 취한다.

Expressions

1. **I like** to go for a walk. 나는 산보하기를 좋아해요.
2. **I like** to watch movies. 나는 영화보기를 좋아해요.
3. **I like** to go to bed. 나는 잠자기를 좋아해요.
4. **I like** skiing. 나는 스키타기를 좋아해요
5. **I like** surfing the internet. 나는 인터넷 서핑을 좋아해요.

"I like ~"

Pattern 035

I like to ~
나는 ~하기를 좋아해요, ~하고 싶어요.

Useful expressions

1. **I like to** go for a walk. 나는 산보하기를 좋아해요.
2. **I like to** play baseball. 나는 야구하기를 좋아해요.
3. **I like to** watch movies. 나는 영화보기를 좋아해요.
4. **I like to** go to bed. 나는 잠자기를 좋아해요.
5. **I like to** travel around the world. 나는 세계일주 여행을 하고 싶어요.

Dialogue

A : Hello, Jinsu! it's a nice day today, isn't it? 안녕하세요, 진수씨! 오늘 날씨가 좋지요, 그렇지요?
B : it is. 그렇네요.
A : What do you like to do today? 오늘 무엇하고 싶어요?
B : **I like to** read the books in the house. 집에서 책을 읽고 싶어요.

Exercises

1. I like to play _____. 나는 골프 치는 것을 좋아해요.
2. I like to _____ a song. 나는 노래하기를 좋아해요.
3. I like to _____ _____ some friends of mine by messenger. 나는 몇몇 친구들과 메신저로 이야기하기를 좋아해요.

Tip

'I like to'는 '~하기를 좋아하다', '~하고 싶다'의 의미로 가장 많이 사용되는 기본적인 표현이다. 'like + to 부정사'의 형태이지만 like는 부정사와 동명사를 함께 취할 수 있는 동사이다.

Answers 1. golf 2. sing 3. chat with

036 Pattern

I like ~ing

나는 ~하는 것을 좋아해요.

Useful expressions

1. **I like skiing.** 나는 스키타기를 좋아해요.
2. **I like making** kimchi. 나는 김치 담그기를 좋아해요.
3. **I like surfing** the internet. 나는 인터넷 서핑을 좋아해요.
4. **I like making** a trip to the USA. 나는 미국으로 여행 가는 것을 좋아해요.
5. **I like discussing** the issues with people. 나는 사람들과 문제들을 논의하기를 좋아해요.

Dialogue

A : What are you going to do for the coming holidays? 돌아오는 공휴일에 무엇을 할 예정입니까?

B : I am going to play golf with my customers. **I like playing** golf. 고객들과 골프를 칠 예정인데요. 나는 골프를 좋아해요.

A : Where are you going to play? 어디에서 칠 예정이에요?

B : At a golf course located in the suburb of Seoul. 서울 교외에 있는 골프장에서요.

Exercises

1. I like _____ with some friends. 나는 친구들과 술 마시는 것을 좋아해요.
2. I like _____ in the pool. 나는 수영장에서 수영하기를 좋아해요.
3. I like _____ _____ on TV. 나는 TV로 농구 보는 것을 좋아해요.

Tip
'I like + 동명사'는 '~하기를 좋아하다'의 의미이다. surf는 원래 '파도타기를 하다'를 의미하지만 surf the internet은 '인터넷에서 이곳저곳을 찾아보다'를 의미한다.

Answers 1. drinking 2. swimming 3. watching basketball

Pattern 037~040

I think ~

Think는 '~을 생각하다, ~라고 생각하다'의 의미를 갖는 동사로 자신의 생각이나 의견을 제시할 때 사용된다. Think는 보통 that절을 동반하여 사용되며 that은 대부분 생략된다. 또한, think highly of, think well of, think ill of와 같이 부사, 전치사 등과 함께 사용되어 상대방 또는 제3자를 평가하는 데 사용되기도 한다.

Expressions

1. **I think she is really beautiful.** 나는 그녀가 정말로 예쁘다고 생각한다.
2. **I don't think so.** 나는 그렇게 생각하지 않는다.
3. **I think you should do it right away.** 나는 당신이 그것을 즉시 해야 한다고 생각한다.
4. **I don't think you should wake up your daughter.** 나는 당신이 딸을 깨워서는 안 된다고 생각해요.
5. **I'm thinking of you.** 나는 당신에 대해 생각중입니다.

037 Pattern

I think (that)

나는 ~라고 생각해요.

Useful expressions

1. **I think** she is really beautiful. 나는 그녀가 정말로 예쁘다고 생각한다.
2. **I think** he wants to help the poor. 나는 그가 가난한 사람들을 도와주고 싶어 한다고 생각해요.
3. **I think** some volunteers like to take care of the handicaped. 나는 자원봉사자들이 장애인들을 돌보고 싶어 한다고 생각해요.
4. **I think** a lot of people want to live here. 나는 많은 사람들이 여기에서 살고 싶어 한다고 생각한다.
5. **I think** you have the responsibility for that. 나는 당신이 그것에 대한 책임이 있다고 생각해요.

Dialogue

A : Which one do you like, white one or black one? 흰 것과 검은 것 중 어느 것을 좋아해요?
B : I like black one. 나는 검은 것을 좋아해요.
A : **I think** white one is better. 나는 흰 것이 더 좋다고 생각하는데.
B : You can select black one you like. 좋아하는 검은 것을 선택하시지요.

Exercises

1. I think we can _____ the difficulties with colleagues. 나는 우리가 동료들과 어려움을 극복할 수 있다고 생각해요.
2. I think I will be able to _____ _____ by 10:00 p.m. today. 나는 거기에 오늘 오후 10:00까지 도착할 것으로 생각해요.
3. I think I will _____ _____ my job in 10 years. 나는 10년 이내에 현 직업에서 은퇴하려고 생각하고 있어요.

Tip
'I think' 다음에 that절이 올 때 보통 that는 생략된다. 물론 지시대명사로 쓰일 경우 생략할 수 없다. 'the handicaped'는 장애가 있는 사람들을 의미하고 'the poor'는 가난한 사람들을 의미한다.

Answers 1. get over 2. get there 3. retire from

Pattern 038

I don't think you should
나는 당신이 ~해서는 안 된다고 생각해요.

Useful expressions

1. **I don't think you should** wake up your daughter. 당신이 당신 딸을 깨워서는 안 된다고 생각해요.
2. **I don't think you should** leave now. 당신이 지금 떠나서는 안 된다고 생각해요.
3. **I don't think you should** play a computer game. 네가 컴퓨터 게임을 해서는 안 된다고 생각해.
4. **I don't think you should** come home. 당신이 집에 와서는 안 된다고 생각해요.
5. **I don't think you should** tell her. 당신이 그녀에게 말해서는 안 된다고 생각해요.

Dialogue

A : **Do you think I have to go now?** 당신은 내가 지금 가야 한다고 생각합니까?
B : **No, I don't think you should go now.** 아니오, 나는 당신이 지금 가서는 안 된다고 생각합니다.
A : **Why do you think so?** 왜 그렇게 생각합니까?
B : **Because if you go, it is difficult to meet again.** 당신이 가면 다시 만나기가 어렵기 때문입니다.

Exercises

1. I don't think you should be _____. 나는 당신이 술에 취해서는 안된다고 생각합니다.
2. I don't think you should _____ _____ any more.. 나는 당신이 그녀를 더 이상 만나서는 안 된다고 생각합니다.
3. I don't think you should _____ your employees. 나는 당신이 종업원을 해고해서는 안 된다고 생각합니다.

Tip
'I don't think you should'는 조언을 하거나, 의무를 지울 때 사용되는 표현이다. 우리말로 '~해서는 안 된다고 생각한다' 로 자연스럽게 해석하여야 한다. fire는 '(불을)태우다' 의 뜻이나 '~을 해고하다' 는 의미로도 많이 사용된다.

Answers 1. drunken 2. meet her 3. fire

039 Pattern

I'm thinking of ~

나는 ~에 대해 생각중이에요, ~하려고 생각중이에요.

Useful expressions

1. **I'm thinking of** you. 나는 당신에 대해 생각중이에요.
2. **I'm thinking of** calling her. 나는 그녀에게 전화하려고 생각중이에요.
3. **I'm thinking of** leaving for Germany. 나는 독일로 떠나려고 생각중이에요.
4. **I'm thinking of** having my hair cut. 나는 이발하려고 생각중이에요.
5. **I'm thinking of** working together with him. 나는 그와 함께 일하려고 생각중이에요.

Dialogue

A : What are you planning to do during your vacation? 당신은 휴가 중에 무엇을 하려고 계획하고 있습니까?
B : I didn't think about it. What about you? 나는 생각 안 해봤는데요. 당신의 계획은 어떻습니까?
A : **I am thinking of** reading some books at home. 집에서 책들을 읽으려고 생각하고 있습니다.
B : That sounds great. 그것 좋아 보이는데요.

Exercises

1. I'm thinking of _____. 나는 잠을 잘까 생각중이에요.
2. I'm thinking of _____ _____ USA. 나는 미국에서 살까 생각중이에요.
3. I'm thinking of _____ a new house in Seoul. 나는 서울에 새집을 살까 생각중이에요.

Tip
think of는 사전적으로 '~에 대해 생각하다'의 의미이나 I'm thinking of는 구어체에서 보통 '~하려고 생각 중이에요'의 의미로 사용된다.

Answers 1. sleeping 2. living in 3. buying

Pattern 040~044

I want ~

Want는 '~을 원하다, 필요로 하다' 의 의미를 갖는 동사로 무엇을 간절히 원하거나 필요로 할 때 사용된다. 보통, '주어 + want + to 부정사', '주어 + want + 목적어 + 목적보어' 로 사용되며 간혹 '주어 + want + ~ing(동명사)' 의 형태로 사용되어 '필요로 하다' 의 의미를 갖는다. 그 외에 ought와 같은 의미로 '~을 해야 한다' 의 다소 강한 요구를 할 때 사용되기도 한다.

• Expressions •

1. I want to see you. 나는 너를 만나고 싶다.
2. I want you to go there. 나는 당신이 거기에 가기를 원해요.
3. I want them ready in one hour. 나는 그들이 1시간 안으로 준비하기를 바란다.
4. The house wants painting. 그 집은 페인트칠을 해야 된다(필요로 한다).
5. You don't want to go. 당신이 가서는 안 될 것 같아요.

"I want ~"

040 Pattern

I want to ~

나는 ~하고 싶다(싶어요).

Useful expressions

1. **I want to** play tennis. 나는 테니스를 치고 싶어요.
2. **I want to** go to Paris with her. 나는 그녀와 파리에 가고 싶어요.
3. **I want to** live in the country. 나는 시골에서 살고 싶어요.
4. **I want to** invest in the stock. 나는 주식에 투자하고 싶어요.
5. **I want to** buy a big-sized apartment as soon as possible. 나는 큰 아파트를 가능한 한 곧 사고 싶어요.

Dialogue

A : Why don't we go to the department store now? 지금 백화점에 가지 않을래요?

B : Great. Do you have any item you want to buy there? 좋습니다. 거기에서 사고 싶은 물건이라도 있어요?

A : Yes. **I want to** buy a shirt for my husband and a blouse for me. 예, 남편 셔츠와 저의 블라우스를 사고 싶어요.

B : **I want to** buy a pair of shoes for my son. 저는 아들에게 신발 한 켤레 사주고 싶어요.

Exercises

1. I want to be a _____ _____. 나는 유명한 의사가 되고 싶어요.
2. I want to buy a _____ _____ for my daughter. 나는 딸에게 새 자전거를 사주고 싶어요.
3. I want to _____ _____ the house and garden. 나는 집과 정원을 청소하고 싶어요.

Tip

'want to'는 '~하고 싶다'의 뜻으로 일상생활에서 가장 많이 사용되는 표현이다. 미국에서 보통 wanna로 발음한다. 'want to + 동사원형'의 형태로 사용된다. clean up은 '(집안 곳곳을) 정리하다'의 의미로 쓰인다.

Answers 1. famous doctor 2. new bike 3. clean up

Pattern 041

I want you to ~

나는 당신이 ~하기를 원해요.

Useful expressions

1. **I want you to** go there. 나는 당신이 거기에 가기를 원해요.
2. **I want you to** be here by 10:00 a.m. tomorrow. 당신이 여기에 내일 오전 10시까지 오기를 원해요.
3. **I want you to** take him to the zoo. 나는 당신이 그를 동물원까지 데리고 가기를 원해요.
4. **I want you to** teach my son English. 나는 당신이 나의 아들에게 영어를 가르치기를 원해요.
5. **I want you to** show up in the meeting. 나는 당신이 모임에 나타나기를 원해요.

Dialogue

A : What do you want me to do for you? 당신은 내가 무엇을 하기를 원하세요?
B : **I want you to** wash the dishes for tonight. 나는 당신이 오늘 밤 설겆이를 해주면 좋겠는데요.
A : Sure. I can do that for you. 좋아요. 당신을 위해 그렇게 할 수 있어요.
B : Thank you for your statement. 당신이 그렇게 말해주어 고마워요.

Exercises

1. I want you to _____ _____. 나는 당신이 그녀를 도와주었으면 해요.
2. I want you to _____ the guest _____. 나는 당신이 그 손님을 안내했으면 해요.
3. I want you to _____ at home. 나는 당신이 집에 머물러 주기를 원해요.

Tip
'I want you to'는 상대방에게 무엇을 부탁, 요청하고자 할 때 사용하는 표현으로 친근한 사이에 사용된다. show up '(모임 등에) 나타나다'의 뜻이다. statement은 사전적인 '성명', '진술'의 의미보다 상대방이 앞서 말한 표현을 의미한다.

Answers 1. help her 2. show around 3. stay

042 Pattern

You don't want to ~ 당신이 ~해서는 안 될 것 같아요.

Useful expressions

1. **You don't want to go.** 당신이 가서는 안 될 것 같아요.
2. **You don't want to stay here.** 당신이 여기에 머물러서는 안 될 것 같아요.
3. **You don't want to keep it silent.** 당신이 그것에 대해 침묵을 지켜서는 안 될 것 같아요.
4. **You don't want to arrive late in the afternoon.** 당신이 오후 늦게 도착해서는 안 될 것 같아요.
5. **You don't want to say something about it.** 당신이 그것에 대해서 무엇인가를 말해서는 안 될 것 같아요.

Dialogue

A : **Did you order something to eat?** 먹을 것 주문했어?
B : **Yes, I ordered two hamburgers.** 예, 햄버거 두 개 주문했는데.
A : **You don't want to order those?** 그것을 주문하지 않는 게 좋을 것 같은데.
B : **Why?** 왜 그래?

Exercises

1. You don't want to _____ _____ _____ now. 너는 지금 잠자지 않는 것이 좋을 것 같은데.
2. You don't want to _____ _____ _____. 당신은 약속을 어겨서는 안 될 것 같아요.
3. You don't want to _____ _____ _____. 당신은 법을 어겨서는 안 될 것 같아요.

Tip

'You don't want to' 의 직역하면 '당신은 ~하는 것을 원하지 않는다' 이나 실제로는 상대방에게 '당신이 ~을 하지 않는 게 좋다' 또는 '당신이 ~을 해서는 안 될 것 같다' 의 완곡한 명령 표현이다. Break는 '(약속, 법)을 어기다' 의 의미이고 violate은 '(법)을 위반하다' 의 의미이다.

Answers 1. go to bed 2. break your promise 3. violate the law

Pattern 043

I just wanted to ~ 나는 단지 ~하고 싶었을 뿐이야, ~하고 싶었다.

Useful expressions

1. **I just wanted to** meet you. 난 단지 당신을 만나고 싶었을 뿐이에요.
2. **I just wanted to** teach them mathematics. 나는 단지 그들에게 수학을 가르치고 싶었을 뿐이야.
3. **I just wanted to** tell you the truth. 나는 단지 당신에게 진실을 말하고 싶었을 뿐이야.
4. **I just wanted to** correspond with her. 나는 단지 그녀와 교신하고 싶었을 뿐이야.
5. **I just wanted to** know about the real situation of the accident. 나는 단지 그 사고의 진상을 알고 싶었을 뿐이야.

Dialogue

A : Did you call me at home last night? 어젯밤 나에게 전화했었어?
B : Yes. 그래.
A : Any reason you called? 왜 전화했지?
B : **I just wanted to** know what happened to you. 단지 무슨 일이 있었는지 알고 싶었어.

Exercises

1. I just wanted to _____ _____ you. 나는 단지 당신과 논의하고 싶었을 뿐이야.
2. I just wanted to _____ to her. 나는 단지 그녀에게 가고 싶었을 뿐이야.
3. I just wanted to _____ your company. 나는 단지 너의 회사를 방문하고 싶었어.

Tip

'I just wanted to ~'은 '나는 단지 ~하기를 원했다' '단지 ~하고 싶었을 뿐이야' 로 사용된다. gosh는 (기쁨, 놀라움)을 나타낼 때 쓰는 '아이쿠', '어머', '뭐라고' 정도의 감탄사이다.

Answers 1. discuss with 2. go 3. visit

Part 2
2단계 패턴

Unit 10	Are you ~		Unit 20	Would you ~
Unit 11	Is it ~		Unit 21	What ~
Unit 12	Is there ~		Unit 22	Where ~
Unit 13	Do you want ~		Unit 23	When ~
Unit 14	Do you think ~		Unit 24	Who ~
Unit 15	Do you know ~		Unit 25	Why ~
Unit 16	Do you have ~		Unit 26	Which ~
Unit 17	Can I ~		Unit 27	How ~
Unit 18	Can you ~		Unit 28	Have you ~
Unit 19	Shall + I(we) ~			

Pattern 044~048

Are you + 형용사 / 분사 ~

'Are you + 형용사/분사~'는 상대방의 상태나 상황을 물어볼 때 사용하는 기본적인 의문문이다. 의문문의 형태는 'Are you + 형용사 / 과거분사 + 전치사', 'Are you + 형용사 / 과거분사 + that절'로 구성된다. 이것은 '동사 + 주어 + 형용사 / 과거분사'로 구성되어 대표적인 2형식의 문장으로 질문하지만 때로는 형용사, 과거분사가 전치사나 that절(that는 대부분 생략된다)을 동반하여 하나의 동사(타동사)의 의미로 사용되어 3형식의 문장으로 질문할 수도 있다.

Expressions

1. **Are you** sure the door is locked?   당신은 문이 잠겨있다고 확신해요?
2. **Are you** ready to leave for Japan?   당신은 일본에 갈 준비가 되어 있어요?
3. **Are you** prepared to go?   당신은 갈 준비가 되어 있어요?
4. **Are you** interested in traveling?   당신은 여행에 관심 있어요?
5. **Are you** done with the work?   당신은 일을 끝냈어요?

"Are you~"

044 Pattern

Are you sure ~

당신은 확신해요? 확실해요?

Useful expressions

1. **Are you sure** the door is locked. 문이 잠겨 있는 것이 확실해요?
2. **Are you sure** she will marry him? 당신은 그녀가 그와 결혼할 것이라는 것을 확신해요?
3. **Are you sure** your daughter will pass the entrance examination? 당신 딸이 입학시험에 합격할 것이라고 확신해요?
4. **Are you sure** it's no trouble? 폐가 안 될까요?
5. **Are you sure** you wouldn't like some more wine? 정말 와인을 좀 더 들지 않으시겠다고요?

Dialogue

A : What did he say about the examination? 그가 시험에 대해서 뭐라고 말해?
B : He said that he answered all the questions. 질문에 모두 답을 했다고 하는데요.
A : **Are you sure** he will pass at this time? 그가 이번에 합격할 것으로 확신해요.
B : I'm positive, according to him. 그의 말대로라면 확신해요.

Exercises

1. Are you sure you're _____ _____? 정말 괜찮아요?
2. Are you sure you don't _____ _____ _____? 정말로 안 도와줘도 괜찮겠어요?
3. Are you sure you're _____ your file correctly? 파일을 제대로 저장한 게 확실해요?

> **Tip**
> 'Are you sure'는 궁금한 사항을 확실히 알고 싶을 때 '~이 확실해' 또는 '정말로 ~해'라는 의미로 많이 사용되는 표현이다. 'Are you sure'에 대한 답변으로 sure의 표현 이외에도 반복을 피하고 확실하게 답할 경우 I'm positive라는 표현을 사용한다.

Answers 1. all right 2. need any help 3. saving

Pattern 045

Are you ready to ~   ~할 준비가 되어 있나요?

Useful expressions

1. **Are you ready to leave for Japan?** 당신은 일본에 갈 준비가 되어 있어요?
2. **Are you ready to go to work?** 일하러 갈 준비가 되어 있어요?
3. **Are you ready to study English?** 영어 공부할 준비가 되어 있어요?
4. **Are you ready to sell this old car?** 이 오래된 차를 팔 준비가 되어 있어요?
5. **Are you ready to start a business?** 사업할 준비가 되어 있어요?

Dialogue

A : **Are you ready to order?** 주문하시겠어요?
B : **Not yet. But any recommendation for today?** 아직 안 했는데요. 오늘 추천할 음식이라도 있어요?
A : **Today's special is spaghetti.** 오늘 특별요리는 스파게티입니다.
B : **I will order it.** 그것으로 주문할게요.

Exercises

1. Are you ready to _____ _____? 당신은 외출할 준비 되어 있어요?
2. Are you ready to _____ _____ the convention? 당신은 그 회의에 참가할 준비가 되어 있어요?
3. Are you ready to _____ _____ _____ to Seattle? 시애틀 여행 준비는 되어 있나요?

Tip

'Are you ready to'는 출발, 시작할 준비가 되어 있는지 물을 때 사용하는 표현이다. convention은 (정치, 종교적) 집회를 뜻하나 요즘은 (제품)전시회, (국제적인)회의를 의미하기도 한다.

Answers 1. go out 2. participate in 3. take a trip

046 Pattern

Are you prepared to ~ 당신 ~할 준비가 되어 있어요?

Useful expressions

1. **Are you prepared to leave?** 당신은 떠날 준비가 되어 있어요?
2. **Are you prepared to go?** 갈 준비가 되었어?
3. **Are you prepared to compromise?** 당신은 협상할 준비가 되어 있어요?
4. **Are you prepared to do this?** 이것 할 준비가 되어 있어요?
5. **Are you prepared to go on a journey?** 여행할 준비가 되어 있어요?

Dialogue

A : I am planning to fly to N. Y. tomorrow. 나는 내일 뉴욕에 갈 계획인데요.
B : Can I go with you? I'm not familiar. 내가 함께 갈 수 있을까요? 내가 거기를 잘 몰라서.
A : Are you prepared to go? 갈 준비는 되어 있어요?.
B : Yes, I am already.(I've been prepared already.) 예, 준비는 이미 해 놓았어요.

Exercises

1. Are you prepared to_____? 당신은 변화에 대처할 준비가 되어 있어요?
2. Are you prepared to _____ _____? 당신은 어떠한 일도 할 준비가 되어 있습니까?
3. Are you prepared to _____ _____? 당신은 그녀를 도와줄 준비가 되어 있습니까?

Tip

'Are you prepared '는 to 부정사를 동반하여 '~할 준비(채비)가 되어 있어요' 의 뜻으로 포괄적인 의미의 준비상태를 표현한다. journey는 (육상의 장거리)여행을 의미하는 반면 trip는 (단거리)여행을 의미한다. 'do anything' 은 '어떠한 일도 하다' 의 의미이다.

Answers 1. change 2. do anything 3. help her

Pattern 047

Are you interested in ~   당신은 ~에 관심 있어요?

Useful expressions

1. **Are you interested in traveling?** 당신은 여행에 관심 있어요?
2. **Are you interested in trading?** 당신은 무역에 관심 있어요?
3. **Are you interested in learning Japanese?** 당신은 일본어 배우는 데 관심 있어요?
4. **Are you interested in studying European culture?** 당신은 유럽 문화를 연구하는 데 관심 있어요?
5. **Are you interested in working with us?** 당신은 우리와 함께 일하는 데 관심 있어요?

Dialogue

A : Are you interested in cooking? 당신은 요리에 관심 있어요?
B : Yes, I'm interested in doing the cooking. 네, 저는 요리하는 데 관심이 있어요.
A : What is your specialty? 당신은 무슨 음식을 가장 잘해요?
B : Korean barbecue. 한국식 바비큐를 잘 합니다.

Exercises

1. Are you interested in _____ _____? 당신은 동전 수집에 관심 있어요?
2. Are you interested in _____ _____? 당신은 10대 유행에 관심이 있습니까?
3. Are you interested in the _____? 당신은 스포츠에 관심이 있습니까?

Tip

'Are you interested in'은 다음에 ~ing 또는 명사가 와서 '~에 관심이 있어요'의 의미를 갖는다. 또한, 'have interest in' 또는 'be interested to' 부정사를 동반하여 '~에 관심이 있다'를 달리 표현할 수 있다.

Answers 1. collecting coppers 2. teenage fashions 3. sports

048 Pattern

Are you done with ~

당신은 ~을 끝냈어요?

Useful expressions

1. **Are you done with** the work? 당신은 일을 끝냈어요?
2. **Are you done with** the chores? 당신은 허드렛일을 끝냈어요?
3. **Are you done with** the paper? 당신은 논문쓰기를 끝냈어요?
4. **Are you done with** your English? 너 영어 수업을 끝냈니?
5. **Are you done with** this book? 너 이 책 읽기를 끝냈어?

Dialogue

A : **Are you done with** your homework? 너 숙제를 끝냈니?

B : Mom, I'm not done yet. 엄마, 아직 못 끝냈어.

A : When will it be done? 언제 끝낼 거야?

B : It will be done soon. 곧 끝낼 수 있어.(곧 끝낼 거야.)

Exercises

1. Are you done with _____ _____? 당신은 설거지를 끝냈어요?
2. Are you done with _____ _____? 너는 리포트를 끝냈니?
3. Are you done with _____ _____? 당신은 의무를 다했습니까?

Tip done은 '완료된', '끝난'의 형용사로 with와 함께 '완료하다', '끝내다'의 의미로 사용된다. chore는 '허드렛일', '잡일'의 뜻으로 '늘 하는 일'을 의미할 때 보통 복수로 사용된다.

Answers 1. the plates 2. your report 3. your duty

Pattern 049~051

Is it~

'Is it~?'는 It is의 의문형으로 뒤에 명사, 형용사, 전치사구를 동반하여 to부정사, if / that절과 함께 사용된다. 여기에서 It은 to 부정사, if / that절의 가주어로 사용되며 지시대명사나, 날짜, 요일, 시간, 거리, 막연한 상황 등을 나타내는 데 사용되는 비인칭대명사의 It와는 다르다. 의문문의 형태는 'Is it + 명사, 형용사', '전치사구 + to 부정사' 또는 if / that절로 표시되고 '~ 하는 것은(~한다면, ~해도) ~ 일까요?'의 의미의 의문형으로 질문하게 된다.

Expressions

1. **Is it okay if I go there?** 내가 거기에 간다면 괜찮을까요?
2. **Is it all right to try on this?** 이것을 입어봐도 괜찮을까요?
3. **Is it possible to change the schedule?** 계획을 바꾸는 것이 가능할까요?
4. **Is it possible to attend the meeting?** 회의에 참석하는 것이 가능할까요?
5. **Is it possible that we connect to the internet?** 우리가 인터넷에 연결하는 것이 가능할까요?

"Is it~"

049 Pattern

Is it okay if ~

~해도 괜찮을까요?

Useful expressions

1. **Is it okay if** I go there? 내가 거기에 가도 괜찮을까요?
2. **Is it okay if** I work here? 내가 여기에서 일해도 괜찮을까요?
3. **Is it okay if** I read the newspaper on the desk? 내가 책상에 있는 신문을 읽어도 괜찮을까요?
4. **Is it okay if** I am absent? 내가 자리를 비워도 괜찮을까요?
5. **Is it okay if** I ride your bicycle? 내가 너의 자전거를 타도 괜찮겠어?

Dialogue

A : **Is it okay if** I ask you a favor? 내가 당신께 부탁 하나 해도 괜찮겠어요?
B : Sure. What's that? 그럼요, 그것이 무엇인데요?
A : I'd like to read some books you have. 당신이 갖고 있는 책들을 읽고 싶어서요.
B : You may take some out of the shelf. 서재에서 몇 권을 가져가도 좋아요.

Exercises

1. Is it okay if I _____ _____? 내가 여기 있어도 괜찮겠어요?
2. Is it okay if I have _____ _____ **with you?** 내가 잠깐 당신과 시간을 가져도 괜찮을까요?
3. Is it okay if I _____ _____ _____? 내가 돈을 좀 써도 괜찮을까요?

Tip
'Is it okay if ~'은 직역하면 '~하면 ok입니까?'이다. 즉, '~해도 괜찮을까요, ~해도 될까요?' 정도의 상대방의 허락, 의사를 구할 때 사용되는 표현이다. okay대신 ok, 또는 all right을 사용해도 같은 의미를 지닌다.

Answers 1. am here 2. a minute 3. spend some money

Pattern 050

Is it all right to ~

~해도 될까요?

Useful expressions

1. **Is it all right to** go out? 밖에 나가도 될까요?
2. **Is it all right to** try this on? 이것을 입어 봐도 될까요?
3. **Is it all right to** ask you a question? 질문해도 괜찮겠어요?
4. **Is it all right to** call you now? 지금 당신에게 전화해도 될까요?
5. **Is it all right to** take a break? 잠깐 쉬어도 괜찮을까요?

Dialogue

A : What were you doing last night? 어젯밤 무엇하고 있었어?
B : I was drinking so much with some friends of mine? 내 몇몇 친구들과 과음을 하고 있었어.
A : That's why you look so tired. 그래서 얼굴이 피곤해 보이는구나.
B : I'm a little tired. **Is it all right to** take some rest here? 조금 피곤해. 여기에서 좀 쉬어도 되겠지?

Exercises

1. Is it all right to _____ _____? 들어가도 될까요?
2. Is it all right to _____ _____ with you? 내가 당신과 테니스를 해도 될까요?
3. Is it all right to _____ _____ _____? 내가 좀 더 먹어도 괜찮을까요?

Tip

'Is it all right to ~'은 직역하면 '~하는 것은 괜찮습니까?'이다. 즉, '~해도 괜찮을까요, ~해도 될까요?' 정도의 상대방의 허락, 의사를 구할 때 사용하는 표현이다. all right 대신 okay를 사용해도 같은 의미이다.

Answers 1. come in 2. play tennis 3. take some more

051 Pattern

Is it possible to ~   ~하는 것이 가능할까요? ~할 수 있을까요?

Useful expressions

1. **Is it possible to** change the schedule? 계획을 바꿀 수 있을까요?
2. **Is it possible to** talk to him? 그와 말할 수 있을까요?
3. **Is it possible to** cancel my flight reservation? 제 항공예약을 취소할 수 있을까요?
4. **Is it possible to** come earlier than the schedule? 계획보다 일찍 와도 될까요?
5. **Is it possible to** show me another grey suit? 다른 회색 양복을 보여줄 수 있어요?

Dialogue

A : May I help you, sir? 손님, 뭘 도와드릴까요?
B : Yes, I'm looking for a dark grey suit. 네, 나는 진한 회색 양복을 찾고 있어요.
A : How about this? 이것 어때요?
B : It is a little light. **Is it possible to** show me another one? 조금 밝은데요. 다른 것을 보여줄 수 있어요?

Exercises

1. Is it possible to _____ _____ _____? 환전할 수 있을까요?
2. Is it possible to _____ _____ _____? 보트를 빌릴 수 있을까요?
3. Is it possible to _____ _____ _____? 회의에 참석할 수 있을까요?

Tip

'Is it possible to ~'은 직역하면 '~하는 것이 가능할까요?'의 의미로 '~할 수 있을까요?'로 가능성을 물을 때 사용된다. change foreign currency는 '환전하다'의 의미로 exchange the money로 바꿔 쓸 수 있다.

Answers 1. change foreign currency 2. rent a boat 3. attend the meeting

Pattern 052~056

Is there~

'Is there~?'는 There is의 의문형으로 '~이 있습니까?'의 질문을 할 때 사용하는 표현이다. There는 원래 '거기'라는 의미의 장소나 방향을 나타내는 부사로 사용되지만 Is there~?에서 사용되는 there는 '거기'라는 의미 없이 '~이 있습니까?'의 의미로 사용된다.

이 의문문은 Is there + 명사, 대명사의 형태를 취하며 주의할 것은 명사의 경우 질문 자체가 확정되지 않은 것을 질문하는 것이기 때문에 항상 부정관사 a(an)이 나와야 한다는 것이다.

Expressions

1. Is there **a pharmacy nearby?**   주위에 약국이 있습니까?
2. Is there **any green tea?**   녹차가 있습니까?
3. Is there **anything I can do for you?**   제가 해 드릴 일이 있습니까?
4. Is there **anyone who can support her?**   그녀를 지원할 누군가가 있습니까?
5. Is there **something I can help you with?**   제가 도와드릴 수 있는 것이 있습니까?

"Is there~"

052 Pattern

Is there a ~
~가 있습니까? ~가 있어요?

Useful expressions

1. **Is there a** pharmacy nearby? 주위에 약국이 있습니까?
2. **Is there a** person called Kim? Kim씨라 불리는 사람이 있어요?
3. **Is there an** airplane coming back home? 고국에 돌아오는 비행기가 있어요?
4. **Is there an** elementary school in this area? 이 지역에 초등학교가 있습니까?
5. **Is there a** horse racing game we can see today? 오늘 볼 수 있는 경마게임이 있습니까?

Dialogue

A : Hello, I'm going to check in. 안녕하세요? 숙박수속을 하려고 하는데요.
B : Which one do you prefer, smoking room or non-smoking room? 흡연실 또는 금연실 중 어느 방을 원해요?
A : I prefer non-smoking room. By the way, is there a business room in this hotel? 금연실로 주세요, 그런데 이 호텔에 업무실이 있습니까?
B : Yes. we have. 예, 있습니다.

Exercises

1. Is there a _____ _____ near the restaurant? 음식점 가까이에 PC방이 있습니까?
2. Is there a _____ _____ around here? 여기 주위에 주차장이 있습니까?
3. Is there a way we can _____ _____? 우리가 영어를 정복할 수 있는 방법이 있을까요?

Tip
'Is there a ~'은 '~ 있습니까?'의 의미로 다음에 오는 명사 등이 정해지지 않는 상태로 사용되기 때문에 항상 부정관사 a(an)이 나와야 한다. business room은 업무수행을 위해 호텔에 fax, computer등을 별도로 설치해 놓은 방을 말한다.

Answers 1. PC room 2. parking lot 3. master English

Pattern 053

Is(Are) there any ~ ~가 있습니까? ~가 있어요?

Useful expressions

1. **Is there any** green tea? 녹차가 있습니까?
2. **Is there any** Chinese porcelain in this museum? 이 박물관에는 중국 도자기가 있습니까?
3. **Are there any** coffee shop in this hotel? 호텔에 커피숍이 있습니까?
4. **Is there any** good way to improve Japanese? 일본어를 향상시키는 좋은 방법이라도 있습니까?
5. **Are there any** secondhand cars I can buy? 내가 살 수 있는 중고차 있습니까?

Dialogue

A : Do you have facsimile machines? 팩스 있어요?
B : Yes, we have. We have 3 kinds of facsimile machines. 예, 우리는 3가지 종류의 팩스를 갖고 있습니다.
A : **Is there any** other facsimile machine besides these? 이것 이외에 다른 팩스가 있습니까?
B : Sorry, we don't have. 미안합니다. 없습니다.

Exercises

1. Is there any _____ _____ here? 여기에 이탈리아 음식점이 있습니까?
2. Is there any _____ in which we can sing a song? 우리가 노래 부를 수 있는 가라오께가 있습니까?
3. Is there any _____ _____ to go besides bus? 버스 이외에 갈 수 있는 다른 방법이 있습니까?

Tip

'Is there any ~'에서 any는 '어느 정도', '얼마'의 뜻으로 '~가 어느 정도 있습니까?'의 의미로 사용된다. besides는 '그밖에', '게다가' 등의 부사 이외에 '~외에', '~을 제외하고'의 전치사로 사용될 수 있다.

Answers 1. Italian restaurant 2. karaoke 3. other way

054 Pattern

Is there anything ~

다른 ~가 있습니까?

Useful expressions

1. **Is there anything** I can do for you? 제가 해 드릴 일이 있습니까?
2. **Is there anything** better than this? 이 보다 더 좋은 다른 것이 있습니까?
3. **Is there anything** I can help you with? 제가 도울 수 있는 다른 것이 있습니까?
4. **Is there anything** you want? 당신이 원하는 다른 것이 있습니까?
5. **Is there anything** else? 그 밖에 다른 것이 있습니까?

Dialogue

A : Good afternoon. May I help you? 안녕하세요. 도와 드릴까요?
B : I am looking for some shirts and pants for my husband. 남편에게 줄 셔츠와 바지를 찾고 있는데요.
A : **Is there anything** else besides these? 이것 외에 다른 것이 있습니까?
B : No, these are all I want to buy. 없습니다. 이것이 전부입니다.

Exercises

1. Is there anything _____ you have in mind? 당신이 염두해둔 특별한 것이라도 있습니까?
2. Is there anything _____ _____? 더 비싼 것이 있습니까?
3. Is there anything _____? 다른 어떤 재미있는 것이 있습니까?

Tip

anything은 의문문에서 '무엇인가', 부정문에서 '아무(어떤)것도', 긍정문에서 '무엇이든'의 의미를 갖는 부정 대명사이다. 각각의 경우 그 의미가 다소 차이가 있어 해석에 주의가 필요하다. pants는 미국에서 주로 사용되는 바지(trousers)를 의미한다.

Answers 1. special 2. more expensive 3. interesting

Pattern 055

Is there anyone who ~   ~할 누군가 있습니까?

Useful expressions

1. **Is there anyone who** can support her? 그녀를 지원할 누군가가 있습니까?
2. **Is there anyone who** can speak Japanese? 일본어를 할 수 있는 누군가가 있습니까?
3. **Is there anyone who** will teach(can teach) me English? 저에게 영어를 가르쳐 줄 누군가가 있습니까?
4. **Is there anyone who** can solve this problem? 이 문제를 해결할 수 있는 누군가가 있습니까?
5. **Is there anyone who** is coming from the USA? 미국에서 오는 누군가가 있습니까?

Dialogue

A : **Is there anyone who** is looking for a child. 어린 아이를 찾고 있는 누군가가 있습니까?
B : Yes, I am looking for a child. 예, 제가 그 아이를 찾고 있습니다.
A : A small child is crying over there. 저쪽에서 어린 아이가 울고 있어요.
B : Thank you very much for your help. 도와 주셔서 대단히 감사합니다.

Exercises

1. Is there anyone who _____ _____ this broken computer? 이 고장 난 컴퓨터를 수리할 수 있는 누군가가 있습니까?
2. Is there anyone who _____ _____ him? 그를 보호할 수 있는 누군가가 있습니까?
3. Is there anyone who _____ _____ English fluently? 영어를 유창하게 잘할 수 있는 누군가가 있습니까?

Tip

anyone은 의문문, 부정문에서 각각 '누구인가', '아무도'의 의미로 문장에 따라 다르게 사용된다. 'Is there anyone who ~'는 '~하는 누군가가 있습니까?'의 의미이다.

Answers 1. can repair 2. can protect 3. can speak

056 Pattern

Is there something ~   ~한 무엇이 있습니까?

Useful expressions

1. **Is there something** I can help you with? 제가 도와드릴 수 있는 것이 있습니까?
2. **Is there something** else I can get for you? 당신에게 다른 것 좀 사다드릴까요?(갖다드릴까요?)
3. **Is there something** special that you want to buy? 당신이 사고 싶은 특별한 것이라도 있습니까?
4. **Is there something** you have in mind? 마음속에 염두해 둔 것이라도 있습니까?
5. **Is there something** wrong with your bathroom? 욕실에 문제라도 있습니까?

Dialogue

A : Hi darling! **Is there something** you want me to buy? 여보! 내가 뭐 사줘야할 것 있어요?
B : Are you kidding? 농담하는 것이겠죠?
A : No, I am serious. 아니야. 진담이야.
B : Do you really mean it? 정말이세요?

Exercises

1. Is there something _____ _____ _____? 저에게 문제라도 있습니까?
2. Is there something _____ _____ _____? 제가 듣지 못한 것이라도 있습니까?
3. Is there something _____? 심상치 않은 일이 일어날 것 같습니까?

> **Tip**
> 'Is there something'은 무엇인가 있을 것으로 추측한 상태에서 묻는 것인 반면, 'Is there anything'은 무엇이 있을 지 없을 지 모르는 상태에서 묻는 것이 다르다. brew는 원래 '(맥주)를 양조하다'에서 '(음모)가 꾸며지다', '일어나고 있다'의 의미로 여기에서 brewing은 '심상치 않은'의 뜻으로 사용된다.

Answers 1. wrong with me 2. I didn't hear 3. brewing

Pattern 057~061

Do you want~

'Do you want~?'는 상대방의 의향을 물을 때 사용되는 표현으로 'Do you want + to부정사~?', 'Do you want 목적어 + to부정사~?' 그리고 의문사를 앞에 사용하여 표현하는 문형으로 구분할 수 있다. Do you want to부정사의 형태는 '~하고 싶습니까?' '~할래요?'의 의미이고 Do you want +목적어 + to부정사는 '목적어가 ~하기를 원해요?'의 의미이며 의문사를 사용할 경우는 구체적으로 의향을 물을 때 사용된다.

Expressions

1. **Do you want** to enter the university?   당신은 대학에 들어가고 싶습니까?
2. **Do you want** me to come?   당신은 내가 오기를 원합니까?
3. **Do you want** some more coffee?   당신은 커피를 좀 더 하시겠습니까?
4. **What** do you want to learn?   당신은 무엇을 배우고 싶습니까?
5. **When** do you want to go?   당신은 언제 가고 싶습니까?

"Do you want~"

057 Pattern

Do you want to ~

~하고 싶습니까? ~할래요?

Useful expressions

1. **Do you want to** enter the university? 당신은 대학에 들어가고 싶습니까?
2. **Do you want to** go to Hong Kong? 당신은 홍콩에 가고 싶어요?
3. **Do you want to** be a sports star? 당신은 스포츠 스타가 되고 싶습니까?
4. **Do you want to** write a famous novel? 당신은 유명한 소설을 쓰고 싶어요?
5. **Do you want to** see a movie tonight? 당신은 오늘밤 영화를 보고 싶습니까?

Dialogue

A : What **do you want to** do during your stay in Singapore. 싱가포르 방문 중 무엇을 하고 싶습니까?

B : I want to go to the famous seafood restaurant at the beach. 해안가에 있는 해산물 요리 전문음식점에 가고 싶습니다.

A : Really? 정말?

B : Yes, **do you want to** go there with me? 예, 당신도 저와 함께 거기에 가고 싶습니까?

Exercises

1. Do you want to _____ in the swimming pool? 수영장에서 수영하고 싶습니까?
2. Do you want to _____ with us? 우리와 함께 갈래요?
3. Do you want to _____ some electronic goods? 전자제품들을 사고 싶습니까?

Tip 'Do you want to ~'는 '당신은 ~ 하고 싶습니까?'의 뜻으로 상대방에게 희망, 의사, 제안 등을 질문할 때 사용한다.

Answers 1. swim 2. go 3. buy

Pattern 058

Do you want me to ~   내가 ~해주기를 원하세요?

Useful expressions

1. **Do you want me to come?** 당신은 내가 오기를 원하세요?
2. **Do you want me to call him now?** 당신은 내가 지금 전화하기를 원하세요?
3. **Do you want me to visit the company?** 당신은 내가 그 회사를 방문하기를 원하세요?
4. **Do you want me to leave?** 당신은 내가 떠나기를 원하세요?
5. **Do you want me to help her?** 당신은 내가 그녀를 도와주기를 원하세요?

Dialogue

A : What do you want to eat? 무엇 드시고 싶어요?
B : I want some sandwiches. 샌드위치 좀 먹고 싶은데.
A : Anything else? **Do you want me to order?** 그 밖에 다른 무엇이 있어요? 내가 주문할까요?
B : Please. 예, 주문하세요.

Exercises

1. Do you want me to _____ _____? 내가 더 열심히 공부하기를 원해요?
2. Do you want me to _____ _____ your daughter? 댁의 따님을 차에 태워 드릴까요?
3. Do you want me to _____ this problem? 내가 이 문제를 해결하기를 원하세요?

Tip
'Do you want me to ~'는 '내가 ~하기를 원하세요?', '내가 ~할까요?'의 의미이다. 상대방의 의도를 파악해서 내가 할 수 있는 것을 제안하는 형태의 의문형이다.

Answers **1** study harder **2.** pick up **3.** solve

059 Pattern
What do you want to ~
무엇을 ~하고 싶어요?

Useful expressions

1. **What do you want to** learn? 당신은 무엇을 배우고 싶어요?
2. **What do you want to** teach? 당신은 무엇을 가르치고 싶어요?
3. **What do you want to** do? 당신은 무엇을 하고 싶어요?
4. **What do you want to** show me? 당신은 나에게 무엇을 보여주고 싶어요?
5. **What do you want to** buy your mother? 당신은 어머니에게 무엇을 사주고 싶어요?

Dialogue

A : **What do you want to** do after finishing work? 퇴근 후에 무엇을 하고 싶어요?
B : I want to do workout in the fitness center. 헬쓰클럽에 가서 운동을 하고 싶어요.
A : What's the reason? 이유가 무엇이죠?
B : I'm getting fat these days. I need to reduce my weight. 요즘 살이 쪄서요. 몸무게를 줄이려고요.

Exercises

1. What do you want to _____ ? 당신은 무엇을 공부하고 싶어요?
2. What do you want to _____ with your family today? 당신은 가족들과 오늘 무엇을 하고 싶습니까?
3. What do you want to _____ about her? 당신은 그녀에 대해서 무엇을 알고 싶습니까?

Tip
'what do you want to ~?' 은 단순히 의향을 물을 때 사용되는 표현이다. workout은 '(헬쓰클럽이나 체육관에서) 계속적으로 하는 운동'을 의미한다. 우리가 보통 말하는 운동장소인 헬쓰클럽은 fitness center 라고 말해야 정확한 표현이다.

Answers 1. study 2. do 3. know

Pattern 060

When do you want to ~ 언제 ~하고 싶어요?

Useful expressions

1. **When do you want to go?** 당신은 언제 가고 싶어요?
2. **When do you want to start a business?** 당신은 언제 사업을 시작하려고 해요?
3. **When do you want to see your grandmother?** 당신은 할머니를 언제 찾아뵙고 싶어요?
4. **When do you want to meet your girlfriend?** 당신은 언제 여자 친구를 만나고 싶어요?
5. **When do you want to marry her?** 당신은 언제 그녀와 결혼하고 싶어요?

Dialogue

A : Are you still dating with her? 너 아직도 그녀를 사귀고 있어?
B : Yes, I am. I have an appointment with her today. 예, 사귀고 있어요. 오늘도 그녀와 약속이 있는데요.
A : Oh, really? **When do you want to meet her?** 오 그래? 언제 만나려고?
B : at 6:00 p.m. 오후 6시에 만나려고요.

Exercises

1. When do you want to _____ for Japan? 당신은 언제 일본으로 떠나고 싶어요?
2. When do you want to _____ your vacation? 당신은 언제 휴가를 갖고 싶어요?
3. When do you want to _____ a TV? 너 언제 TV 보려고?

Tip

'when do you want to ~?'은 의문사 when을 사용하여 '언제 ~하고 싶으세요?'의 의미로 상대방의 의향을 구체적으로 물을 때 사용되는 표현이다. appointment는 '임명', '지명' 이외에 여기에서는 '약속'을 의미한다.

Answers 1. leave 2. take 3. watch

061 Pattern

Why do you want to ~   왜 ~하고 싶어요?

Useful expressions

1. **Why do you want to** fight her? 당신은 왜 그녀와 싸우려고 해요?
2. **Why do you want to** sleep now? 당신은 왜 지금 잠자려고 해요?
3. **Why do you want to** move in? 당신은 왜 이사 하려고 해요?
4. **Why do you want to** go to Europe? 당신은 왜 유럽에 가려고 해요?
5. **Why do you want to** buy the house? 당신은 왜 그 집을 사려고 해요?

Dialogue

A : **Why do you want to** buy a flat? 당신은 왜 아파트를 사려고 해요?
B : The price of a flat is not that expensive nowadays. 요즘 아파트 값이 그렇게 비싸지 않아요.
A : Are you trying to buy that for your investment purpose? 투자목적용으로 사려고 하는 것이에요?
B : Yes, I am. It seems to be attractive. 예, 그래요. 매력적인 것 같아요.

Exercises

1. Why do you want to _____ _____ tonight? 당신은 왜 오늘밤에 돌아가려고 해요?
2. Why do you want to _____ over night? 당신은 왜 철야 공부하려고 해요?
3. Why do you want to _____ a politician? 당신은 왜 정치인이 되고 싶어요?

Tip

'why do you want to ~?'은 의문사 why를 사용하여 왜 '~하고 싶으세요?'의 의미로 상대방의 의향을 구체적으로 물을 때 사용되는 표현이다. flat은 '평평한'의 뜻을 갖기도 하지만 apartment의 의미로 여러 방을 한 가족이 살 수 있도록 만들어진 아파트를 의미한다. that expensive에서 that은 expensive를 꾸며주는 '그렇게'의 의미를 갖는 부사이다.

Answers 1. go back **2.** study **3.** be

Pattern 062~064

Do(Don't) you think~

'Do you think~?'는 상대방의 생각을 물을 때 사용되는 표현인데 반하여 'Don't you think~?'는 상대방의 생각보다는 동의를 구할 때 사용되는 표현이다. 이것은 부사나 that절(보통 that는 생략되어 사용된다)을 동반하여 상대방의 생각을 물을 때 사용된다. 또한, 의문사와 함께 사용하여 상대방의 구체적인 생각을 물을 때 사용된다. 문장은 'Do you think + 부사 또는 that절'과 '의문사 + do you think~'의 형태로 표현된다.

Expressions

1. **Do you think** so? — 당신은 그렇게 생각합니까?
2. **Do you think** he is handsome? — 당신은 그가 잘 생겼다고 생각합니까?
3. **Don't you think** she is beautiful? — 당신은 그녀가 예쁘지 않다고 생각합니까?
4. **What** do you think of her? — 당신은 그녀를 어떻게 생각합니까?
5. **Why** do you think you failed? — 당신은 왜 실패했다고 생각합니까?

"Do you think~"

Pattern 062

Don't you think ~ ~생각하지 않아요? ~생각 안 해요?

Useful expressions

1. **Don't you think** she is beautiful? 그녀가 아름답다고 생각 안하세요?
2. **Don't you think** he has to go back? 그가 돌아가야 한다고 생각 안하세요?
3. **Don't you think** they will help the poor? 그들이 가난한 사람들을 도울 거라 생각 안하세요?
4. **Don't you think** the killer will surrender himself to the police? 당신은 그 살인자가 경찰에 자수할 거라고 생각 안하세요?
5. **Don't you think** you'd better do it first? 그것을 먼저 하는 것이 좋다고 생각 안하세요?

Dialogue

A : **Don't you think** he has a great potential in the future? 그가 앞으로 많은 일을 할 것으로 생각하지 않아요?
B : Yes, I think so. He can speak French as well as English. 아니오, 그렇게 생각해요. 그는 영어뿐만 아니라 불어를 잘 할 수 있어요.
A : I agree with you. 저도 동감입니다.
B : I think he will do a lot of things in the company. 그가 그 회사에서 많은 일을 할 것이라고 생각해요.

Exercises

1. Don't you think they will _____ _____ tomorrow? 당신은 그들이 내일 돌아올 것이라 생각하지 않아요?
2. Don't you think the wanted criminal will _____ _____ _____ tonight? 당신은 수배중인 그 범인이 오늘밤 자수할 거라고 생각하지 않아요?
3. Don't you think it_____ _____? 당신은 그것이 일리 있다고 생각 안 들어요?

Tip

'Don't you think는 직역하면 '~라고 생각하지 않아요?' 의 의미이지만 우리말로 '~하지 않으리라고 생각해요?' 라고 해석하는 것이 자연스럽다.로 직역하는 게 자연스럽다. surrender oneself to는 자수하다의 의미로 give oneself up과 같은 의미이다. 'Don't you think'와 같은 부정의문의 대답에서 Yes와 No의 의미는 우리말로 서로 반대가 되어야 자연스러워진다는 점에 유의하자.

Answers 1. come back 2. give himself up 3. makes sense

Pattern 063

What do you think of ~ ~에 대해 어떻게 생각하세요?

Useful expressions

1. **What do you think of** her? 그녀에 대해 어떻게 생각하세요?
2. **What do you think of** your president? 당신은 당신의 사장(or 대통령)에 대해 어떻게 생각하세요?
3. **What do you think of** his business attitude? 그의 사업태도에 대해 어떻게 생각해요?
4. **What do you think of** your new house? 새 집에 대해 어떻게 생각해요?
5. **What do you think of** your being the leader of the team? 당신이 그 팀의 리더가 되는 것에 대해 어떻게 생각해요?

Dialogue

A : **What do you think of** making a trip to L.A. together? L.A.로 함께 여행가는 것에 대해 어떻게 생각해요?
B : **That is a good idea.** 그것 좋은 생각이에요.
A : **Really?** 정말로.
B : **I wanted to go there.** 저도 거기에 가고 싶었어요.

Exercises

1. What do you think of _____ _____? 함께 일하는 것에 대해 어떻게 생각해요?
2. What do you think of _____ _____ _____? 새로 산 자전거는 어때요?
3. What do you think of _____ _____? 당신은 한국 문화에 대해 어떻게 생각해요?

Tip
What do you think of 는 '~에 대해 어떻게 생각해요?' 라는 의미로 ~에 대한 평가, 반응을 알아볼 때 많이 사용되는 표현이다. think of 다음에 오는 전치사로 명사나 명사구가 나와야 한다.

Answers 1. working together 2. your new bike 3. Korean culture

064 Pattern

Why do you think ~
왜 ~라고 생각해요?

Useful expressions

1. **Why do you think** so? 당신은 왜 그렇게 생각해요?
2. **Why do you think** you failed? 당신은 왜 실패했다고 생각해요?
3. **Why do you think** she is wiser than he? 왜 당신은 그녀가 그보다 더 현명하다고 생각해요?
4. **Why do you think** this accident happened? 왜 이 사건이 일어났다고 생각해요?
5. **Why do you think** they came here? 왜 그들이 여기 왔다고 생각해요?

Dialogue

A : I have a question for you. 질문이 하나 있어.
B : What's that. 무엇인데요?
A : **Why do you think** that we are not rich? 왜 우리가 부자가 아니라고 생각해?
B : Because we can not do everything we want to do. 우리가 하고 싶은 것을 모두 할 수 없기 때문이죠.

Exercises

1. Why do you think the couple _____ _____? 왜 그 부부가 이혼했다고 생각해요?
2. Why do you think he _____? 왜 그가 성공했다고 생각해요?
3. Why do you think she _____ you? 왜 그녀가 당신을 싫어한다고 생각해요?

Tip
'Why do you think ~?'는 '왜 ~라고 생각해요?' 라는 의미로 ~에 대하여 구체적인 이유를 물을 때 사용되는 표현이다. 동일한 의미로 'What makes you think so'(무엇이 당신을 그렇게 생각하게 해요)의 문형이 있는데 이것은 상대에게 보다 정중한 느낌을 주는 표현이다.

Answers 1. were divorced 2. succeeded 3. dislikes

Pattern 065~070

Do you know~

'Do you know~?' 는 you know의 의문형으로 어떤 내용에 대하여 상대방이 알고 있는지 물을 때 사용되는 가장 기본적인 형태의 의문문으로 부정형은 Don't you know~?이다. Do you know 다음에 명사, 대명사, 명사구, 명사절을 사용하여 다양한 문장을 표현할 수 있다.

Expressions

1. **Do you know him?** 당신은 그를 알고 있습니까?
2. **Do you know what she likes?** 당신은 그녀가 무엇을 좋아하는지 아세요?
3. **Do you know anything about the computer?** 당신은 컴퓨터에 대해서 아는 것이 있습니까?
4. **Do you know when the baseball game starts?** 당신은 야구경기가 언제 시작하는지 아세요?
5. **Do you know how to ride a bike?** 당신은 자전거 타는 방법을 알아요?

"Do you know~"

Do you know what ~

~가 무엇인지를 아세요?

Useful expressions

1. **Do you know what** she likes? 그녀가 무엇을 좋아하는지 아세요?
2. **Do you know what** it is? 그것이 무엇인지 아세요?
3. **Do you know what** it is called? 그것이 무엇이라고 불리는지 아세요?
4. **Do you know what** you have to do next? 다음에 무엇을 해야 하는지 아세요?
5. **Do you know what** he showed us? 그가 우리들에게 무엇을 보여 주었는지 아세요?

Dialogue

A : Hi, darling! Do you know what today is? 여보! 오늘이 무슨 날인지 아세요?
B : I have no idea. 모르겠는데.
A : Today is our wedding anniversary. 오늘이 우리 결혼기념일이에요.
B : Oh, I forgot it. I am terribly sorry about it. 오, 그것을 잊고 있었네. 정말 미안해.

Exercises

1. Do you know what _____ _____? 그들이 무엇을 원하는지 아세요?
2. Do you know what _____ _____ him? 그에게 무슨 일이 생겼는지 아세요?
3. Do you know what your son _____ _____? 당신은 아들이 무엇을 하고 있는지 아세요?

Tip 'Do you know what ~?' 에서 what이 관계 대명사로 사용되었을 경우에는 '~인 것을 아세요?' 의 의미이고, 의문대명사로 사용될 경우에는 '~가 무엇인지 아세요?' 의 의미이다.

Answers 1. they want 2. happened to 3. is doing

Pattern 066

Do you know why ~ 왜 ~인지 아세요?

Useful expressions

1. **Do you know why** I like you? 왜 내가 당신을 좋아하는지 아세요?
2. **Do you know why** she avoids you? 왜 그녀가 당신을 피하는지 아세요?
3. **Do you know why** you have to do this? 왜 이것을 해야 하는지 아세요?
4. **Do you know why** they came here? 왜 그가 거기에 왔는지 아세요?
5. **Do you know why** he has not done that? 왜 그가 그것을 하지 않았는지 아세요?

Dialogue

A : Did he watch the soccer on TV yesterday night? 그는 어제 저녁 축구경기를 봤대요?
B : Unfortunately, he told me that he didn't watch. 공교롭게도 그는 보지 못했다고 말했어요.
A : **Do you know why** he didn't watch the game? 그가 왜 게임을 보지 못했는지 아세요?
B : He seems to be entirely tied up with the work. 그가 일에 바빠서 잠시도 틈이 없는 것 같아요.

Exercises

1. Do you know why he didn't _____ _____ us? 왜 그가 우리에게 오지 않았는지 아세요?
2. Do you know why the meeting _____ _____ yet? 그 미팅이 아직 시작되지 않았는지 아세요?
3. Do you know why she _____ _____ yesterday? 왜 그녀가 결근했는지 아세요?

Tip
'Do you know why ~?'은 '왜 ~인지를 아세요?'의 의미로 구체적으로 이유를 알고자 할 때 사용되는 표현이다. tied는 (끈, 밧줄로) '묶인', '동여맨'의 의미로 일에 묻혀서 옴짝달싹 못하는 상황, 즉 '잠시도 틈이 없는'의 의미이다.

Answers 1. come to 2. didn't start 3. was absent

067 Pattern

Do you know when ~   언제 ~하는지 아세요?

Useful expressions

1. **Do you know when** the baseball game starts? 야구경기가 언제 시작하는지 아세요?
2. **Do you know when** she will come to Korea? 그녀가 언제 한국에 오는지 아세요?
3. **Do you know when** they meet with each other? 언제 그들이 서로 만나는지 아세요?
4. **Do you know when** he had to go there? 왜 그가 거기에 가야 했는지 아세요?
5. **Do you know when** the department store will be on sale? 백화점이 언제 특별할인 판매를 하는지 아세요?

Dialogue

A : Did she go back to USA? 그녀가 미국으로 돌아갔어요?
B : Yes, she did. An urgent issue happened. 예, 그렇습니다. 급한 일이 생겼어요.
A : **Do you know when** she will be back? 언제 돌아오는지 아세요?
B : She will come again soon. 그녀는 곧 다시 돌아올 거예요.

Exercises

1. Do you know when the _____ _____ will start? 2학기가 언제 시작하는지 아세요?
2. Do you know when your parents _____? 부모님이 언제 떠나는지 아세요?
3. Do you know when the examination result _____ _____? 조사결과가 언제 나오는지 아세요?

Tip 'Do you know when ~?'은 when절 내용의 구체적인 때를 알고 싶을 때 사용하는 표현이다. 'on sale'은 정가보다 가격을 할인하여 판매하는 행위를 의미한다.

Answers 1. second semester 2. leave 3. will come

Pattern 068

Do you know how to ~
~하는 방법을 알아요?

Useful expressions

1. **Do you know how to** ride a bike? 자전거 타는 방법을 알아요?
2. **Do you know how to** go to church? 교회에 가는 방법을 알아요?
3. **Do you know how to** use this computer? 이 컴퓨터를 사용하는 방법을 알아요?
4. **Do you know how to** make a collect call? 수신자 부담 전화방법을 알아요?
5. **Do you know how to** repair the broken TV? 고장이 난 TV를 수리하는 방법을 알아요?

Dialogue

A : The fax machine is out of order. **Do you know how to** get it fixed? 팩스가 고장인데. 고치는 방법을 알아요?
B : No, I don't know well. 아니오, 잘 모르는데요.
A : How can I get it fixed? 어떻게 고칠 수 있을까?
B : Why don't you send it to the service center? 그것을 서비스 센터에 보내세요.

Exercises

1. Do you know how to _____ the automatic teller machine? 자동금전출납기를 사용하는 방법을 알아요?
2. Do you know how to _____ _____ the hospital? 그 병원을 찾는 방법을 알아요?
3. Do you know how to _____ English in an efficient manner? 영어를 효율적으로 향상시키는 방법을 알아요?

Tip

'Do you know how to ~?'은 to 부정사를 동반하여 '~하는 방법을 알아요?'의 의미이다. collect call은 수신자가 통화료를 부담하는 전화를 뜻한다. get it fixed에서 'get + 목적어(사물) + 과거분사'의 문형으로 '사물을 다른 사람에게 수리시키다', 즉 '수리하다'의 의미를 갖는다.

Answers 1. use 2. look for 3. improve

069 Pattern

Do you know anything about ~

~에 대하여 아는 것 있어요?

Useful expressions

1. **Do you know anything about** the American culture? 미국문화에 대해 아는 것 있어요?
2. **Do you know anything about** the computer? 컴퓨터에 대해 아는 것 있어요?
3. **Do you know anything about** the stock? 주식에 대해 아는 것 있어요?
4. **Do you know anything about** a promissory note? 약속어음에 대해 아는 것 있어요?
5. **Do you know anything about** the entrance examination? 입학시험에 대해 아는 것 있어요?

Dialogue

A : The refrigerator is not working properly. It is still making noises inside. 냉장고가 잘 작동되지 않고 있어요. 여전히 안쪽에서 소음을 내고 있어요.
B : Did you call the service center? 서비스 센터에 전화했어요?
A : Not yet. I am trying to get it fixed by myself. 아직요. 내가 혼자 고쳐보려고 하는데요.
B : **Do you know anything about** the refrigerator? 냉장고에 대해서 아는 것 있어요?

Exercises

1. Do you know anything about the _____ _____? 당신은 삼바춤에 대해 아는 것 있어요?
2. Do you know anything about _____ _____? 당신은 그 회사에 내해 아는 것 있어요?
3. Do you know anything about the _____ _____? 당신은 인터넷 전화에 대해 아는 것 있어요?

Tip

'Do you know anything about ~?' 은 about 다음에 명사(동명사)를 동반하여 '~에 대해 (어떤 것이라도) 아는 것 있어요?' 정도로 질문할 때 사용하는 표현이다. promissory note는 약속어음으로 check와 함께 사용되는 대금지급 수단이다.

Answers 1. samba dance 2. the company 3. internet phone

Pattern 070

Do you know if ~   ~인지 알아요?

Useful expressions

1. **Do you know if** I may go there? 내가 거기에 가도 좋은지 알아요?
2. **Do you know if** he is all right? 그가 괜찮은지 알아요?
3. **Do you know if** she got married with him? 그녀가 그와 결혼했는지 알아요?
4. **Do you know if** they will come to the school? 그들이 학교에 올 것인지 알아요?
5. **Do you know if** your wife paid rent for a house? 아내가 집세를 지불했는지 알아요?

Dialogue

A : **Do you know if** it is sunny tomorrow. 내일 날씨가 좋은지 알아요?
B : I don't have any idea of it. Let me check. 전혀 모르는데요. 확인해 볼게요.
A : I have to take a overseas trip tomorrow. 내일 해외 출장을 가야만 해요.
B : According to the weather forecast, it will be a little cloudy. 일기 예보에 의하면 조금 흐릴 것 같다고 하는데요.

Exercises

1. Do you know if _____ _____ a lawmaker? 그녀가 국회의원인지 알아요?
2. Do you know if Dodgers _____ the baseball game? 다저스가 그 야구경기에서 승리하였는지 알아요?
3. Do you know if they _____ _____ China? 그들이 중국으로 떠났는지 알아요?

Tip

'Do you know if ~?' 의 if는 명사절을 이끄는 접속사로, 조건문의 if(~한다면)와는 다르게 사용된다. 우리말로 '~인지 아닌지'의 의미로 if절의 내용에 대하여 확신하지 못할 때 사용되는 표현이다. if절 뒤에 or not이 생략된 문형으로 if 대신 whether를 사용해도 같은 의미를 갖는다.

Answers 1. she is 2. won 3. left for

Pattern 071~073

Unit 16

Do you have~

'Do you have~?' 는 상대방에게 무엇을 가지고 있는지 물어볼 때 사용되는 의문문이다. 'Do you have + 명사(대명사)' 의 형태로 '~을 가지고 있습니까?' 또는 '~이 있습니까?' 의미로 사용된다. Have의 목적어로 물질명사나 추상명사 또는 부정대명사 등이 오고 상대방에게 물건, 물질의 소유, 존재여부 또는 특정 대상에 대한 정보를 묻는 경우에 사용될 수 있는 표현이다.

• Expressions •

1. Do you have **any money?**   돈 좀 있습니까?
2. Do you have **any questions?**   질문이 있습니까?
3. Do you have **anything to do?**   할 일이 있습니까?
4. Do you have **anything I can do for you?** 내가 해 드릴 일이 있습니까?
5. Do you have **anything else?**   그밖에 어떤 일이 있습니까??

"Do you have~"

Pattern 071

Do you have any ~   ~이 좀 있어요?

Useful expressions

1. **Do you have any** money? 돈 좀 있습니까?
2. **Do you have any** pencils? 연필 좀 있습니까?
3. **Do you have any** intimate friends? 당신은 친한 친구라도 좀 있습니까?
4. **Do you have any** extra shoes? 여분의 신발이라도 좀 있습니까?
5. **Do you have any** questions? 어떤 질문이라도 있습니까?

Dialogue

A : **Do you have any** stock for this book? 이 책 재고가 있습니까?
B : Yes, we have some. 예, 좀 있습니다.
A : Then, I'd like to buy some books. 그러면, 몇 권의 책을 사고 싶습니다.
B : How many books shall I reserve? 몇 권을 준비할까요?

Exercises

1. Do you have any _____? 시간이 좀 있습니까?
2. Do you have any _____? 당신은 돈이라도 있어요?
3. Do you have any _____? 당신은 대안이라도 있습니까?

Tip

'Do you have any ~?' 에서 any는 '조금의', '어느', '어떤'의 의미로 '~가 좀 있습니까?'의 의미로 사용된다. 보통 의문문, 부정문, 조건문에 사용되어 조금이라도 ~가 있는지 물을 때 사용하는 표현이다.

Answers 1. time 2. money 3. alternative

072 Pattern

Do you have anything ~   ~한 것이 있어요?

Useful expressions

1. **Do you have anything** to do? 할 일이 있습니까?
2. **Do you have anything** I can do for you? 내가 해 드릴 일이 있습니까?
3. **Do you have anything** like your mother? 당신은 어머니 닮은 것이 있어요?
4. **Do you have anything** special for the dinner? 만찬을 위한 특별한 것이라도 있습니까?
5. **Do you have anything** more expensive than this? 이것보다 더 비싼 것이 있습니까?

Dialogue

A : **Do you have anything** to say about the house? 그 집에 대해 말해줄 것이 있습니까?
B : Yes, we have. 예, 있습니다.
A : What's that? 무엇입니까?
B : The house is built lately and the rent is lower than that of the others. 그 집은 최근에 세워지고 렌트비도 다른 집들보다 더 쌉니다.

Exercises

1. Do you have anything _____? 그밖에 어떤 것이 있습니까?
2. Do you have anything _____ _____ _____ me? 당신은 나에게 더 말할 것이 있습니까?
3. Do you have anything _____ _____ the car? 당신은 차에 대해 새로운 것이 있습니까?

Tip

'Do you have anything ~?' 에서 anything은 '무엇인가', '어떤 것도', '무엇이든'의 의미로 사용되어 '~한 것이 좀 있습니까?'의 의미이다. 보통 의문문, 부정문, 조건문에 사용되어 '조금이라도 ~가 있는지' 물을 때 사용되는 표현이다.

Answers 1. else 2. more to tell 3. new about

Pattern 073

Do I have to ~
내가 ~해야 합니까? 내가 ~해야 하나요?

Useful expressions

1. **Do I have to** do this? 내가 이것을 해야 합니까?
2. **Do I have to** send that to him? 내가 그것을 그에게 보내야 합니까?
3. **Do I have to** stay in your house? 내가 당신의 집에 머물러야 합니까?
4. **Do I have to** go now? 내가 지금 가야만 합니까?
5. **Do I have to** confirm it? 내가 그것을 확인해야 합니까?

Dialogue

A : Can I buy a pack of cigarette? 담배 한 갑 살 수 있어요?

B : I need your ID card. 신분증이 필요해요

A : **Do I have to** show you my ID card? 신분증을 보여줘야 합니까?

B : Yes, you need to show. 예, 보여주어야 합니다.

Exercises

1. Do I have to ask him _____ _____? 내가 그에게 질문해야 합니까?
2. Do I have to _____ _____? 내가 돌아와야 합니까?
3. Do I have to _____ _____? 내가 그녀를 도와야 합니까?

Tip
'Do I have to ~?' 에서 'have to' 는 의무, 당연의 의미를 함축하고 있어 내가 반드시 해야 하는지 확인하고자 할 때 사용되는 표현이다. ID card는 Identification card로 신분증에 해당된다.

Answers 1. a question 2. come back 3. help her

Pattern 074~078

Can I~

'Can I~?'는 I can의 의문문으로 '나는 ~할 수 있다'의 의문문 즉 '내가 ~할 수 있습니까?' 또는 '내가 ~할 수 있을까요?'의 의미로 상대방에게 제안을 하거나 허락을 구할 때 사용하는 표현이다.

Expressions

1. Can I help you do? — 당신이 하는 것을 도와 드릴까요?
2. Can I get you some bread? — 당신에게 빵 좀 갖다 드릴까요?
3. Can I have a cup of coffee? — 커피 한 잔 주실래요?
4. Can I borrow your book? — 내가 책을 빌릴 수 있을까요?
5. Can I use your phone? — 전화를 사용해도 될까요?

"Can I~"

Pattern 074

Can I help you ~
당신이 ~하는 것을 도와 드릴까요?

Useful expressions

1. **Can I help you do?** 당신이 하는 것을 도와 드릴까요?
2. **Can I help you copy the documents?** 서류 복사하는 것을 도와 드릴까요?
3. **Can I help you with your homework?** 당신의 숙제를 도와 드릴까요?
4. **Can I help you clean up the house?** 집 정리를 도와 드릴까요?
5. **Can I help you with your business?** 당신의 사업을 도와 드릴까요?

Dialogue

A : How is your business these days? 요즘 사업이 어때요?

B : It is getting worse and worse every day. 하루가 다르게 악화되고 있어요.

A : **Can I help you** with your business? 제가 사업을 도와 드릴까요?

B : I'm glad to hear that. 도와 준다니 기쁘군요.

Exercises

1. Can I help you _____ _____ _____? 설거지를 도와 드릴까요?
2. Can I help you _____ _____? 이사하는데 도와 드릴까요?
3. Can I help you _____ _____ _____? 나무를 심는데 도와 드릴까요?

Tip

'Can I help you' 다음에 동사원형이나 'with + 명사'의 문형으로 '당신이 ~하는데 도울 수 있을까요? 도와 드릴까요?' 의미로 서비스 기관(백화점, 식당 등)에서 많이 들어볼 수 있는 표현이다. help는 사역동사이기 때문에 to없는 동사원형의 형태로 사용해야 한다.

Answers 1. wash the dishes 2. move in 3. plant the trees

075 Pattern

Can I get you ~

~를 갖다 드릴까요?

Useful expressions

1. **Can I get you** some bread? 빵 좀 갖다 드릴까요?
2. **Can I get you** something to drink? 마실 것 좀 갖다 드릴까요?
3. **Can I get you** a memo pad? 메모지를 갖다 드릴까요?
4. **Can I get you** a newspaper? 신문을 갖다 드릴까요?
5. **Can I get you** a pencil? 연필을 갖다 드릴까요?

Dialogue

A : I'm so thirsty today. Anything to drink? 오늘 몹시 갈증이 나네. 마실 것이라도 있어요?

B : What would like to drink? 뭐 마시고 싶니?

A : Orange juice. 오렌지 주스요.

B : Unfortunately, I don't have it. **Can I get you** a coke? 공교롭게도 오렌지 주스는 없는데. 콜라 갖다 줄까?

Exercises

1. Can I get you _____ _____ ? 잡지를 하나 갖다 드릴까요?
2. Can I get you _____ _____ ? 수건을 좀 갖다 드릴까요?
3. Can I get you _____ _____ ? 이쑤시개 좀 갖다 드릴까요?

Tip

'Can I get you' 다음에 명사가 와서 '~을 갖다 줄까요?'의 의미로 사용된다. bring, give 대신에 자연스럽게 사용될 수 있는 표현이다.

Answers 1. a magazine 2. some towels 3. some toothpick

Pattern 076

Can I have ~

~를 해 줄래요? ~를 갖다 줄래요?

Useful expressions

1. **Can I have** a cup of coffee? 커피 한 잔 갖다 줄래요?
2. **Can I have** a newspaper? 신문을 갖다 줄래요?
3. **Can I have** a towel? 수건을 갖다 줄래요?
4. **Can I have** a Kentucky fried chicken delivered? 켄터키 치킨을 배달해 줄래요?
5. **Can I have** something to eat? 먹을 것을 갖다 줄래요?

Dialogue

A : Anything you need? 필요한 것 있어요?

B : **Can I have** a cup of orange juice? 오렌지 쥬스 한 잔 줄래요?

A : Sure. Anything else? 알겠습니다. 그밖에 다른 것은 없습니까?

B : A glass of wine. 와인 한잔 주세요.

Exercises

1. Can I have _____ _____? 환불 받을 수 있을까요?

2. Can I have _____ _____? 약 좀 갖다 줄래요?

3. Can I have a cup of _____ _____? 홍차 좀 갖다 줄래요?

Tip

'Can I have ~ '은 '내가 ~을 가질 수 있을까?' 즉 상대방에게 '~을 갖다 줄래요?' 정도의 요구를 할 때 사용되는 표현이다. 홍차는 일반적으로 중국차로 인식되어 Chinese tea라 불리고 green tea는 일본의 녹차를 보통 의미한다.

Answers 1. a refund 2. some medicine 3. Chinese tea

108 Part 2 - 2단계 패턴

077 Pattern

Can I borrow ~   ~를 빌려 줄래요?

Useful expressions

1. **Can I borrow** your book? 책을 빌려 줄래요?
2. **Can I borrow** a bike from neighbor? 이웃집에서 자전거를 빌릴 수 있을까요?
3. **Can I borrow** some money from him? 그에게서 돈 좀 빌릴 수 있을까요?
4. **Can I borrow** your iron? 다리미를 빌려 줄래요?
5. **Can I borrow** the books from the library? 도서관에서 책을 좀 빌릴 수 있을까요?

Dialogue

A : There are a lot of books on your shelf. 서재에 책들이 많이 있네요.

B : How did you get these books? 어떻게 이 책들을 구했어요?

A : I bought some, and several writers gave me the books. 책을 사기도 하고 몇몇 작가들이 책을 주기도 하였지요.

B : **Can I borrow** some books? 제가 책을 좀 빌려볼 수 있을까요?

Exercises

1. Can I borrow _____ _____? 차를 빌릴 수 있을까요?
2. Can I borrow _____ _____? 치약 좀 빌릴 수 있을까요?
3. Can I borrow _____ _____? 부츠를 빌려줄래요?

Tip

'Can I borrow ~'에서 borrow의 뜻은 '~로부터 빌리다'이고 반대로 '빌려주다'는 lend를 많이 사용한다. 'Can I borrow~?'는 자신이 가지고 있지 않은 것을 상대에게 부탁할 때 많이 사용되는 표현이다.

Answers 1. your car 2. your toothpaste 3. your boots

Pattern 078

Can I use ~
~를 사용해도 될까요?

Useful expressions

1. **Can I use** your phone? 전화 사용해도 될까요?
2. **Can I use** your car? 차를 사용해도 될까요?
3. **Can I use** your computer? 컴퓨터를 사용해도 될까요?
4. **Can I use** your iron? 다리미를 사용해도 될까요?
5. **Can I use** this fax machine? 이 팩스를 사용해도 될까요?

Dialogue

A : I tried to use this phone several times, but it didn't work. 이 전화를 몇번 사용하려고 하였지만 작동이 되지 않는데요.

B : Let me check. It seems to be out of order. 내가 봐줄께요. 고장인 것 같은데요.

A : Can I use your mobile phone? 당신의 핸드폰을 사용해도 될까요?

B : Sure. Here you are. 예, 여기 있습니다.

Exercises

1. Can I use _____ _____? 사전을 사용해도 될까요?
2. Can I use the _____ _____? 화장실을 사용해도 될까요?
3. Can I use your _____ _____? 당신의 농구화를 사용해도 될까요?

Tip
'Can I use ~'은 '~를 사용해도 될까요'의 의미로 상대방의 허락을 구하는 표현이다. may를 사용하면 보다 공손한 표현이지만 요즈음은 can을 많이 사용한다.

Answers 1. your dictionary 2. rest room 3. basketball shoes

Pattern 079~082

Can you~

'Can you~?'는 you can ~의 의문문이다. '당신은 ~할 수 있다'의 의문문 즉 '당신은 ~할 수 있습니까?' 또는 '당신은 ~할 수 있을까요?'의 의미로 상대방에게 무엇을 부탁하거나 요청할 때 사용되는 표현이다. 실생활에서 Can이라는 조동사를 사용하여 '~해 줄 수 있습니까?' '~해줄래?' 정도의 부탁이나 요청을 할 때 사용된다. 보다 정중하게 부탁이나 요청할 경우에 Can대신 Could가 사용된다.

Expressions

1. Can you give me some advice? — 충고 좀 해줄 수 있어요?
2. Can you tell me the truth? — 진실을 말해줄 수 있어요?
3. Can you show me how to come? — 오는 방법을 알려 줄래요?
4. Can you lend me a pencil? — 연필을 빌려 줄래요?
5. Can you wait? — 기다려 줄래요?

"Can you~"

Pattern 079

Can you give me ~
~를 해줄 수 있어요?

Useful expressions

1. **Can you give me** some advice? 저에게 충고 좀 해줄 수 있어요?
2. **Can you give me** a chance? 저에게 기회를 줄 수 있어요?
3. **Can you give me** a cup of milk? 저에게 우유 한 잔 줄 수 있어요?
4. **Can you give me** help? 저에게 도움을 줄 수 있어요?
5. **Can you give me** an explanation about it? 그것에 대해 설명을 해 줄 수 있어요?

Dialogue

A : I have a headache in treating this issue. 이 문제를 처리하는데 골치 아프네.
B : What is that? Don't be serious. 그게 뭔데. 너무 심각하게 생각하지 마.
A : Can you give me some advice? 조언 좀 해줄 수 있어?
B : Sure, If I can. 물론이지, 내가 할 수만 있다면

Exercises

1. Can you give me _____ _____? 할인해 줄 수 있어요?
2. Can you give me _____ _____? 잠시 기다려 줄 수 있어요?
3. Can you give me _____ _____ with the dishes? 설거지 좀 도와줄 수 있어요?

Tip

'Can you give me ~ ?'은 '나에게 ~ 를 해 줄 수 있어요?'의 의미이다. 'give me a second'는 '잠시 시간을 달라', '기다려 달라'의 의미이고 'give me a hand with the dishes'는 설거지하는데 손(도움)을 달라는 의미로 사용되고 있다.

Answers 1. a discount 2. a second 3. a hand

080 Pattern

Can you tell me ~
~를 말해 줄 수 있어요?

Useful expressions

1. **Can you tell me** the truth? 진실을 저에게 말해 줄 수 있어요?
2. **Can you tell me** how to play? 저에게 플레이 방법을 알려 주시겠어요?
3. **Can you tell me** why he didn't come to us? 왜 그가 우리에게 오지 않았는지 말해 줄 수 있어요?
4. **Can you tell me** what your name is? 성함이 무엇이죠?
5. **Can you tell me** who's going to do the job? 누가 그 일을 하려는지 알려주시겠어요?

Dialogue

A : **Do you know the truth?** 너 그 진실을 알고 있어?
B : **I know the truth in part.** 난 일부분만 알고 있는데.
A : **Can you tell me** that? 그것을 나에게 말해 줄 수 있겠니?
B : **I can, but that is a secret.** 얘기해 줄 수 있지만, 그것은 비밀이야.

Exercises

1. Can you tell me _____ _____? 이야기를 말해 줄 수 있어요?
2. Can you tell me _____ _____? 게임에 대해서 말해 줄 수 있어?
3. Can you tell me when the teacher _____? 선생님이 언제 돌아왔는지 말해 줄 수 있어요?

Tip
'Can you tell me ~ ?'는 상대방이 갖고 있는 정보나 지식을 요구할 때 '나에게 ~를 말해 줄 수 있어요?' 또는 '나에게 ~ 를 알려 주시겠어요?' 정도의 의미로 'tell + 간접목적어 + 직접목적어'의 대표적인 문형이다. in part는 '부분적으로', '일부'를 의미한다.

Answers 1. a story 2. about game 3. returned

Pattern 081

Can you show me how to ~ ~하는 방법을 알려 줄래요?

Useful expressions

1. **Can you show me how to** come? 오는 방법을 알려 줄래요?
2. **Can you show me how to** play piano? 피아노 치는 방법을 알려 줄래요?
3. **Can you show me how to** teach them? 그들을 가르치는 방법을 알려 줄래요?
4. **Can you show me how to** cruise the internet? 인터넷을 찾는 방법을 알려 줄래요?
5. **Can you show me how to** eat this food? 이 음식을 먹는 방법을 가르쳐 줄래요?

Dialogue

A : Where can I get a prescription? 어디에서 처방전을 받을 수 있어요?
B : You can go to get it from the automatic machine. 자동 지급기에서 가서 받을 수 있어요.
A : **Can you show me how to** print it out? 그것을 프린트 하는 방법을 알려 줄래요?
B : You can put the credit card in and push the button. 신용카드를 넣고 버튼을 누르세요.

Exercises

1. Can you show me how to _____ _____ ? 저에게 프린트 하는 방법을 알려 줄래요?
2. Can you show me how to _____ the automatic teller machine? 자동금전지급기를 다루는 방법을 알려 줄래요?
3. Can you show me how to _____ _____ the difficulties? 저에게 고통을 극복하는 방법을 알려 줄래요?

Tip
'Can you show me how to ~ ?' 은 상대방에게 구체적으로 ~하는 방법을 알려달라고 요청할 때 사용하는 표현이다. 자동금전지급기는 automatic teller machine으로 보통 약어로 ATM이라 불린다.

Answers 1. print out 2. operate 3. get over

082 Pattern

Can you lend ~

~ 좀 빌려줄래요?

Useful expressions

1. **Can you lend** me a pencil for a minute? 잠깐 연필 좀 빌려줄래요?
2. **Can you lend** some money to me? 돈 좀 빌려줄래요?
3. **Can you lend** me an eraser? 지우개를 빌려줄래요?
4. **Can you lend** me your skates? 저에게 스케이트를 빌려줄래요?
5. **Can you lend** me a hand with these parcels? 짐을 푸는 것을 도와 주시겠습니까?

Dialogue

A : Could you tell me how much this is? 이것이 얼마이지요?

B : U$150. 150달러입니다.

A : I have only U$100. Hello Susan, can you lend me U$50? 지금 100달러밖에 없는데요. 수잔! 50달러를 빌려 줄 수 있어요?

B : Yes, I can. Here you are. 예, 빌려 줄 수 있어요. 여기 있어요.

Exercises

1. Can you lend me _____ _____? 차 좀 빌려 줄래요?
2. Can you lend me your _____ _____? 잔디깎는 기계를 빌려 줄래요?
3. Can you lend me _____ _____ _____? 몇 달러만 빌려 줄래요?

Tip

'Can you lend ~ ?' 은 자신이 갖고 있지 않은 것, 부족한 것을 채우기 위해 상대방에게 요청할 때 사용하는 표현이다. 'lend ~ a hand' 는 'give ~ a hand' 와 함께 '도와주다' 의 의미로 많이 사용된다.

Answers 1. your car 2. lawn mower 3. a few dollars

Pattern 083~084

Shall I(we)~

'Shall I(we)~?'는 I(We) shall~의 의문문으로 의지미래를 나타내는 표현이다. 'Shall I~'는 '제가 ~할까요?'의 의미로 상대방에 대한 의지를 표현하고 'Shall we~?'는 '우리 ~할까요?' 정도의 표현으로 '~ 합시다' 의미의 Let's~와 같은 표현이다. Shall I~?에 대한 대답은 Shall의 의문문이므로 Yes, No로 하거나 Sure, That's okay로 할 수 있고 Shall we~?는 Yes, No 또는 Let's~, Let's not~로 대답 할 수 있다.

Expressions

1. Shall I drive? — 제가 운전할까요?
2. Shall I come with you? — 제가 당신과 같이 갈까요?
3. Shall I have him call you back? — 그에게 당신께 전화하라고 할까요?
4. Shall we go for a walk? — 우리 산보할까요?
5. Shall we dance? — 우리 춤을 출까요?

Shall we ~

083 Pattern

우리 ~할까요?

Useful expressions

1. **Shall we** go for a walk? 우리 산보할까요?
2. **Shall we** dance? 우리 춤을 출까요?
3. **Shall we** take some pictures here? 우리 여기에서 사진 좀 찍을까요?
4. **Shall we** go for lunch? 점심 먹으러 나갈까요?
5. **Shall we** make it Sunday? 우리 일요일로 정할까요?

Dialogue

A : This must be a big headache. 이것은 정말 골치를 썩히네요.
B : We need time to think about it. 그것에 대해 생각해 볼 시간이 필요해요.
A : **Shall we** finalize it by tomorrow? 우리 내일까지 마무리할까요?
B : Let's do that. 그렇게 합시다.

Exercises

1. Shall we _____ _____ the movies? 우리 영화 보러 갈까요?
2. Shall we _____ _____ this weekend? 이것을 이번 주말에 골프칠까요?
3. Shall we _____ _____ _____ somewhere? 우리 어디 가서 식사나 할까요?

Tip

'Shall we ~ ?' 은 상대방에게 적극적인 제안이나 권유를 할 때 사용하는 표현이다. 보다 정중한 표현은 Would you like의 표현을 많이 사용한다. make it은 상황에 따라 '(일정을)정하다'의 의미이다.

Answers 1. go to 2. play golf 3. go and eat

Pattern 084

Shall I ~

제가 ~할까요?

Useful expressions

1. **Shall I** drive? 제가 운전할까요?
2. **Shall I** write to you again? 제가 다시 당신에게 편지쓸까요?
3. **Shall I** ask him in? 제가 그를 들어오라고 할까요?
4. **Shall I** come with you? 제가 당신과 같이 갈까요?
5. **Shall I** have more to say? 제가 더 말해도 될까요?

Dialogue

A : Can I speak to Mr. Kim? 김 선생님과 통화할 수 있을까요?
B : I am sorry. He's not in the office. 미안합니다. 그가 사무실에 없습니다.
A : This is Kenny Lee. When do you expect him back? 케니 리입니다. 언제 돌아오나요?
B : I don't know. **Shall I** have him call you back? 모릅니다. 제가 전화하라고 할까요?

Exercises

1. Shall I _____ _____? 제가 어떻게든 해볼까요?
2. Shall I _____ _____? 제가 내일 출발할까요?
3. Shall I _____ _____ _____ some tea on? 제가 가서 차를 올려 놓을까요?

Tip

'Shall I ~ ?'은 '제가 ~ 을 할까요?'의 의미이다. 상대방의 기대에 부응하기 위해 적극적인 행동을 보이려고 할 때 쓰는 표현이다. 'Shall I have him call you back?'에서 have는 사역동사로 '그에게 전화를 하라고 시키다'의 의미이므로 '제가 전화하라고 할까요'로 해석하는 것이 자연스럽다. manage somehow는 '어떻게든 가까스로 해보다'의 의미이다.

Answers 1. manage somehow 2. start tomorrow 3. go and put

Pattern 085~094

Would you~

Would는 미래시제 조동사인 Will의 과거형이지만 'Would you~?'에서 Would는 Could와 마찬가지로 상대방에게 정중하고 공손한 의미를 내포하고 있는 대표적인 동사이다. 상대방에게 무엇을 정중하고 공손하게 부탁하거나 제안을 할 경우 'Would you~?'의 표현을 사용하며 '~해 주시겠어요? ~하시겠어요?' 정도의 의미를 갖는다. 'Would you~?' 다음에 please를 추가하면 보다 더 정중한 표현이 된다.

Expressions

1. **Would you** please sign this? — 이것을 사인해 주실래요?
2. **Would you** mind opening the window? — 창문을 열어도 될까요?
3. **Would you** mind if I smoke here? — 여기에서 담배를 피워도 될까요?
4. **Would you** like to explain to me? — 저에게 설명해 주시겠습니까?
5. **Would you** like me to do this? — 제가 이것을 할까요?

"Would you~"

Pattern 085

Would you please ~
~해 주시겠어요? ~해 주실래요?

Useful expressions

1. **Would you please** sign this? 이것을 사인해 주실래요?
2. **Would you please** help me move in? 이사하는데 도와 주시겠어요?
3. **Would you please** write down what I'm saying? 제가 말하는 것을 기록해 주실래요?
4. **Would you please** pass me the salt? 소금을 건네 주시겠어요?
5. **Would you please** fax him the details? 그에게 팩스로 자세한 내용을 알려 주시겠어요?

Dialogue

A : Would you do me a favor? 부탁 하나 들어 주시겠습니까?
B : Yes. I could. 예, 들어주죠.
A : **Would you please** take our picture? 사진 좀 찍어 주시겠어요?
B : Sure. Shall I just press the button? 물론이죠. 버튼을 누르면 되나요?

Exercises

1. Would you please _____ _____? 저를 따라 오시겠어요?
2. Would you please _____ _____ this registration form? 이 숙박계 좀 써 주시겠어요?
3. Would you please _____ _____ here? 여기로 들어와 주시겠어요?

Tip

Would you please ~ ? 는 '~해 주시겠어요?' 의 의미로 상대방에게 정중하게 의뢰, 요청할 때 사용하는 표현이다. fill out은 '빈 칸을 채우다' 의 뜻으로 숙박계, 신청서등 일정 form을 '채워 써 넣다' 를 의미한다.

Answers 1. follow me 2. fill out 3. come in

086 Pattern

Would you mind ~   ~해도 될까요? ~해 줄래요?

Useful expressions

1. **Would you mind** opening the window? 창문을 열어도 될까요?
2. **Would you mind** taking my picture? 내 사진을 찍어 줄래요?
3. **Would you mind** turning down your stereo? 스테레오 소리 좀 줄여 줄래요?
4. **Would you mind** holding your tongue? 좀 잠자코 있어 주실래요?
5. **Would you mind** paying me in cash? 저에게 현금으로 좀 주시겠어요?

Dialogue

A : **Would you mind** closing the window? 문을 닫아도 될까요?

B : Certainly not. 예, 닫으세요.

A : The traffic noise is giving me a headache. 자동차 소음 때문에 머리가 아파서요.

B : Really? Please close the window quickly. 그래요? 빨리 닫으세요.

Exercises

1. Would you mind _____ _____ here? 이쪽으로 와 주시겠어요?
2. Would you mind _____ me a favor? 부탁해도 될까요?
3. Would you mind _____ _____ the house? 집을 청소해도 되겠어요?

Tip

'Would you mind ~ ?' 에서 mind의 의미는 '~을 꺼리다', '싫어하다' 의 의미로 'mind + ~ing(동명사)' 형태를 취한다. 이에 대한 긍정적인 대답인 '네, 좋습니다' 는 '싫어하지 않는다' 는 의미로 'No, not at all' 또는 'Certainly not' 으로 대답하여야 한다.

Answers 1. stepping over 2. doing 3. cleaning up

Pattern 087

Would you mind if I ~   ~해도 될까요?

Useful expressions

1. **Would you mind if I smoke here?** 여기에서 담배를 피워도 될까요?
2. **Would you mind if I sit down there and read the book?** 저기에 앉아 책을 읽어도 될까요?
3. **Would you mind if I turn the TV on?** 제가 TV를 켜도 될까요?
4. **Would you mind if I leave at three tomorrow?** 내일 세시에 퇴근해도 될까요?
5. **Would you mind if I join you tonight?** 오늘 저녁 제가 함께 해도 될까요?

Dialogue

A : **Can I have a smoking room?** 흡연실을 주실래요?

B : **We don't have a smoking room in our hotel.** 우리 호텔에는 흡연실이 없어요.

A : **Would you mind if I smoke here only for tonight.** 오늘 밤에만 담배 피우면 안될까요?

B : **Yes, it is prohibited.** 피우면 안돼요. 금지되어 있어요.

Exercises

1. Would you mind if we _____ _____? 우리가 자리를 바꿔도 될까요?
2. Would you mind if I _____ _____ _____ the sculpture garden with you? 조각공원에 같이 가도 될까요?
3. Would you mind if I _____ _____ for a couple of days? 제가 이틀정도 빌려도 될까요?

Tip
'Would you mind if I ~ ?'에서 mind의 의미는 전술한 것처럼 '~을 꺼리다', '싫어하다'의 의미이고 항상 'mind + ~ing' 형태를 취한다. 호텔에 있는 방은 보통 smoking room과 non-smoking room으로 구분되어 있어 check in시 어느 방을 원하는지 항상 확인하게 되어 있다.

Answers 1. change seats 2. go to see 3. borrow it

088 Pattern

Would you like to ~

~를 하시겠어요?

Useful expressions

1. **Would you like to explain to me?** 저에게 설명해 주시겠습니까?
2. **Would you like to try on the shoes?** 구두를 신어 보시겠습니까?
3. **Would you like to come with me?** 저와 함께 가시겠습니까?
4. **Would you like to close the door?** 문을 닫아 주시겠습니까?
5. **Would you like to leave a message?** 메시지를 남겨 드릴까요?

Dialogue

A : **How is the taste of the wine?** 그 와인 맛이 어때요?
B : **I didn't have a chance to taste it.** 맛 볼 기회가 없었는데요.
A : **Would you like to taste this wine?** 이 와인을 맛 보시겠어요?
B : **Sure. It tastes a little sour.** 그래요. 조금 신맛이 나는데요.

Exercises

1. Would you like to _____ _____? 그것을 보실래요?
2. Would you like to _____ _____ a movie tonight? 오늘 밤에 영화 보러 갈래요?
3. Would you like to _____ _____ for lunch? 점심 같이 하실래요?

Tip

'Would you like to ~'는 상대방에게 정중하게 권유나 제안을 할 때 많이 사용되는 표현으로 'Would you like to + 동사원형 또는 명사'의 형태로 사용된다.

Answers 1. see it 2. go to 3. get together

Pattern 089

Would you like me to ~   제가 ~를 할까요?

Useful expressions

1. **Would you like me to** do this? 제가 이것을 할까요?
2. **Would you like me to** prepare your bill now? 제가 지금 계산서를 준비해 드릴까요?
3. **Would you like me to** support you? 제가 지원해 드릴까요?
4. **Would you like me to** wash it first. 제가 먼저 씻어 드릴까요?
5. **Would you like me to** get him to ring you back? 제가 그에게 선생님께 전화를 드리라고 할까요?

Dialogue

A : How is your dinner? 저녁식사가 어떠셨습니까?
B : The food here is very delicious. 이곳 음식은 참 맛있네요.
A : Pleased to hear that. **Would you like me to** prepare the bill now? 맛있다니 좋습니다. 계산서를 준비해 드릴까요?
B : Yes. 그러세요.

Exercises

1. Would you like me to _____ from tomorrow? 제가 내일부터 시작할까요?
2. Would you like me to _____ you an application? 제가 당신께 신청서를 보내드릴까요?
3. Would you like me to _____ the minutes of the meeting? 제가 미팅 회의록을 작성해 드릴까요?

Tip

'Would you like me to ~'을 직역하면 '제가 ~하는 것을 좋아하시겠습니까?'의 의미이지만 자연스럽게 '제가 ~할까요, ~해 드릴까요?' 정도의 표현이 가능하다. 상대가 원하는 것 또는 부족한 것에 대한 적극적인 의사표현 방법 중의 하나이다.

Answers 1. start 2. send 3. take

090 Pattern

What would you like to ~
당신은 무엇을 ~하시겠어요?

Useful expressions

1. **What would you like to eat?** 무엇을 드시고 싶습니까?
2. **What would you like to know?** 무엇을 알고 싶으세요?
3. **What would you like to order for lunch?** 점심으로 무엇을 주문하시겠습니까?
4. **What would you like to do this evening?** 오늘 저녁에 무엇을 하고 싶습니까?
5. **What would you like to bring there?** 거기에 무엇을 가져가고 싶습니까?

Dialogue

A : Mom, we are going on a picnic tomorrow. 엄마! 우리 내일 소풍 갈 거야.

B : **What would you like to bring?** 무엇을 가져가고 싶니?

A : I would like to bring just a lunch box and a bottle of orange juice. 나는 그냥 도시락과 오렌지 주스 한 병 가져갈 거야.

B : Is that all? 그게 전부니?

Exercises

1. What would you like to _____? 무엇을 갖고 싶으세요?

2. What would you like to _____ during your summer vacation? 여름방학중에 무엇을 배우고 싶습니까?

3. What would you like to _____? 무엇을 마시겠습니까?

Tip

'What would you like to ~'은 '당신은 무엇을 ~하고 싶으세요?' '당신은 무엇을 ~하시겠습니까?'의 의미이다. 'Would you like to?'에 의문사 What을 추가하여 구체적으로 무엇을 하고 싶은지 물을 때 사용하는 표현이다.

Answers 1. have 2. learn 3. drink

Pattern 091

When would you like to ~   언제 ~하고 싶습니까?

Useful expressions

1. **When would you like to** do it? 언제 그것을 하고 싶습니까?
2. **When would you like to** start? 언제 출발하고 싶습니까?
3. **When would you like to** have breakfast? 언제 아침을 먹고 싶습니까?
4. **When would you like to** have a meeting? 언제 모임을 갖고 싶습니까?
5. **When would you like to** call? 언제 전화하고 싶습니까?

Dialogue

A : **When would you like to** meet? 언제 만나고 싶습니까?

B : How about at 2 o' clock p.m.? 오후 2시에 만나면 어떨까요?

A : Do you expect we can finalize the issue at that time? 그 시간에 그 문제를 해결할 수 있을 것으로 기대합니까?

B : We have to fix it by that time. 그 때까지 문제를 해결해야 돼요.

Exercises

1. When would you like to _____ a doctor? 언제 의사를 보고 싶습니까?
2. When would you like to _____ it for him? 언제 그를 위해 그것을 예약하고 싶습니까?
3. When would you like to _____ it? 언제 그것을 마무리하고 싶습니까?

Tip

'When would you like to ~'은 '당신은 언제 ~하고 싶으세요?' '당신은 언제 ~하시겠습니까?' 의 의미이다. see a doctor는 '의사에게 진료를 보다'는 의미이고 book은 '예약하다'의 의미로 reserve와 같은 의미를 갖는다.

Answers 1. see 2. book 3. finalize

092 Pattern

Where would you like to ~   어디에 ~하고 싶습니까?

Useful expressions

1. **Where would you like to live?**   어디에 살고 싶습니까?
2. **Where would you like to go for your holidays?**   휴일에 어디에 가고 싶습니까?
3. **Where would you like to meet?**   어디에서 만나고 싶습니까?
4. **Where would you like to take a trip?**   어디로 여행을 하고 싶습니까?
5. **Where would you like to leave it?**   어디에 그것을 맡기고 싶습니까?

Dialogue

A : **Where would you like to go for the consecutive holidays?**   연휴에 어디에 가고 싶습니까?

B : **I would like to go to Hong Kong.**   홍콩에 가고 싶은데요.

A : **Did you book for the hotel and flight?**   호텔과 항공 예약을 했습니까?

B : **Not yet. I am going to do that.**   아직 안했어요. 예약하려고 해요.

Exercises

1. Where would you like to _____ for your birthday?   생일날 어디에 가고 싶습니까?
2. Where would you like to _____ this parcel?   이 소포를 어디로 보내고 싶습니까?
3. Where would you like to _____ _____?   어디서 만날까요?

Tip

'Where would you like to ~'은 '당신은 어디에 ~하고 싶으세요?'의 의미로 구체적인 장소를 물을 때 사용하는 표현이다. 'consecutive'는 '연속적인', '계속되는'의 뜻으로 successive의 의미와 동일하고 consecutive holidays는 '연휴'를 의미한다.

Answers 1. go 2. send 3. get together

Pattern 093

How would you like ~   ~을 어떻게 원하세요?

Useful expressions

1. **How would you like** your steak? 스테이크를 어떻게 구워 드릴까요?
2. **How would you like** to go swimming with me? 저와 함께 수영하러 가시겠습니까?
3. **How would you like** to invite her to the party? 그녀를 파티에 초대하면 어떻겠어요?
4. **How would you like** to pay for that, sir? 손님, 계산은 어떻게 하시겠어요?
5. **How would you like** it if such thing happens to you? 만약 그런 일이 당신에게 일어난다면 어떻게 하겠어요?

Dialogue

A : **How would you like** to pay, cash or charge? 현금으로요, 아니면 카드로 지불하실래요?
B : By charge. 카드로 지불할게요.
A : Could you give me your credit card? 신용카드 주실래요?
B : Sure. Here you are. 물론이죠. 여기 있습니다.

Exercises

1. How would you like your _____ _____? 쇠고기 구이는 어떻게 해 드릴까요?
2. How would you like _____ _____? 커피를 어떻게 드시겠습니까?
3. How would you like people to _____ _____ you? 사람들이 당신에 대해 어떻게 생각하기를 원하세요?

Tip

'How would you like to ~'은 '~을 어떻게 원하세요?' 또는 '~하면 어떻겠어요?'의 두가지 표현이 가능하며 상대방의 취향, 의도를 물을 때 자주 활용할 수 있는 표현이다. 'cash or charge'에서 charge는 신용카드 지불을 의미한다. 원래 charge는 '고발', '혐의' 등의 다양한 의미를 갖지만 동사로 '(금액을)청구하다', '외상으로 구입하다'의 의미를 갖고 있다. 이러한 의미에서 '신용카드 지불'을 의미한다.

Answers 1. roast beef 2. your coffee 3. think about

How do you like ~   ~을 어떻게 해드릴까요?

Useful expressions

1. **How do you like** your toast?   토스트를 어떻게 해드릴까요?
2. **How do you like** your tea?   차를 어떻게 해드릴까요?
3. **How do you like** this house?   이 집 어떠세요?
4. **How do you like** this shirt?   이 셔츠 어때요?
5. **How do you like** your new job?   새 직장 어때요?

Dialogue

A : **How do you like** your steak?   스테이크는 어떻게 해드릴까요?
B : **Medium-rare please.**   중간 정도 익혀 주세요.
A : **How about her steak?**   그녀의 스테이크는 어떻게 해드리죠?
B : **Well-done please.**   완전히 익혀 주세요.

Exercises

1. How do you like _____ _____ _____? 당신 새 아파트는 어떻습니까?
2. How do you like _____ _____ **so far?** 지금까지 이 음악회가 어떻습니까?
3. How do you like _____ _____? 커피를 어떻게 해드릴까요?

Tip

'How do you like to ~?'은 'How would you like to ~?'과 의미상 같다고 할 수 있지만 would you like를 사용하면 더 공손한 의미를 갖는다. 고기는 구워지는 정도에 따라, rare, medium-rare, well-done 으로 구분하여 표현한다.

Answers 1. your new apartment 2. this concert 3. your coffee

Pattern 095~109

What ~

What은 '무엇, 무슨 일, 어떤 것'을 의미하는 의문대명사 및 '무슨, 어떠한'을 의미하는 의문형용사, 그리고 '어떻게, 어느 정도'를 의미하는 의문부사로 보통 사용된다. What을 이용한 의문문은 'What + 동사 + 주어~?', 'What(주어) + 동사 + 보어 ~?' 그리고 'What + 명사 + 동사 + 주어~?'의 형태를 취한다. 따라서, What은 각각 어떤 품사로 사용되느냐에 따라서 다양한 상황에 맞는 문형에 사용될 수 있다.

Expressions

1. **What** kind of man is he?   그는 어떤 사람입니까?
2. **What** brings you here?   무엇이 당신을 여기에 데리고 왔어요?(무슨 일로 여기에 왔어요?)
3. **What** makes you laugh?   무엇이 당신을 웃게 해요?(왜 웃고 있어요?)
4. **What** happened to him?   그에게 무슨 일이 있어요?
5. **What**'s new?   무엇이 새로운 것이지?(무슨 일이야?)

"What~"

What kind of ~

무슨(어떤) 종류의 ~ ?

Useful expressions

1. **What kind of** man is he? 그는 어떤 사람입니까?
2. **What kind of** an error did you commit? 당신은 어떤 실수를 범했습니까?
3. **What kind of** job are you looking for? 당신은 무슨 종류의 일을 찾고 있습니까?
4. **What kind of** perfume is she wearing? 그녀가 무슨 향수를 써요?
5. **What kind of** discount did he offer? 그가 어떤 식의 할인을 해주겠다고 하였습니까?

Dialogue

A : Are you going to buy a car? 자동차를 살 예정입니까?
B : Yes, I'm going to buy a car in a few days. 예, 며칠 내에 차를 사려고 해요.
A : **What kind of** car do you have in mind? 무슨 종류의 차를 염두해 두고 있어요?
B : I am going to buy Sonata made by Hyundai. 현대 소나타를 사려고 해요.

Exercises

1. What kind of automobile _____ _____ _____ ? 당신은 무슨 종류의 차를 사려고 해요?
2. What kind of room _____ _____ _____ ? 무슨 종류의 방을 원합니까?
3. What kind of business _____ _____ _____ ? 무슨 종류의 사업을 운영하십니까?

Tip
'What kind of ~'은 '무슨(어떤) 종류의 ~'을 의미하는 것으로 What sort of 또는 What type of도 유사한 의미를 갖는다.

Answers 1. will you buy 2. would you like 3. do you run

Pattern 096

What sort of ~
무슨(어떤) 종류의 ~, 도대체 어떻게 된 것인가?

Useful expressions

1. **What sort of** business do you do? 당신은 어떤 사업을 합니까?
2. **What sort of** a report is this? 이것이 무슨 종류의 리포트야?(이것을 리포트라고 썼어?)
3. **What sort of** food do you like? 어떤 종류의 음식을 좋아하세요?
4. **What sort of** conditions are they offering? 어떤 종류의 조건을 그들이 제시하고 있어요?
5. **What sort of** songs are you going to sing? 어떤 노래를 부르시겠습니까?

Dialogue

A : **What sort of** drink do you like? 어떤 종류의 음료를 좋아하세요?
B : I like coke. 콜라를 좋아해요.
A : I think that coke is not good for your health. 콜라가 건강에 좋지 않다고 생각하는데요.
B : I know, but coke must be the best one to quench thirst. 저도 알아요. 그러나 콜라가 갈증해소에 제일 좋은 음료거든요.

Exercises

1. What sort of gift _____ _____ _____ her? 어떤 선물을 사줘야 할까?
2. What sort of paint _____ _____ _____? 당신은 어떤 종류의 페인트를 사용하고 있어요?
3. What sort of form _____ _____ _____? 당신은 몸 상태가 어떻습니까?

Tip
'What sort of ~'은 '무슨(어떤) 종류의 ~'을 의미하는 것으로 What kind of와 대체될 수 있는 표현이다. quench는 '갈증을 가시게 하다', '해소하다'의 의미이다.

Answers 1. should I get 2. are you using 3. are you in

097 Pattern

What type of ~   무슨(어떤) 종류의 ~

Useful expressions

1. **What type of** recorder do you like? 어떤 형태의 녹음기를 좋아해요?
2. **What type of** batteries does this radio take? 이 라디오에는 어떤 종류의 배터리가 들어가나요?
3. **What type of** payment is not accepted? 무슨 종류의 지불수단이 받아들여지지 않아요?
4. **What type of** merchandise does the firm handle? 그 회사는 무슨 종류의 상품을 취급합니까?
5. **What type of** company is offering the position? 무슨 종류의 회사가 그 직급을 제공하고 있어요?

Dialogue

A : Do you accept the credit card? 신용카드를 받습니까?
B : Yes, we do. 예, 받습니다.
A : **What type of** credit card do you accept? 무슨 종류의 카드를 받나요?
B : Visa or master card is acceptable. 비자 카드나 마스터 카드를 받습니다.

Exercises

1. What type of vehicle _____ _____ _____? 당신은 무슨 종류의 운송수단을 신호합니까?
2. What type of company _____ _____ _____? 무슨 종류의 회사가 설립될 것인가요?
3. What type of toys does this shop _____? 이 상점은 무슨 종류의 장난감을 팔아요?

Tip
'What type of ~'은 '무슨(어떤) 타입의 ~'을 의미하는 것으로 구체적인 형태, 모양을 물을 때 사용하는 표현이다.

Answers 1. do you prefer 2. will you establish 3. sell

What ~ 133

Pattern 098

What brings you ~   무슨 일로 ~ 오셨어요?

Useful expressions

1. **What brings you** to London today? 오늘 무슨 일로 런던에 오셨나요?
2. **What brings you** to the hospital? 무슨 일로 병원에 왔어요?
3. **What brings you** here? 무슨 일로 여기에 왔어요?
4. **What brings you** to the school? 무슨 일로 학교에 왔어요?
5. **What brings you** to my house? 무슨 일로 저의 집에 왔어요?

Dialogue

A : Hello Jin Ho! **What brings you** here? 여보게 진호! 무슨 일로 여기 왔어?

B : I' am here to attend the wedding ceremony for my near relative. 내 가까운 친척 결혼식에 왔어.

A : Really? I' m pleased to meet you here. 정말? 여기에서 만나 반갑네.

B : Same to me. 나도 반가워.

Exercises

1. What brings you _____ _____? 서울에 무슨 일로 왔어?
2. What brings you _____ _____ _____? 무슨 일로 이 식당에 오셨어요?
3. What brings you _____ _____ _____? 무슨 일로 이 호텔에 오셨어요?

Tip What brings you ~'는 직역하면 '무엇이 당신을 ~에 데려왔어요?'의 의미로 '무슨 일로 ~에 왔어요?'의 표현이 자연스럽다. Why did you come ~?'의 직설적인 표현보다 세련된 표현이라고 할 수 있다.

Answers 1. to Seoul 2. to this restaurant 3. to this hotel

134 Part 2- 2단계 패턴

099 Pattern

What makes you ~ 왜 ~하나요?

Useful expressions

1. **What makes you laugh?** 왜 웃고 있어?
2. **What makes you think so?** 왜 그렇게 생각하나요?
3. **What makes you late?** 왜 늦게 오니?
4. **What makes you so displeased?** 왜 그렇게 못마땅합니까?
5. **What makes you joyful?** 왜 그렇게 즐거워해요?

Dialogue

A : You look blue today? 오늘 안색이 안 좋아 보이는데?
B : I've a couple of troublesome issues to handle right away. 바로 처리해야 할 힘든 일들이 있어서.
A : Take your time. **What always makes you like this?** 천천히 해. 무엇이 항상 당신을 이렇게 만들어?
B : We don't have enough manpower. 충분한 인력이 없어서 그래.

Exercises

1. What makes you _____ _____? 왜 그렇게 말하나요?
2. What makes you _____ _____? 무엇이 그렇게 행복하세요?
3. What makes you _____ _____? 왜 그렇게 화내는 거야?

Tip
'What makes you ~'은 직역하면 '무엇이 당신을 ~하게 만드나요'의 의미로 '왜 ~ 하나요?'의 의미로 해석하는 것이 자연스럽다. displeased는 '기분이 상한', '불쾌한'의 의미이고 blue는 '청색의', '푸른' 뜻 이외에 '우울한' 의미를 갖는다. troublesome은 '성가신', '힘든'의 의미를 갖는 형용사이다.

Answers 1. say that 2. so happy 3. so angry

Pattern 100

What happened to ~ ~에게 무슨 일이 있었어요?

Useful expressions

1. **What happened to** him? 그에게 무슨 일이 있었어요?
2. **What happened to** her? 그녀에게 무슨 일이 있었어요?
3. **What happened to** your teacher? 당신 선생님에게 무슨 일이 있었어요?
4. **What happened to** your company? 회사에 무슨 일이 있었어요?
5. **What happened to** you yesterday? 당신에게 어제 무슨 일 있었어요?

Dialogue

A : I got a call from Young Su. 영수한테 전화를 받았어.

B : What did he say? 그가 뭐라고 말했는데?

A : He said that he can't come to the office today. 오늘 사무실에 나올 수 없다고 하던데.

B : **What happened to** him yesterday? 어제 그에게 무슨 일이 있었던 거지?

Exercises

1. What happened to _____ _____? 컴퓨터에 무슨 문제 있었어요?
2. What happened to _____ _____? 차에 무슨 문제 있었어요?
3. What happened to _____ _____? 어제 그들에게 무슨 일이 있었어요?

Tip

'What happened to ~ ?'은 '~에게 무슨 일이 있나요?' 정도의 궁금한 점에 대하여 물어보는 표현이다. What's wrong?과 What's the problem?도 같은 유형으로 물어볼 수 있는 유사한 표현들이다. happen to 다음에 명사(대명사)가 온다는 점에 유의하자.

Answers 1. your computer 2. your car 3. them yesterday

What's wrong ~

~에게 잘못이라도 있어요?
무슨 일이 있어요?

Useful expressions

1. **What's wrong** with you? 당신에게 무슨 일이 있어요?
2. **What's wrong**? 뭐가 잘못 되었나요?
3. **What's wrong** with the engine? 엔진이 어디가 잘못되었나요?
4. **What's wrong** with your house? 당신 집에 문제가 있어요?
5. **What's wrong** with what we saw? 우리가 본 것에 문제가 있습니까?

Dialogue

A : **Lucky you.** 운이 좋군요!

B : **What?** 무엇이 그렇죠?

A : **Those offices are beautiful, but you don't sound happy about it. What's wrong?**
그 쪽 사무실들은 근사한데 별로 좋아하는 것 같지 않군요. 무슨 일이 있어요?

B : **These offices are small and narrow.** 이 사무실들이 작고 좁아보여서요.

Exercises

1. What's wrong _____ _____? 그녀에게 무슨 문제라도 있어요?
2. What's wrong _____ _____ _____? 그 버전에 문제라도 있나?
3. What's wrong _____ _____ _____? 부모님께서 무슨 문제라도 있어요?

Tip

'What's wrong ~ ?'은 상대방에게 '문제라도 있나요?' 정도의 궁금한 점에 대하여 wrong을 써서 직접적으로 물어보는 표현이다. What's wrong with 다음에 명사(대명사) 및 동명사가 수반된다.

Answers 1. with her 2. with the version 3. with your parents

Pattern 102

What's the problem ~ ~에게 문제가 뭐죠?

Useful expressions

1. **What's the problem?** 무슨 문제라도 있어요?
2. **What's the problem** with that shipment? 그 선적에 문제가 있나요?
3. **What's the problem** with you? 당신에게 무슨 문제라도 있어요?
4. **What's the problem** with him? 그에게 문제가 있어요?
5. **What's the problem** with the car? 차에 문제가 있어요?

Dialogue

A : **What's the problem** with your leg? 다리에 문제가 있어요?
B : **I got my ankle sprained yesterday.** 어제 발목을 삐었어요.
A : **My godness! How it hurts!** 어머나! 얼마나 아플까!
B : **It really hurts.** 정말 아프네요.

Exercises

1. What's the problem _____ _____? 그녀에게 무슨 문제라도 있어요?
2. What's the problem _____ _____ _____? 집에 문제가 있어요?
3. What's the problem _____ _____ _____? 이웃에 문제가 있어요?

Tip

'What's the problem ~?'은 '~에게 문제가 뭐죠' 정도로 상대방, 또는 제3자에게 문제가 발생했거나 또는 문제가 예상될 때 물어보는 표현이다. What's wrong과 같이 대체하여 사용할 수 있는 표현이다.

Answers 1. with her 2. with the house 3. with your neighbor

What do you mean ~   ~는 무슨 뜻이지요?

Pattern 103

Useful expressions

1. **What do you mean by that?** 그것은 무슨 뜻이지요?
2. **What do you mean by coming in here?** 여기까지 오는 것은 무슨 의미이지요?
3. **What do you mean you leave?** 당신이 떠난다니 무슨 뜻이지요?
4. **What do you mean you don't come back?** 돌아오지 않겠다니 무슨 뜻이지요?
5. **What do you mean by telling me truth now?** 지금 사실을 말하는 것은 무슨 뜻이지요?

Dialogue

A : I am sorry that I couldn't help you at that time. 그 당시 못 도와주어 정말 미안하네.

B : **What do you mean by that?** 그것은 무슨 뜻이지?

A : I really wished, but the situation was too serious. 정말 도와 주고 싶었는데 상황이 너무나 심각했어.

B : Don't mention it. 천만에.

Exercises

1. What do you mean you _____ _____ to the office tomorrow? 내일 사무실에 나올 수 없다는 것은 무슨 뜻이야?
2. What do you mean _____ _____ the company? 회사를 그만 두다니 무슨 뜻이지요?
3. What do you mean by _____ _____? 그렇게 말하는 의도가 뭐야?

Tip

'What do you mean ~?'은 상대방이 말한 것을 다시 확인하거나 그 의도를 파악하기 위해 다시 물을 때 사용하는 표현이다. 뒤에 'by ~'나 또는 '주어 + 동사'의 형태로 연결하여 파악하고자 하는 것을 확인하여 물어보는 표현이다.

Answers 1. can't come 2. you quit 3. saying so

Pattern 104

What should I ~

내가 무엇을 ~해야 하나요?

Useful expressions

1. **What should I** ask for? 내가 무엇을 해달라고 할까요?
2. **What should I** show them? 내가 그들에게 무엇을 보여주면 되나요?
3. **What should I** do? 내가 어떻게 해야 되나요?
4. **What should I** tell the people? 내가 사람들에게 무엇을 말해야 하나요?
5. **What should I** be looking for in particular? 내가 특히 뭘 찾아야 하나요?

Dialogue

A : **What should I** do for you? 당신을 위해 무엇을 할까요?

B : Could you give me a hand with my homework? 숙제를 좀 도와 주시겠어요?

A : Sure. How can I help you? 그래요. 어떻게 도와 드릴까요?

B : Please solve several difficult questions. 어려운 문제들을 몇 개 풀어주세요.

Exercises

1. What should I _____ in the network training session? 내가 네트워크 교육에 무엇을 입어야 하나요?

2. What should I _____ _____? 내가 당신에게 무엇을 주어야 하나요?

3. What should I _____ _____ my parents? 내가 부모님을 위해 무엇을 해야 하나요?

Tip

'What should I ~ ?'은 '내가 무엇을 ~해야 하나요?'의 의미로 어감상 다소 의무적인, 구속력을 느끼게 하는 표현이다. should는 ought to, must보다는 강도가 약하며 종종 의무보다는 권고를 나타낸다.

Answers 1. wear 2. give you 3. do for

What about ~

105 Pattern

~는 어때요? ~는 어떻게 되나요?

Useful expressions

1. **What about** you? 당신은 어때요?
2. **What about** a cup of tea? 차 한잔 하는 게 어때?
3. **What about** Chamshil stadium? 잠실 운동장은 어때?
4. **What about** going back home today? 오늘은 집에 돌아가는 것이 어때?
5. **What about** having another drink? 또 한잔 하는 것이 어떻습니까?

Dialogue

A : **Are you busy tomorrow?** 당신은 내일 바쁜가요?

B : **I will be busy all day long tomorrow.** 내일 하루종일 바쁠 거에요.

A : **What about the day after tomorrow?** 모레는 어때요?

B : **It will be fine.** 괜찮아요.

Exercises

1. What about _____ in this respect? 이 점에 관해서 당신의 의견은 어때요?
2. What about _____ _____? 서두르는 게 어때요?
3. What about _____ _____? 시골지역은 어떻게 되나요?

'What about ~?'은 '~은 어때요, 어떤가' 하고 상대방의 의향이나 추가제안을 묻는 표현으로 What do you think about에서 축약된 표현이다. 이와 비슷한 표현으로 'How about ~'이 있다. 이것은 '~ 은 어떻습니까?'의 의미로 자기의 의견을 상대방에게 제안할 때 사용하는 표현이나 요즘에는 구어체에서 구분하지 않고 사용하는 경향이 많다.

Answers 1. you 2. hurrying up 3. rural areas

Pattern 106

What if ~

만약 ~하면 어떻게 하지요?

Useful expressions

1. **What if** it rains on Saturday? 토요일에 비가 오면 어떻게 하지요?
2. **What if** the train is late? 기차가 늦으면 어떻게 하지?
3. **What if** she forgets to bring it? 그녀가 그것을 잊고 안 가져오면 어쩌지?
4. **What if** it is an urgent order? 그것이 긴급주문이면 어쩌지?
5. **What if** there is a connection? 만약 연관이라도 있으면 어떻게 하지요?

Dialogue

A : What is the departure time of the airplane? 비행기 출발시간이 언제지요?

B : It is scheduled to depart at 2:00 p.m.. 오후 2시에 출발하기로 되어 있는데요.

A : It is too late. **What if** we don't take the airplane? 너무 늦은데요. 우리가 비행기를 잡지 못하면 어떻게 하지요?

B : We have to stay one more night. 하루 더 머물러야만 해요. .

Exercises

1. What if we _____ a third shift? 3교대로 운영하면 어떨까요?

2. What if I _____ _____ _____ something? 내가 무엇인가를 바꾸고 싶을 때는 어쩌지?

3. What if I _____ _____ Congress? 내가 의원에 출마하면 어떨까?

Tip

'What if ~?'은 '만약 ~하면 어떻게 하지요?'의 의미로 이것은 'What will(would) happen if ~'을 축약된 표현이다. 가정법에서 나온 문형이지만 지금은 If절에 직설법을 쓰는 것이 일반적이다.

Answers 1. add 2. want to change 3. run for

107 Pattern

What do you say ~ ~은 어떨까요? 어떻게 생각해?

Useful expressions

1. **What do you say** to going for a walk? 산책하는 게 어떨까요?
2. **What do you say** to trying this medicine? 이 약을 마셔 보는 것이 어떻겠습니까?
3. **What do you say** to eating out this evening? 오늘 저녁에 외식을 할까?
4. Let's go bowling tomorrow night, **what do you say**? 내일 저녁 때 볼링 치러 갈래요?
5. **What do you say** to going to the theatre tonight? 오늘밤 극장에 가는 것에 대하여 어떻게 생각하니?

Dialogue

A : **Why didn't you tell me ?** 왜 나에게 말을 하지 않았어?
B : **I'm sorry, John.** 잘못했다, 존.
A : **You should have told me to avoid it.** 나에게 말했었으면 그것을 피할 수 있었잖아.
B : **Let's forgive and forget, what do you say?** 우리 없었던 일로 하고 잊어버리자. 어때?

Exercises

1. What do you say to going to _____ _____? 그 연극 보러 가는 건 어떻습니까?
2. What do you say to _____ _____ with us? 우리와 저녁을 드시는 게 어떻습니까?
3. _____ _____ to Mexico together, what do you say? 우리 함께 멕시코로 가자. 네 생각은 어때?

Tip

'What do you say ~ ?'은 직역하면 '~에 대해 무엇이라고 말할래요?' 정도의 의미로 상대방의 의향을 물을 때 사용하는 표현이다. 이것은 문장의 앞 또는 뒤에 위치하며 특히, 뒤에 올 경우에는 '의견이 무엇이에요', '~은 어때?' 뜻을 가지며 상대방의 동의를 구하는 표현이 된다. 앞에 위치할 때에는 다음에 전치사 to + 명사(동명사)가 나와야 한다는 점에 유의하자.

Answers 1. the play 2. having dinner 3. Let's go

Pattern 108

What's the best way to ~ 무엇이 ~하는 가장 좋은 방법이죠?

Useful expressions

1. **What's the best way to come here?** 여기 오는 가장 좋은 방법이 무엇이죠?
2. **What's the best way to get there?** 무엇이 거기에 도착하는 가장 좋은 방법이죠?
3. **What's the best way to save money?** 무엇이 돈을 저축하는 가장 좋은 방법이죠?
4. **What's the best way to teach the students English?** 무엇이 학생들에게 영어를 가르칠 수 있는 가장 좋은 방법이죠?
5. **What's the best way to clean this?** 무엇이 이것을 깨끗하게 할 수 있는 가장 좋은 방법이죠?

Dialogue

A : How did you come here from your house? 당신 집에서 여기에 어떻게 왔습니까?

B : By bus. 버스로 여기에 왔는데요.

A : It is too late. I think it is not a good transportation way. 너무 늦어요. 그것은 좋은 운송방법이라고 생각하지 않아요.

B : What's the best way to come here? 여기 오는 가장 좋은 방법이 뭐지요?

Exercises

1. What's the best way to _____ it? 그것을 발송할 가장 좋은 방법이 무엇이죠?
2. What's the best way to _____ _____ the airport from here? 여기에서 공항에 도착할 수 있는 가장 좋은 방법이 무엇이죠?
3. Wha's the best way to _____ it? 무엇이 그것을 선적할 가장 좋은 방법입니까?

Tip

What's the best way to ~ ?'은 '무엇이 ~하는 가장 좋은 방법이죠?'의 의미로 최고의 방법을 물을 때 사용하는 표현이다. 또한, best 대신 fastest, quickest, latest, easiest등 최상급 형용사를 써서 상황에 맞는 다양한 표현을 할 수 있다.

Answers 1. dispatch 2. get to 3. ship

109 Pattern

What is your ~

당신의 ~는 무엇인가요?

Useful expressions

1. **What is your** address, please? 당신의 주소가 어떻게 되나요?
2. **What is your** benefit from the deal? 그 거래에서 당신의 혜택은 무엇이죠?
3. **What is your** favorite food? 당신이 제일 좋아하는 음식은 무엇인가요?
4. **What is your** intention? 당신의 의도가 무엇이죠?
5. **What is your** problem? 너의 문제가 뭐야?

Dialogue

A : Did you book the airplane for Japan tomorrow? 당신은 내일 일본 가는 비행기를 예약했습니까?

B : Yes, I did. 예, 예약했습니다.

A : **What is your** flight schedule? 당신의 항공 일정은 무엇인가요?

B : At 5 o'clock tomorrow afternoon. 내일 오후 5시입니다.

Exercises

1. What is your _____ in baseball? 당신의 야구 포지션은 무엇인가요?
2. What is your _____ in life? 인생에서 당신의 목표는 무엇인가요?
3. What is your _____ _____? 당신이 가장 좋아하는 스포츠는 무엇인가요?

Tip
'What is your ~'은 '당신의 ~는 무엇인가요?'의 상대방의 취향, 계획, 정보 등을 물어볼 때 쉽게 사용할 수 있는 표현이다. 상대방에게 물을 때 개인의 프라이버시와 관련된 사항(나이, 결혼 등)은 가능한 한 피하는 것이 좋다.

Answers 1. position 2. goal 3. favorite sports

Pattern 110~113

Unit 22

Where~

Where는 '어디, 어디에, 어디에서' 등 장소, 위치를 물을 때 사용하는 의문사다. Where를 이용한 의문문은 'Where + 동사 + 주어~?' 나 'Where + be동사 + 보어' 의 형태를 취하며 Where는 문장의 앞에 위치한다. 그리고 관계부사로 사용될 때에는 문장의 중간에 위치하여 특정의 장소나 위치를 나타내준다. 한편, Where from(어디에서 오셨습니까?)과 같이 구어체에서 숙어로 간단히 사용되기도 한다.

Expressions

1. **Where** are you living? — 당신은 어디에서 살고 있어요?
2. **Where** are you going to meet them? — 당신은 어디에서 그들을 만날 예정입니까?
3. **Where** can I see you? — 당신을 어디에서 볼 수 있을까요?
4. **Where** is your office located? — 사무실이 어디에 있어요?
5. **Where** is a good place to meet? — 어디가 만나기 좋은 장소이죠?

110 Pattern

Where are you ~ing ~
당신은 어디에서 ~하고 있어요?

Useful expressions

1. **Where are you living?** 어디에서 살고 있어요?
2. **Where are you going** for your holidays? 휴가때 어디 갈 거에요?
3. **Where are you lodging** now? 당신은 지금 어디에서 숙박하고 있습니까?
4. **Where are you taking** me for dinner? 어디로 저녁 먹으러 갑니까?
5. **Where are you calling** from? 어디에서 전화합니까?(어디십니까?)

Dialogue

A : **ABC company. How may I help you?** ABC 회사입니다. 어떻게 도와 드릴까요?
B : **Can I speak to Smith?** 스미쓰와 통화할 수 있을까요?
A : **Where are you calling** from? **Hold on a second.** 어디십니까? 잠깐 기다리세요.
B : **Thank you.** 감사합니다.

Exercises

1. Where are you going _____ _____ _____? 당신은 휴가 때 어디에 갑니까?
2. Where are you _____ _____ your business trip? 사업차 어디로 여행하는 거에요?
3. Where are you _____ _____ to put this new desk? 이 새 책상을 어디에 놓을 계획입니까?

Tip

'Where are you ~ing ~ ?'은 '어디에서 ~하고 있습니까?'의 의미로 의문부사 where와 현재진행을 연결하여 물어보는 표현이다. 이 문형은 be going to ~와 함께 많이 사용되는데 이때는 '~할 예정이다'라는 의미로 사용된다.

Answers 1. on your vacation 2. going on 3. planning on

Pattern 111

Where are you going to ~ 당신은 어디로(에서) ~할 예정입니까?

Useful expressions

1. **Where are you going to** meet them? 그들을 어디에서 만날 예정입니까?
2. **Where are you going to** move? 어디로 이사 갈 예정입니까?
3. **Where are you going to** take her? 그녀를 어디로 데려갈 예정입니까?
4. **Where are you going to** leave? 어디로 떠날 예정입니까?
5. **Where are you going to** live? 어디에서 살 예정입니까?

Dialogue

A : What is your visit schedule? 당신의 방문일정은 무엇입니까?

B : My visit schedule is to go to Tokyo, L.A., Washington D.C. 나의 방문일정은 동경, LA 및 와싱턴 DC를 가는 것입니다.

A : **Where are you going to** visit first? 당신은 어디를 먼저 방문할 예정입니까?

B : I'm going to visit Tokyo first. 동경을 먼저 방문할 예정입니다.

Exercises

1. Where are you going to _____ _____? 그들을 어디로 선적할 예정입니까?
2. Where are you going to _____ _____? 당신은 어디에서 출발할 예정입니까?
3. Where are you going to _____? 당신은 어디에서 일할 예정입니까?

Tip

'Where are you going to ~?' 은 '당신은 어디로(에서) ~할 예정입니까?' 의 의미로 to + 동사원형과 함께 사용되는 문형이다. 이 경우 be going to ~는 go(가다)의 의미는 없어지고 '~할 예정이다' 로 의미를 갖는다.

Answers 1. ship them 2. depart from 3. work

Where can I ~

내가 어디에서 ~할 수 있을까요?

Useful expressions

1. **Where can I** see you? 당신을 어디에서 볼 수 있을까요?
2. **Where can I** contact you tomorrow? 내일 어디로 연락하면 될까요?
3. **Where can I** buy some toothpaste? 치약은 어디서 살 수 있지요?
4. **Where can I** return a purchase? 어디에 반품을 할 수 있을까요?
5. **Where can I** take the bus? 어디에서 버스를 탈 수 있을까요?

Dialogue

A : Excuse me, **where can I** take a subway? 실례지만 지하철을 어디에서 탈 수 있어요?

B : You can go straight and turn left at the corner. 똑바로 가서 코너에서 좌측으로 가세요.

A : Thank you for your guide. 안내해 주셔서 감사합니다.

B : You're welcome. 천만에요.

Exercises

1. Where can I _____ this film _____? 이 필름을 어디에서 현상할 수 있을까요?
2. Where can I _____ the toilet? 화장실이 어디 있지요?
3. Where can I _____ you? 어디로 연락할 수 있을까요?

Tip

'Where can I ~?'은 길에서 위치를 물을 때나 상점에서 물건을 찾을 때 많이 사용되는 표현이다. 글자 그대로 '어디서 ~할 수 있을까'의 의미이다. develop은 '개발, 발전하다' 뜻 이외에 '(필름을)현상하다'의 의미도 있다. 여기에서 get + 목적어(사물) + 과거분사로 쓰여 필름을 현상시키는 것을 의미한다.

Answers 1. get developed 2. find 3. reach

Pattern 113

Where's a good place to ~   어디가 ~할 좋은 장소이죠?

Useful expressions

1. **Where's a good place to meet?**   어디가 만나기 좋은 장소이죠?
2. **Where's a good place to see the scene?**   어디가 그 광경을 볼 수 있는 좋은 장소이죠?
3. **Where's a good place to buy some toothpaste?**   어디가 치약을 살 수 있는 좋은 곳이예요?
4. **Where's a good place to buy some pants?**   어디가 바지를 살 수 있는 좋은 곳이예요?
5. **Where's a good place to go for sightseeing?**   어디가 구경하러 가기 좋은 장소이지요?

Dialogue

A : Where is your office located?   사무실이 어디에 있어요?
B : It is located in the central part of Seoul.   서울 중심부에 위치하고 있어요.
A : **Where's a good place to stay close to your office?**   사무실에 가깝게 머물 좋은 곳은 어디이죠?
B : Let's see. I recommend a Lotte hotel which is two blocks away from the office.
글쎄요. 사무실에서 2블록 떨어진 롯데호텔을 추천해요.

Exercises

1. Where's a good place to _____ the summit?   정상에 이르기 위한 좋은 장소가 어디이죠?
2. Where's a good place to _____ _____?   어디가 사진 찍을 수 있는 좋은 장소이죠?
3. Where's a good place to _____ for your vacation?   휴가때 가기 좋은 곳은 어디이지요?

Tip

'Where's a good place to ~?' 은 직역하면 '~ 하기 좋은 장소는 어디이죠' 의 뜻으로 '어디가 ~할 좋은 장소이지요?' 로 표현할 수 있다. 장소를 추천받을 때 사용되는 표현으로 동사를 활용해 다양하게 사용할 수 있다.

Answers 1. reach 2. take pictures 3. go

Pattern 114~116   Unit 23

When ~

When은 '언제, ~한 때' 등 어떠한 행위가 이루어진 시점을 물어볼 때 사용되는 의문사이다. When을 이용한 의문문은 Where와 마찬가지로 'When + 동사 + 주어 ~?' 나 'When + be동사 + 보어' 의 형태를 취하며 문장의 앞에 위치한다. 그리고 관계부사로 사용될 때에는 문장의 중간에 위치하여 어떤 행위가 일어난 때를 나타내 준다.

Expressions

1. **When** are you going back home? 당신은 언제 집에 돌아갈 거예요?
2. **When** can I talk to you? 언제 당신과 얘기할 수 있을까요?
3. **When** do you have time? 언제 시간이 있으세요?
4. **When** did he start? 그가 언제 출발 했습니까?
5. **When** was the last time you met with me? 당신이 마지막으로 나를 만난 때가 언제입니까?

Pattern 114

When are you ~ing ~
당신은 언제 ~할 거예요?

Useful expressions

1. **When are you going** back home? 당신은 언제 집으로 돌아갈 거예요?
2. **When are you taking** your driving test? 당신은 언제 운전면허 시험을 볼 거예요?
3. **When are you taking** your vacation? 당신은 언제 휴가를 갈 거예요?
4. **When are you leaving** for the meeting? 당신은 회의하러 언제 떠날 거예요?
5. **When are you making** the delivery? 당신은 언제 배달할 거예요?

Dialogue

A : Are you supposed to go to Japan? 일본에 가기로 되어 있지?
B : Yes, I'll be going there soon. 예, 곧 갈 거예요.
A : When are you leaving? 언제 떠날 거야?
B : Not fixed, but maybe I will go there on the coming Saturday. 확정되지 않았지만 아마도 토요일에 갈 것 같아요.

Exercises

1. When are you _____ _____ France? 언제 프랑스에 갑니까?
2. When are you _____ _____? 당신은 언제 결혼할 거예요?
3. When are you _____ _____ L.A.? 언제 LA로 떠납니까?

Tip

'When are you ~ing ~?'은 현재 진행의 형태를 취하면서 미래의 뜻을 갖는 문형이다. 왕래발착 동사 (come, go, arrive, depart등)를 사용하여 진행형의 형태를 취하지만 곧 진행될 예정임을 나타내는 표현이다. head는 '머리'를 뜻하는 명사이지만 동사로 사용할 때는 ~로 향하다의 의미를 갖는다. head for는 go for와 마찬가지로 ~로 향하여 가다의 의미이다.

Answers 1. leaving for 2. getting married 3. heading for

115 Pattern

When can I ~

언제 ~할 수 있을까요?

Useful expressions

1. **When can I** talk to you? 언제 당신과 얘기할 수 있을까요?
2. **When can I** expect delivery on my truck? 언제쯤이면 내 트럭이 배달될까요?
3. **When can I** bring it to you? 언제 너에게 그것을 가져다 줄까요?
4. **When can I** have my money back? 언제 나의 돈을 돌려 받을 수 있을까요?
5. **When can I** have a meeting with you again? 언제 다시 당신과 미팅을 할 수 있을까요?

Dialogue

A : I would like to buy this black colored car? How much is this? 이 검은색 차를 사려고요. 값이 얼마지요?

B : One moment. It costs U$20,000. 잠깐만요. 그것은 20,000달러입니다.

A : When can I expect delivery on my car? 언제 나의 차를 배달해줄 수 있어요?

B : It will be delivered within 3 days. 3일 내에 배달될 거예요.

Exercises

1. When can I _____ the meeting minutes? 언제 회의록을 받을 수 있을까요?
2. When can I _____ _____? 언제 당신에게 전화할 수 있을까요?
3. When can I _____ it _____? 언제 그것을 돌려받을 수 있을까요?

Tip

'When can I ~?'은 '내가 언제 ~을 할 수 있는지'를 물어볼 때 사용하는 표현이다. have my money back, have it back은 ~을 돌려 받는 것을 의미한다. 원어민 회화에서 많이 사용되는 표현으로 외국인들에게는 익숙하지 않은 표현이다.

Answers 1. receive 2. call you 3. have back

When ~ 153

Pattern 116

When was the last time ~
마지막으로 ~한 것이 언제입니까?

Useful expressions

1. **When was the last time** you met with me? 당신이 마지막으로 나를 만난 때가 언제입니까?
2. **When was the last time** you had the oil changed? 당신이 마지막으로 오일을 간 때가 언제지요?
3. **When was the last time** you saw her? 그녀를 마지막으로 본 것이 언제죠?
4. **When was the last time** you played the piano? 당신이 마지막으로 피아노를 친 것이 언제입니까?
5. **When was the last time** we had a health check up? 우리가 건강 검진을 마지막으로 받은 때가 언제죠?

Dialogue

A : How's your health condition these days? 요즘 건강상태는 어때요?
B : Not so good. 그렇게 좋지 않아요.
A : **When was the last time** you had a health checkup? 당신이 건강 검진을 마지막으로 받은 때가 언제죠?
B : About 2 years ago. 2년 전이에요.

Exercises

1. When was the last time you _____ _____ her? 네가 그녀와 마지막으로 헤어진 때가 언제지?
2. When was the last time you _____ _____ your friends? 친구들로부터 마지막 소식을 들은 지가 언제니?
3. When was the last time the computer network _____ _____ _____? 마지막으로 컴퓨터 네트워크를 백업한 게 언제였죠?

Tip

'When was the last time ~ ?'은 직역하면 '~한 마지막 시간이 언제지요?'의 의미로 '마지막으로 ~한 때가 언제지요?'로 표현하는 것이 자연스럽다. 유의할 것은 last라는 명백히 과거의 뜻을 나타내는 형용사로 사용되기 때문에 뒤에 오는 시제는 과거이어야 한다는 것이다.

Answers 1. parted with 2. heard from 3. was backed up

Pattern 117~119

Who~

Who는 '누구가, 누구에게' 등 사람에 대하여 물어볼 때 사용되는 의문사다. Who를 이용한 의문문은 'Who + 동사 + 주어~?', 'Who + be동사 + 보어'의 형태를 취하며 문장의 앞에 위치한다. 그리고, 관계 대명사로 사용될 때에는 사람을 선행사로 중간에 위치하여 ~한 사람이란 의미로 사람을 꾸며준다.

Expressions

1. **Who** is your sister? 당신의 여동생은 누구입니까?
2. **Who** is your favorite actor? 당신이 가장 좋아하는 배우는 누구입니까?
3. **Who** is going to the airport? 누가 공항에 나갈 거죠?
4. **Who** is going to meet her? 누가 그녀를 만날 거죠?
5. **Who** did you invite to the party? 당신은 누구를 파티에 초대했어요?

Pattern 117

Who is your ~
당신의 ~는 누구죠?

Useful expressions

1. **Who is your** favorite actor? 당신이 가장 좋아하는 영화배우는 누구인가요?
2. **Who is your** sister? 네 여동생이 누구냐?
3. **Who is your** new homeroom teacher? 너의 새 담임선생님이 어떤 분이시니?
4. **Who is your** girlfriend? 누가 당신의 여자 친구입니까?
5. **Who is your** latest crush? 요즘 누구를 사랑하고 있나요?

Dialogue

A : **Who is your** favorite singer? 가장 좋아하는 가수는 누구입니까?
B : I like John Denver. 나는 존 덴버를 좋아해요.
A : Do you? I like Kenny Rogers. 그래요? 나는 케니 로저스를 좋아하는데요.
B : I also like him. 나도 역시 그를 좋아해요.

Exercises

1. Who is your _____ _____? 누가 너의 가장 친한 친구야?
2. Who is your _____ _____? 당신이 가장 좋아하는 음악가는 누구죠?
3. Who is your _____? 너의 남자친구는 누구야?

Tip
'Who is your ~ ?'은 '당신의 ~가 누구입니까'의 뜻으로 의문문의 가장 기본적인 문형이다. favorite는 '가장 좋아하는'의 뜻으로 단어 자체가 최상급의 의미를 가지고 있다. crush는 '눌러 부수다', '뭉개다'의 동사의 뜻이 있지만 명사로 '홀딱 반함', '심취 또는 심취대상'을 의미한다. have a crush on은 '(누구에게) 홀딱 반하다'의 의미이다.

Answers 1. best friend 2. favorite musician 3. boyfriend

Who is going to ~

누가 ~할 거죠?

118 Pattern

Useful expressions

1. **Who is going to** the airport? 공항에는 누가 나갈 거죠?
2. **Who is going to** support him? 누가 그를 지원해 줄 거죠?
3. **Who is going to** meet her? 누가 그녀를 만날 거죠?
4. **Who is going to** handle that work? 누가 그 일을 다룰 거죠?
5. **Who is going to** take over his duty? 누가 그의 임무를 맡을 거니?

Dialogue

A : The head of GE company is supposed to be at the airport tomorrow. GE사의 고위 인사가 내일 공항에 도착하기로 되어 있어.

B : **Who is going to** greet him? 누가 그를 맞이할 거죠?

A : My boss and myself will do. 저의 상사와 제가 나갈 겁니다.

B : Please pay a special attention to caring him. 그를 모시는 데 특별히 신경을 써 주세요.

Exercises

1. Who is going to _____ me? 누가 내편이 될 거야?
2. Who is going to _____ ? 누가 마케팅을 담당할 거죠?
3. Who is going to _____ ? 누가 그에게 전화할 예정입니까?

Tip

Who is going to ~ ?'은 '누가 ~할 예정입니까?, 누가 ~할 거죠?'의 의미로 행위의 주체를 분명히 하고자 할 때 사용되는 표현이다. greet는 원래 '인사하다', '환영하다'의 의미 이외에 '맞이하다'의 의미로 많이 쓰인다.

Answers **1.** be with **2.** handle marketing **3.** call him

Pattern 119

Who did you ~
당신은 누구를 ~했어요? 당신은 누구에게 ~했어요?

Useful expressions

1. **Who did you** invite to the party? 누구를 파티에 초대했어요?
2. **Who did you** go for a walk with? 누구와 산책을 했어요?
3. **Who did you** ask to go there? 누구에게 거기에 가라고 했어요?
4. **Who did you** see at church? 교회에서 누구를 보았어요?
5. **Who did you** ask to take over his work? 누구에게 그의 일을 맡으라고 했어요?

Dialogue

A : What did you do yesterday? 너 어제 뭘 했니?
B : I went to see a movie? 영화 보러 갔는데.
A : **Who did you** go with. 누구와 함께 갔어?
B : With my girlfriend. 여자 친구와 함께 갔어.

Exercises

1. Who did you _____ that _____? 누구에게서 그것을 연락받았어요?
2. Who did you _____ _____? 너는 누구와 함께 왔니?
3. Who did you _____ _____ you? 당신은 누구를 데리고 갔어요?

Tip
'Who did you ~ ?'은 '당신은 누구를(누구에게) ~ 했어요?'의 의미로 who는 목적어로 사용된다. 보통 구어체에서는 뜻을 분명히 할 때를 제외하고 whom대신 who를 많이 사용한다. hear from은 '~로부터 연락을 받아 듣다'의 의미이고 hear of는 '~의 소식(소문)을 듣다'는 의미이다.

Answers 1. hear from 2. come with 3. take with

158 Part 2 - 2단계 패턴

Pattern 120~124

Why~

Why는 '왜, 어째서, 무슨 까닭으로' 등 발생한 사건, 현재 상황 및 발생될 일에 대하여 그 이유를 물어볼 때 사용되는 의문사이다. Why를 이용한 의문문은 'Why + 동사 + 주어~?'의 형태를 취하며 문장의 앞에 위치한다. 관계 부사로 사용될 때에는 중간에 위치하여 어떤 사건에 대한 구체적인 이유를 나타낸다. 그리고 'Why don't you'나 'Why don't we'와 같이 상대방에게 제안이나 권유할 경우에 사용된다.

Expressions

1. **Why** are you crying? — 왜 울고 있습니까?
2. **Why** are you so critical? — 왜 그렇게 비판적입니까?
3. **Why** don't you come and see me? — 나에게 오셔서 만나지 않겠어요?
4. **Why** don't we leave early tomorrow? — 우리 내일 일찍 떠나면 어때요?
5. **Why** didn't you come to the party? — 왜 파티에 안 왔어요?

Pattern 120

Why are you ~

당신은 왜 ~해요?

Useful expressions

1. **Why are you** in a hurry? 왜 서둘러요?
2. **Why are you** crying? 왜 울고 있습니까?
3. **Why are you** so late? 너는 왜 그렇게 늦니?
4. **Why are you** so out of breath? 너는 왜 그렇게 숨 차 하니?
5. **Why are you** drawing so much money today? 오늘 왜 그렇게 많은 돈을 인출하세요?

Dialogue

A : Why are you in such a good mood? 왜 그렇게 기분이 좋니?

B : I passed an employment examination at last. 드디어 취직시험에 합격했어.

A : Congratulations! You did a good job. 축하해! 수고 많이 했어.

B : Thank you. I was lucky. 고마워, 운이 좋았지.

Exercises

1. Why are you _____? 너는 왜 웃고 있니?
2. Why are you _____ _____? 왜 그리 피곤해 보여요?
3. Why are you _____ _____ _____? 왜 안색이 안 좋아 보여?

Tip

'Why are you ~ ?'은 '당신은 왜 ~ 해요?'의 의미로 주로 감정을 표현하는 표현이다. 직설적인 표현으로 보통 'what ~ for'와 대체하여 사용할 수 있다. out of breath는 '숨이 찬'의 뜻이고 'in the blue'는 '(기분이)우울한'의 의미이다.

Answers 1. laughing 2. so tired 3. in the blue

160 Part 2-2단계 패턴

121 Pattern

Why are you always ~
당신은 왜 항상 ~해요?

Useful expressions

1. **Why are you always** so critical? 너는 왜 항상 그렇게 비판적이니?
2. **Why are you always** acting like that? 당신은 왜 항상 그렇게 행동합니까?
3. **Why are you always** so full of energy? 당신은 왜 항상 그렇게 활력이 넘치십니까?
4. **Why are you always** in such a blue? 당신은 왜 항상 그렇게 우울해 해요?
5. **Why are you always** so tired? 너는 왜 항상 그렇게 피곤해 하니?

Dialogue

A : **Why are you always** in the blue? 당신은 왜 항상 우울해 해요?
B : I don't know why some sad things are happening to me. 왜 슬픈 일들이 나에게 일어나는지 모르겠어요.
A : Is that right? It will be getting better. 그래요? 앞으로 상황이 더 좋아지겠죠.
B : I really hope so. 정말 그랬으면 좋겠어요.

Exercises

1. Why are you always _____ _____ _____ ? 너는 왜 항상 그것만 하니?
2. Why are you always _____ _____ me? 당신은 왜 항상 나에게 화만 내나요?
3. Why are you always _____ _____ _____ her ? 당신은 왜 항상 그녀에게 친절해요?

Tip

Why are you always ~ ? 은 '당신은 왜 항상 ~ 해요?' 의 의미로 상대방의 감정적 표현, 모습, 행위 등에 대한 구체적인 이유를 물을 때 사용하는 표현이다. full of energy는 '에너지로 충만한', '활력이 넘치는' 의 의미이다.

Answers 1. doing only that 2. angry with 3. so kind with

Pattern 122

Why don't you ~   ~하는 게 어때요? ~하지요?

Useful expressions

1. **Why don't you** come and see me tomorrow? 내일 오셔서 저좀 보지 않겠어요?
2. **Why don't you** shut up? 입 좀 다물어요.
3. **Why don't you** have dinner with me tonight? 오늘 밤 저녁 식사를 같이 하는 것이 어떨까요?
4. **Why don't you** try it once again? 그것을 다시 한 번 해 보지요?
5. **Why don't you** leave early in the morning? 아침 일찍 떠나는 게 어때요?

Dialogue

A : Hello Susie! What are you going to do today? 안녕, 수지! 오늘 무엇을 할 거야?
B : I have an appointment in the morning and I am free in the afternoon. 아침에 약속이 있고 오후에는 시간이 있는데.
A : **Why don't you** come and go for a walk in the afternoon? 오후에 와서 산보나 가지 그래?
B : Sure, Let's go. I will be there by 4:00 p.m. 좋아. 갑시다. 오후 4시까지 갈게.

Exercises

1. Why don't you _____ _____ _____? 일찍 집에 가면 어때요?
2. Why don't you _____ _____ over night? 이것을 철야 토의하면 어때요?
3. Why don't you _____ _____? 그에게 물어보지요?

Tip

'Why don't you ~ ?'은 '~하는 게 어때요?', '~하지 않겠어요?' 의 의미로 권유, 제안을 할 때 주로 쓰이는 표현이다. 친한 사이에 사용하며 윗사람에게는 잘 쓰지 않는다. 생략형은 'Why not?'으로 상대방의 제안에 동의하여 대답할 때에는 'Let's go ~'으로 사용한다.

Answers 1. go home early 2. discuss it 3. ask him

123 Pattern

Why don't we ~   우리 ~하면 어때요? ~할래요?

Useful expressions

1. **Why don't we** come early tomorrow? 우리 내일 일찍 오면 어때요?
2. **Why don't we** check before we go shopping? 우리 쇼핑가기 전에 확인해 보는 것이 어때?
3. **Why don't we** pull over here? 여기에 차를 주차해 놓는 것이 어때?
4. **Why don't we** go swimming in the river tomorrow? 내일 강으로 수영하러 가는 것이 어때?
5. **Why don't we** forget and start all over again? 이젠 다 잊고 새 출발을 하는 것이 어때?

Dialogue

A : We are too late tonight. 오늘밤은 시간이 너무 늦었네.
B : **Why don't we** meet early tomorrow and discuss it continuously? 내일 아침 일찍 모여 다시 계속 토의하면 어때요?
A : Let's do that. 그렇게 합시다.
B : What time shall we make it? 몇 시로 할까요?

Exercises

1. Why don't we _____ _____ _____? 영화 보는 것이 어때요?
2. Why don't we _____ _____ this year? 올해 우리 같이 가지 않을래?
3. Why don't we _____ _____ now? 우리 지금 하지요?

Tip

Why don't we ~ ?'은 '우리 ~ 하면 어때요?' 즉 '~하지 그래요?'의 의미이다. Shall we와 함께 권유의 표현으로 부드럽게 사용할 수 있는 문형이다. pull over는 '차를 길 한쪽에 세우다(주차하다)'의 의미이다.

Answers 1. see a movie 2. go together 3. do it

Pattern 124

Why didn't you ~ 왜 ~하지 않았어요?

Useful expressions

1. **Why didn't you** come to the party? 왜 파티에 안 왔니?
2. **Why didn't you** call me? 왜 나에게 전화하지 않았니?
3. **Why didn't you** join the game? 너는 왜 게임을 같이 하지 않았니?
4. **Why didn't you** answer the telephone when I called this morning?
오늘 아침 전화했을 때 왜 전화 안 받았니?
5. **Why didn't you** pay with your credit card then? 그럼 신용카드로 지불하시지 그랬어요?

Dialogue

A : Is it cold outdoor? 밖에 추워요?
B : It is extremely cold in the morning. 아침에는 몹시 춥네요.
A : **Why didn't you** wear a winter coat? 왜 겨울 외투를 입지 않았어요?
B : I think that the temperature will be going up this afternoon. 오후에는 기온이 올라갈 것으로 생각해서요.

Exercises

1. Why didn't you _____ _____? 당신은 왜 내게 연락하지 않았죠?
2. Why didn't you _____ _____ _____ on time? 왜 제시간에 출근하지 않았습니까?
3. Why didn't you _____ my call? 당신은 왜 전화하지 않았어요?

Tip
'Why didn't you ~ ?'은 Why don't you의 과거형으로 생각해서는 안 된다. 이것은 글자그대로 '당신은 왜 ~하지 않았어요?'의 의미로 과거 행동에 대한 이유를 묻는 질문 문형이다. return one's call은 '이미 받은 전화에 대하여 답하다'를 의미한다.

Answers 1. contact me 2. get to work 3. return

Pattern 125~128

Which~

Which는 '어느 쪽, 어느 것, 어느 쪽 사람' 등을 의미하는 의문 대명사, '둘 이상 중에서 하나를 고를 때 어느 쪽의'를 의미하는 의문 형용사로 선택을 표현하는 의문사이다. Which를 이용한 의문문은 'Which + 동사 + 주어~?', 'Which + 동사 + 보어~?' 그리고 'Which + 명사 + 동사 + 주어~?'의 형태를 취하며 문장의 앞에 위치한다. 그리고, 관계 대명사로 사용될 때에는 사물을 선행사로 취하며 중간에 위치한다.

Expressions

1. Which is better? — 어느 것이 더 좋아요?
2. Which one is stronger? — 어느 것이 더 힘이 강합니까?
3. Which one do you prefer? — 어느 것을 더 좋아합니까?
4. Which one do you like best? — 어느 것을 제일 좋아해요?
5. Which do you want, tea or coffee? — 차와 커피 중 어느 것을 원해요?

165

Pattern 125

Which is + 비교급 ~

어느 것이 더 ~해요?

Useful expressions

1. **Which is better?** 어느 것이 더 좋아요?
2. **Which is stronger?** 어느 것이 더 강해요?
3. **Which is more active?** 어느 것이 더 활동적이에요?
4. **Which is more beautiful?** 어느 것이 더 아름다워요?
5. **Which is bigger, the sun or the earth?** 태양과 지구 중에 어느 것이 더 클까?

Dialogue

A : Can I see a refrigerator? 냉장고를 볼 수 있을까요?
B : Sure. We are handling two kinds of refrigerators. 예. 우리는 두 종류의 냉장고를 취급하고 있어요.
A : Which is stronger? 어느 것이 더 튼튼해요?
B : This one is stronger and that one is more beautifully designed. 이것이 더 튼튼하고 저것은 더 아름답게 디자인 되어 있어요.

Exercises

1. Which is _____? 어느 것이 더 작을까?
2. Which is _____ _____? 어느 것이 더 매력적입니까?
3. Which is _____ _____? 어느 것이 더 인기가 있을까?

Tip

'Which is + 비교급 ~?'은 둘 이상 중에서 하나를 선택할 때 사용되는 의문문이다. which는 의문 대명사로 쓰일 수도 있지만 which one 시작되는 비교 의문문에서는 의문 형용사로 쓰일 수 있다. 비교급을 만들 때 2음절 이하인 경우에는 보통 형용사, 부사에 각각 —er을 붙이지만 3음절 이상의 경우 more를 앞에 붙여 비교급을 만든다.

Answers 1. smaller 2. more attractive 3. more popular

Which ~ do you prefer 당신은 어느 것을 더 좋아해요?

Useful expressions

1. **Which** one **do you prefer**? 어느 것을 더 좋아합니까?
2. **Which** restaurant **do you prefer**? 어느 음식점을 선호하나요?
3. **Which** car **do you prefer**? 어느 차를 선호해요?
4. **Which** animal **do you prefer**? 어느 동물을 더 좋아해요?
5. **Which** shift **do you prefer** to work? 어느 교대조에 근무하고 싶으세요?

Dialogue

A : Are you going to run 3 shifts in assembling this product? 제품 조립하는데 3교대로 운영할 예정입니까?

B : Yes, we are. Any problem you may have? 예. 그렇습니다. 어떤 문제가 있나요?

A : No, I don't have any problem. 아니오, 괜찮습니다.

B : **Which** shift **do you prefer**? 당신은 어느 교대조를 선호해요?

Exercises

1. Which _____ do you prefer? 어느 색을 더 좋아해요?
2. Which _____ do you prefer? 어느 디자인을 선호합니까?
3. Which _____ _____ _____ do you prefer? 어느 브랜드의 치약을 선호합니까?

Tip

'Which ~ do you prefer?' 은 '당신은 어느 것을 더 좋아해요?' 의 의미로 prefer 단어 그 자체에 비교급의 의미가 들어 있으며 보통 '선호하다' 의 뜻으로 사용된다. shift 는 공장에서 '교대' 라는 의미로 시간별 작업시간조를 말한다.

Answers 1. color 2. design 3. brand of toothpaste

Pattern 127

Which one do you ~
당신은 어느 것을 더 좋아해요?

Useful expressions

1. **Which one do you like best?** 어느 것을 제일 좋아해요?
2. **Which one do you prefer?** 어느 쪽을 선호합니까?
3. **Which one do you like better?** 어느 것이 더 좋아요?
4. **Which one do you want to eat?** 어느 것을 먹고 싶어요?
5. **Which one do you prefer to take?** 어느 것을 더 선택하고 싶습니까?

Dialogue

A : May I help you, ma'am? 손님, 도와 드릴까요?
B : Sure. I want to buy blue jeans. 그러세요. 청바지 하나를 사려고 하는데요.
A : Which one do you like? 어느 것을 좋아해요?
B : I like unwashed jeans. 탈색 안 된 청바지를 좋아해요.

Exercises

1. Which one do you _____ _____ _____? 어느 것을 마시고 싶어요?
2. Which one do you _____ _____ _____? 어느 것을 더 사고 싶어요?
3. Which one do you _____ _____ _____? 어느 것을 보고 싶어요?

Tip

'Which one do you ~?' 은 '당신은 어느 것을 ~해요?' 의 의미로 which가 의문 형용사로 쓰이는 경우이며 둘 이상의 것 중에서 선택하는 의문 문형이다. ma'am은 아가씨, 부인에 대한 정중한 호칭인 madam의 축약형으로 남자에게 쓰이는 sir와 대비된다. unwashed jeans는 탈색 안 된 청바지, 탈색된 청바지는 prewashed jeans로 표현한다.

Answers 1. like to drink 2. prefer to buy 3. like to see

128 Pattern

Which do you prefer, A or B
A와 B중에서 어느 것을 더 좋아해요?

Useful expressions

1. **Which do you prefer, tea or coffee?** 홍차와 커피 중 어느 것을 드시겠습니까?
2. **Which do you prefer, farm life or city life?** 농촌 생활과 도시 생활 중 어느 쪽을 더 좋아해요?
3. **Which do you prefer, fresh, or frozen peas?** 신선한 완두콩, 냉동 완두콩 중 어떤 것을 더 좋아하세요?
4. **Which do you prefer, fish or meat?** 생선과 고기 중 어느 것을 더 좋아해요?
5. **Which do you prefer, coke or soda?** 콜라와 사이다 중 어느 것을 더 좋아해요?

Dialogue

A : **Which do you prefer, autumn or winter?** 가을과 여름 중에서 어느 것을 더 좋아합니까?
B : **I prefer winter.** 겨울을 더 좋아해요.
A : **Why is that?** 왜 그렇지요?
B : **Because I prefer skating and skiing in the cold weather.** 추운 날에 스케이트와 스키타는 것을 좋아하기 때문이죠.

Exercises

1. Which do you prefer, _____ _____ _____? 개와 고양이 중 어느 것을 더 좋아해요?
2. Which do you prefer, _____ _____ _____? 이것과 저것 가운데 어느 것이 더 좋습니까?
3. Which do you prefer, _____ _____ _____? 금연석과 흡연석 중 어느 것을 더 좋아해요?

Tip
'Which do you prefer, A or B?' 은 A와 B 중 하나를 선택하는 의문문형이다. A와 B의 선택에 따라 다양하게 사용할 수 있는 표현이다.

Answers 1. dog or cat 2. this or that 3. smoking or non-smoking

Which ~ **169**

Pattern 129~142

How~

How는 '어떻게, 어떤 방법으로, 어떤 수단으로' 등을 의미하는 의문 부사, '~하는 방법, 정도, 상태'를 의미하는 관계부사등으로 보통 방법이나 수단을 표현할 때 사용된다. How를 이용한 의문문은 'How + be동사 + 주어~?' 'How + 동사 + 주어~?' 그리고 'How + 형용사(부사) + 동사 + 주어~?' 의 형태를 취하며 각각 안부나 상태, 상대방의 의향 등을 물어볼 때 사용되는 표현이다. 또한, How about(~하면 어떨까요?)와 같이 상대방에게 제안, 권유할 때나 상대방의 의견을 구할 때 사용되기도 한다.

Expressions

1. How about going to the park? — 공원에 가면 어떨까요?
2. How can I tell? — 내가 어떻게 말할 수 있나?
3. How do I go there? — 내가 거기에 어떻게 가나요?
4. How many people are there? — 얼마나 많은 사람들이 있어요?
5. How far is it from here? — 그곳은 여기에서 얼마나 먼가요?

129 Pattern

How about ~

~ 어때요? ~해 줄래요?

Useful expressions

1. **How about** that? 그것은 어때요?
2. **How about** the results? 그래서 결과는 어떠했습니까?
3. **How about** going to the park? 공원 가는 것이 어때?
4. **How about** taking the rest of the day off? 조퇴하는 게 어때요?
5. **How about** going to France for our next anniversary? 다음 결혼기념일에는 프랑스로 가는 게 어때?

Dialogue

A : Do you have an appointment tonight? 오늘 밤 약속 있어?

B : I don't have it as of now. 지금은 없는데.

A : **How about** a drink after work then? 그러면 퇴근 후에 한잔 어때?

B : Good idea. I'm looking forward to it. 좋은 생각이네. 그것을 기다리고 있는 중이었는데.

Exercises

1. How about another _____ _____ _____? 커피 한 잔 더 어떻습니까?
2. How about going _____ _____ _____? 산책하러 가지 않겠습니까?
3. How about _____ _____ tonight? 오늘밤 저녁 같이 하는 게 어때요?

Tip

'How about ~?'은 '~하는 것이 어떻습니까?', '에 대해서 어떻게 생각하나(어떤가)'의 의미로 제안, 권유 및 때로는 의뢰, 비난 등의 의미도 내포하여 상황에 따라 사용될 수 있는 표현이다. 특히, 상대방의 의견, 의향을 물을 때 What about과 의미상 다소 차이가 있으나 구어체에서 일반적으로 함께 쓰여진다.

Answers **1.** cup of coffee **2.** for a walk **3.** having dinner

Pattern 130

How can I ~

내가 어떻게 ~할 수 있을까요?

Useful expressions

1. **How can I** get to the museum from here? 여기서 박물관까지 어떻게 가나요?
2. **How can I** tell? 어떻게 내가 말할 수 있나?
3. **How can I** do this to her? 어떻게 하면 내가 그녀에게 이런 행동을 할 수 있을까?
4. **How can I** improve education? 어떻게 하면 교육을 개선시킬 수 있는지요?
5. **How can I** learn to speak English well? 나는 어떻게 영어를 잘 말하는 것을 배울 수 있을까?

Dialogue

A : **How can I** get to the bus stop? 버스정류장에 가려면 어떻게 해야 하나요?

B : Go to the two blocks and turn right. 2블록을 가서 오른쪽으로 가세요.

A : How long will it take? 얼마나 걸릴까요?

B : It will take about 5 minutes. 약 5분이면 될 거에요.

Exercises

1. How can I _____ _____? 거기에 어떻게 가면 됩니까?
2. How can I _____ _____? 무엇을 도와드릴까요?
3. How can I _____ _____ _____ this program? 이 프로그램을 종료하려면 어떻게 해야 하죠?

Tip

'How can I ~?'을 직역하면 '내가 어떻게 ~할 수 있을까요?' 이나 '내가 어떻게 하면 ~할 수 있을까요?'의 의미로 사용되는 표현이다. 'get to'는 '(목적지에) 도착하다'의 뜻이다. 'get out of'는 '~에서 나가다', '종료하다'의 의미를 갖는다.

Answers 1. get there 2. help you 3. get out of

131 Pattern

How do I ~

내가 어떻게 ~을 하죠?

Useful expressions

1. How do I go there? 거기에 어떻게 가나요?
2. How do I dry it? 어떻게 그것을 건조하는지요?
3. How do I register? 어떻게 등록하지요?
4. How do I get it to print? 어떻게 그것을 프린트하지요?
5. How do I make a collect call? 수신자 부담 전화는 어떻게 하나요?

Dialogue

A : Do you have a screwdriver with you? 드라이버 있어요?

B : Unfortunately, I don't have it. 공교롭게도 그것이 없는데요.

A : How do I fix this TV without a screwdriver? 드라이버 없는데 이 TV를 어떻게 고치나요?

B : Let me look for it. 그것을 찾아볼게요.

Exercises

1. How do I _____ ? 나 어때요?
2. How do I _____ the machine? 이 기계를 어떻게 작동시키죠?
3. How do I _____ the bike? 자전거를 어떻게 고치면 됩니까?

Tip

'How do I ~?' 를 직역하면 '내가 어떻게 ~하나요?' 이나 '내가 어떻게 하면 ~하나요?' 정도의 의미로 사용되는 표현이다. 'get +목적어 +to ~' 는 '(목적어)를 ~시키다' 라는 의미로 'get + 목적어 + 과거분사' 와 함께 많이 사용되는 표현이다.

Answers 1. look 2. start 3. fix

How ~ 173

Pattern 132

How do you like ~　~을 어떻게 해드릴까요? ~가 어떻습니까?

Useful expressions

1. **How do you like my new dress?**　내 새 옷이 어떻습니까?
2. **How do you like this shirt?**　이 셔츠 어때요?
3. **How do you like your coffee?**　커피를 어떻게 드시겠습니까?
4. **How do you like your new job?**　새로운 일은 어때요?
5. **How do you like living in France?**　프랑스에서의 생활은 어때요?

Dialogue

A : **How do you like your beef?**　고기를 어떻게 해드릴까요?
B : **Well-done, please.**　완전히 익혀 주세요.
A : **How about you?**　당신은 어떻게 해드릴까요?
B : **Medium-rare.**　중간 정도 익혀 주세요.

Exercises

1. How do you like _____!　그건 어때!
2. How do you like your _____ _____?　새 의자가 어때요?
3. How do you like _____ _____?　그 수프 어떠세요?

Tip

'How do you like ~?' 는 두 가지 의미로 사용된다. 하나는 '어떻게 좋아해요?' 즉 '~은 어떻습니까' 의 의미이고 다른 하나는 '(음식을)어떻게 해드릴까요' 의 의미로 사용된다. 'How would you like ~' 는 이보다 예의를 갖춘 표현이다.

Answers　1. that　2. new chair　3. the soup

133 Pattern

How do you feel ~   ~을 어떻게 생각해요? ~은 어때요?

Useful expressions

1. **How do you feel** today? 오늘 기분이 어때요?
2. **How do you feel** about her? 그녀를 어떻게 생각합니까?
3. **How do you feel** about this car? 이 차는 어때요?
4. **How do you feel** about your job these days? 요즘 하고 있는 일이 어때요?
5. **How do you feel** about seeing a movie tonight? 오늘 저녁에 영화 보는 것이 어때요?

Dialogue

A : **How do you feel** about this used car? 이 중고차는 어떻게 생각해요?
B : Much better than that. 그것보다는 훨씬 좋아 보이네요.
A : Do you want to look at another one or take this? 또 다른 차를 보고 싶습니까, 아니면 이것을 택하시겠습니까?
B : I want to take this. 이것으로 살래요.

Exercises

1. How do you feel _____ _____, Robert? 로버트, 오늘 아침 기분이 어떠니?
2. How do you feel about your _____ _____? 너의 새집 어떠니?
3. How do you feel about _____ _____? 중고차에 대해 어떻게 생각해?

Tip

'How do you feel ~?' 는 '~에 대해 어떻게 생각합니까?' 의 뜻으로 'What do you think about' 과 같은 의미를 갖는다. 'How do you think about' 을 사용하는 경우를 보는데 이것은 어법상 틀린 표현이다. 또한, '~은 어때요?' 등 그날의 건강상태를 묻는 경우에도 사용된다.

Answers 1. this morning 2. new home 3. used cars

How ~ 175

Pattern 134

How come ~

왜 ~해요?

Useful expressions

1. **How come?** 왜요?
2. **How come** you are late? 왜 당신은 늦는 겁니까?
3. **How come** you speak Russian. 왜 러시아어를 하세요?
4. **How come** you didn't know it? 왜 당신이 그것을 몰랐나요?
5. **How come** the order slip is still lying around here? 왜 주문서가 아직 여기 놓여있는 거지?

Dialogue

A : **How come** you are late again? 왜 당신은 또다시 늦는 겁니까?

B : I missed the bus coming to the bus stop this morning. 오늘 아침 버스 정류장에 오는 버스를 놓쳤어요.

A : You are still making an excuse for that? 여전히 변명하는군요?

B : I'm sorry. I won't be late. 죄송합니다. 늦지 않을게요.

Exercises

1. How come they didn't _____ _____? 왜 그들이 나타나지 않았지?
2. How come you _____ _____? 왜 너는 그것을 했니?
3. How come _____ _____? 어째서 그런 일이 일어났지?

Tip

'How come'은 'How did it come that~'의 축약형으로 다음에 '주어 + 동사 또는 주어 + to + 동사원형'이 따라와야 한다. '왜(어찌하여) ~해요'의 의미로 해석해야 우리말에 자연스러우며 질책, 꾸지람할 경우에 사용되는 표현이다.

Answers 1. show up 2. did it 3. it happened

135 Pattern

How many ~

얼마나 많은 ~해요?

Useful expressions

1. **How many** people are there? 얼마나 많은 사람들이 있어요?
2. **How many** apples are there in the basket? 바구니 안에 얼마나 많은 사과가 있습니까?
3. **How many** invitations were sent? 얼마나 많은 초대장을 보냈어요?
4. **How many** feet do you stand? 신장이 몇 피트입니까?
5. **How many** languages can you speak? 당신은 몇 개 국어를 할 수 있습니까?

Dialogue

A : **How many** rooms for customers did you reserve? 당신은 고객용으로 방을 얼마나 예약하였습니까?

B : I reserved 10 rooms. 방 10개를 예약했는데요.

A : Do you think these are enough for the customers? 방이 충분하다고 생각해요?

B : I think so. 충분하다고 생각합니다.

Exercises

1. How many _____ _____ _____ ? 얼마나 원하세요?
2. How many packages _____ ? 물건이 얼마나 도착했나요?
3. How many rooms does your house _____ ? 집에 방이 몇 개 있어요?

> **Tip**
> 'How many' 는 직역하면 '얼마나 많은' 의 뜻으로 셀 수 있는 명사(가산명사) 앞에서 꾸며주는 수량형용사이다. many뒤에는 항상 복수가 오고 many자체가 수량대명사로 쓰일 경우에는 명사가 오지 않을 수도 있음에 유의하자.

Answers 1. do you want 2. arrived 3. have

Pattern 136

How much ~

얼마나 많은(양) ~해요? ~은(가격) 얼마입니까?

Useful expressions

1. **How much** is it? 그것은 얼마입니까?
2. **How much** does it cost? 그것은 얼마입니까?
3. **How much** luggage shall I bring? 얼마나 많은 짐을 가져와야 하나요?
4. **How much** do you like her? 당신은 그녀를 얼마만큼 좋아합니까?
5. **How much** money does the government spend annually? 정부는 매년 얼마만큼의 돈을 쓰는가?

Dialogue

A : Can you count these items? 이 품목들을 계산해 주시겠어요?
B : Sure. 물론이지요.
A : How much is it altogether? 전부 얼마이지요?
B : It's 100 dollars. 100달러입니다.

Exercises

1. How much _____ _____? 입장권이 얼마예요?
2. How much _____ _____ _____ per gallon? 이 휘발유는 갤런당 얼마입니까?
3. How much _____ _____ _____ the waiter? 웨이터에게 팁을 얼마나 주면 되나요?

Tip

'How much'는 직역하면 '얼마나 많은'의 뜻으로 셀 수 없는 명사(불가산명사) 앞에서 꾸며주는 수량형용사이다. much뒤에는 항상 물질명사 또는 추상명사가 오고 much자체가 수량대명사(양, 가격)로 쓰일 경우에는 명사가 오지 않는다는 점에 유의하자. What is the price of this?(이것은 값이 얼마입니까?)은 바른 표현이지만 How much is the price of this?은 틀린 표현으로 바른 표현은 'How much is this?' 이다. cost가 동사로 쓰일 경우 '(비용, 가격이 얼마) 들다' 의 의미이다.

Answers 1. are tickets 2. is this gasoline 3. should I tip

137 Pattern

How far ~   ~은 얼마나 먼(거리, 정도)가요? 거리가 얼마인가요?

Useful expressions

1. **How far** is it from here?   그곳은 여기에서 얼마나 먼가요?
2. **How far** can I run?   내가 얼마나 멀리 뛸 수 있을까요?
3. **How far** do we have to go?   얼마나 더 가야 해요?
4. **How far** is it from here to Seoul?   여기서 서울까지 거리가 얼마나 됩니까?
5. **How far** do you think they can be trusted?   어느 정도까지 그들을 믿을 수 있다고 생각하는가?

Dialogue

A : **Could you help me?**   도와주실 수 있겠어요?

B : **Yes.**   예.

A : **How far is it from here to the airport?**   여기에서 공항까지 얼마나 먼가요?

B : **It will be about 40km or so.**   약 40킬로미터 정도 될 겁니다.

Exercises

1. How far is it from here _____ _____ _____?   여기서 스타디움까지는 거리가 얼마나 됩니까?
2. How far _____ _____?   그곳은 얼마나 멀어?
3. How far is it _____ _____ from here?   여기서 몇 마일이나 되나요?

Tip
'How far'는 (거리, 정도가) 얼마인지 물을 때 사용하는 표현으로 (시간을)물을 때 사용하는 'How long'과 구별하여 사용해야 한다. 'or so'는 숫자 뒤에 사용되어 '~ 쯤'이라는 의미를 갖는다.

Answers 1. to the stadium 2. is it 3. in miles

Pattern 138

How long ~   (시간이)얼마나 오래 ~하지요? (길이가) ~인가요?

Useful expressions

1. **How long** will you stay? 당신은 얼마나 오래 머물지요?
2. **How long** should we wait? 우리가 얼마나 오래 기다려야 하지요?
3. **How long** is it? 그것은 길이가 얼마입니까?
4. **How long** is your flight? 비행기는 몇 시간이나 타요?
5. **How long** will it take to get there? 거기까지 가는 데 얼마나 걸려요?

Dialogue

A : What time will the conference start? 회의가 몇 시에 시작합니까?
B : It will start in 30 minutes. 앞으로 30분 이내에 시작할 것입니다.
A : **How long** will it take? 얼마나 걸릴까요?
B : It will take about 4 hours from the start. 시작 후 약 4시간이 걸릴 것입니다.

Exercises

1. How long will the presentation _____? 발표 시간이 얼마나 되죠?
2. How long _____ the bridge? 그 다리는 길이가 얼마나 되죠?
3. How long _____ _____ _____ to set up the computers? 컴퓨터 설치하는 데 얼마나 걸리나요?

Tip

'How long'는 (시간, 길이)가 얼마인지 물을 때 사용하는 표현이다. 'How far'와 명확히 구분되는 표현이므로 사용에 주의하여야 한다. 'last'는 형용사로 '마지막'의 뜻이지만 동사로 사용할 경우 '지속하다'라는 의미가 된다.

Answers 1. last 2. is 3. will it take

139 Pattern

How long does it ~ ~하는 데 (시간이)얼마나 걸리지요?

Useful expressions

1. **How long does it** take to get a passport? 여권 만드는 데 얼마나 걸려요?
2. **How long does it** take by train? 기차로 얼마나 걸리지요?
3. **How long does it** take you to get home? 집에 오는 데 얼마나 걸려요?
4. **How long does it** take from here to City Hall? 여기에서 시청까지 얼마나 걸리나요?
5. **How long does it** take you to get to work in the morning? 아침에 회사 오는 데 얼마나 걸려요?

Dialogue

A : CBS broadcasting. May I help you? CBS 방송사입니다. 무엇을 도와 드릴까요?
B : Can I speak to the reporter John? 존 기자와 통화할 수 있을까요?
A : He's not in the office. He called me he's coming. 그가 사무실에 없습니다. 그가 오고 있다고 전화했는데요.
B : **How long does it** take him to come back? 그가 돌아오는 데 얼마나 걸리나요?

Exercises

1. How long does it take _____ _____ _____? 거기 가는 데 얼마나 걸리나요?
2. How long does it take _____ _____ your homework? 숙제를 끝내려면 얼미 정도 걸리니?
3. How long does it take to _____ _____ the conference center from the airport? 공항에서 회의장까지 가는 데 얼마나 걸려요?

Tip

'How long does it'는 (시간)이 얼마나 걸리는지 물을 때 사용하는 대표적인 표현이다. 'How long will it'과 함께 현재, 미래의 상황에 따라 사용할 수 있다. 교통수단 앞에는 항상 전치사 by를 써서 by train, by bus등으로 사용한다는 것에 유의하자(단, 걸어서 갈 때에는 교통수단이 아니기 때문에 on foot를 사용한다).

Answers 1. to get there 2. to finish 3. get to

Pattern 140

How long have you ~   ~한 지 얼마나 됐어요?

Useful expressions

1. **How long** have you been in the army?   군대에 들어간 지 얼마나 됩니까?
2. **How long** have you worked here?   여기서 일한 지 얼마나 됐어요?
3. **How long** have you been in this position?   이 직책에 계신 지가 얼마나 되셨습니까?
4. **How long** have you lived in Chicago?   시카고에 얼마동안 살았어요?
5. **How long** have you had your computer?   당신 컴퓨터를 사용하신 지가 얼마나 됐죠?

Dialogue

A : How long have you lived in this country?   이 나라에 산 지 얼마나 됐어요?
B : I have been here for three years.   3년 동안 여기에서 살았는데요.
A : How do you like this country?   이 나라를 어떻게 생각해요?
B : Great. It must be fantastic place.   훌륭해요. 아주 좋은 곳이에요.

Exercises

1. How long have you _____ _____ _____?   한국에 얼마동안 살았어요?
2. How long have you _____ _____?   당신은 이곳에 얼마나 오랫동안 머물렀습니까?
3. How long have you _____ _____ stamps?   우표 수집한 지 얼마나 됐어요?

> **Tip**
> 'How long have you ~?'은 직역하면 '당신은 얼마나 오래 ~ 해왔어요?'의 의미로 '~ 한 지 얼마나 됐어요?'의 의미이다. 현재완료나 현재완료 진행형을 사용하여 과거부터 현재까지 지내온 상황을 how long과 함께 표현할 수 있다.

Answers **1.** lived in Korea **2.** been here **3.** been collecting

141 Pattern

How often ~

얼마나 자주 ~하세요?

Useful expressions

1. **How often** does it happen? 이런 일이 얼마나 자주 있죠?
2. **How often** do the subways run? 지하철은 얼마 간격으로 운행되나요?
3. **How often** are the computers backed up? 컴퓨터는 얼마나 자주 백업하세요?
4. **How often** do you play golf? 얼마나 자주 골프를 칩니까?
5. **How often** do you drive to work? 얼마나 자주 차로 출근하세요?

Dialogue

A : How often do you exercise? 얼마나 자주 운동하세요?
B : I do almost everyday. 거의 매일 합니다.
A : That's why you look great. 그래서 안색이 매우 좋아 보이는군요.
B : You look nice too. 당신도 좋아 보이는데요.

Exercises

1. How often _____ _____ _____ her? 그녀를 얼마나 자주 만나십니까?
2. How often_____ _____ _____ your catalogue? 카탈로그는 얼마나 자주 발행하나요?
3. How often _____ _____ _____ staff meetings? 직원회의는 얼마나 자주 갖습니까?

Tip

'How often ~ ?' 은 '얼마나 자주 ~ 하세요?'의 의미로 often 이라는 (빈도)부사를 사용하여 묻는 문형이다. 'How often' 다음에 조동사나 be동사를 사용하여 상황에 따라 다양하게 표현을 할 수 있다.

Answers 1. do you see 2. do you publish 3. do you have

How ~ 183

Pattern 142

How soon ~

얼마나 빨리 ~할 수 있을까요? 언제 ~할 수 있을까요?

Useful expressions

1. **How soon** can you be ready? 얼마나 빨리 준비가 되겠니?
2. **How soon** will we know? 언제쯤 알 수 있을까요?
3. **How soon** can you inspect my car? 제 차 얼마나 빨리 검사 받을 수 있나요?
4. **How soon** can you get me an estimate? 견적을 얼마나 빨리 받아 볼 수 있을까요?
5. **How soon** will we get the tickets for our vacation? 우리가 언제쯤 휴가 여행표를 구입할 수 있을까?

Dialogue

A : **How soon** can you get this computer fixed? 얼마나 빨리 이 컴퓨터를 고칠 수 있어요?
B : It will take 3 hours or so. 3시간 정도 걸릴 거예요.
A : Can you make it a little earlier? 좀 더 빨리 고쳐 주시겠어요?
B : I will try my best, but I'm not sure. 최선을 다 해보겠지만 확신은 못해요.

Exercises

1. How soon will you _____ _____ _____ start? 언제부터 근무할 수 있겠습니까?
2. How soon _____ _____ _____ it to be done? 언제까지 해드리면 되겠습니까?
3. How soon _____ _____ _____ the rest of the order? 나머지 주문 품들은 우리가 얼마나 빨리 발송할 수 있나요?

Tip
'How soon ~ ?'은 '얼마나 빨리 ~ 하세요?'의 의미로 soon이라는 부사를 사용하여 얼마나 빨리 할 수 있는지를 묻는 표현이다. 'How often'과 마찬가지로 'How soon' 다음에 조동사나 be동사를 사용하여 상황에 따라 다양하게 표현할 수 있다.

Answers 1. be able to 2. do you want 3. can we send

Pattern 143~146

Have you ~

Have는 조동사로 사용되어 완료형에 사용될 뿐만 아니라 일반동사로 다양한 의미로 사용된다. 여기에서 Have가 조동사로 사용되어 현재완료를 표현하는 방법을 살펴본다. Have를 이용한 의문문은 'Have you + 과거분사'의 형태를 취하고 과거부터 진행되어 현재까지의 완료, 경험, 계속, 결과의 의미를 나타낼 때 사용하는 표현이다.

Expressions

1. Have you **got a cold?** — 너 감기 걸렸어?
2. Have you **got any sugar?** — 설탕 좀 있어요?
3. Have you **ever been to London?** — 런던에 가본 적이 있나요?
4. Have you **seen her?** — 당신은 그녀를 본 적이 있어요?
5. Have you **heard about a president?** — 사장에 대해 들은 것이 있어요?

Pattern 143

Have you got ~

~을 가지고 있어요?

Useful expressions

1. **Have you got** a cold? 감기 걸렸어?
2. **Have you got** a bike? 자전거를 가지고 있어요?
3. **Have you got** all your belongings? 소지품은 다 가지고 계십니까?
4. **Have you got** anywhere to go? 어디든 갈 데가 있니?
5. **Have you got** any money on you? 돈 좀 가진 것 있습니까?

Dialogue

A : You look a little pale. 안색이 오늘 좀 창백해 보이는데.
B : I've had a stomach trouble lately. 최근에 배탈이 났어.
A : **Have you got** any sickness? 병이라도 있는 것 아닌가?
B : Well, I am going to see a doctor soon. 글쎄, 곧 의사 좀 만나보려고.

Exercises

1. Have you got _____ _____? 메시지 받았나요?
2. Have you got _____ _____? 설탕이 좀 있어요?
3. Have you got _____ _____ where he lives now? 그가 지금 어디에 살고 있는지 아느냐?

Tip

'Have you got ~ ?'은 '~ 을 가지고 있어요?'의 의미로 대부분 소유의 의미로 쓰이지만 문장의 내용에 따라 got의 의미가 다소 달라질 수 있다. 이것은 영국식 표현으로 소유의 의미를 나타낼 때에는 have got 을 많이 사용한다.

Answers 1. the message 2. any sugar 3. any idea

Have you ever + 과거분사(P.P.) ~   ~을 해 본 경험이 있어요?

Useful expressions

1. **Have you ever** been to London? 런던에 가본 적이 있나요?
2. **Have you ever** used this program before? 전에 이 프로그램 써 본 적 있어요?
3. **Have you ever** studied law? 당신은 법률을 공부한 적이 있습니까?
4. **Have you ever** fired a handgun? 권총을 쏘아 본 일이 있니?
5. **Have you ever** requested a leave? 휴가를 신청해 본 적 있니?

Dialogue

A : **Have you ever** tried Korean food before? 전에 한국 음식 먹어본 적 있나요?
B : Yes. This is my third time. 예, 이번이 세 번째 입니다.
A : How is the taste of Korean food? 한국 음식 맛이 어때요?
B : It is spicy, but I like Korean food. 맛이 매콤하지만, 나는 한국음식을 좋아해요.

Exercises

1. Have you ever _____ _____ America? 미국에 가 본 적이 있는가?
2. Have you ever _____ _____? 해외에 가 봤어요?
3. Have you ever _____ _____ a raise? 급여 올려 달라고 얘기해 본 적 있어요?

Tip

'Have you ever ~ ?'은 '~을 해 본 경험이 있어요'의 의미로 현재완료 중에서 경험을 나타내는 의문문이다. ever나 before와 같은 부사를 써서 강조를 나타낸다. leave는 '떠나다', '출발하다'의 동사 이외에 '휴가' 라는 명사의 뜻이 있다. maternity leave하면 '출산휴가' 를 의미한다.

Answers 1. been to 2. traveled abroad 3. asked for

Pattern 145

Have you seen ~
~을 본 적 있어요?

Useful expressions

1. **Have you seen** her? 그녀를 본 적 있어요?
2. **Have you seen** my briefcase? 내 서류 가방 본 적 있어?
3. **Have you seen** the large screwdriver? 큰 스크루드라이버 봤어요?
4. **Have you seen** my bag anywhere? 어디선가 내 가방 봤어요?
5. **Have you** ever **seen** this play before? 이 연극 전에 본 적 있어요?

Dialogue

A : **Have you seen** my car keys? 내 자동차 키를 봤어요?

B : No, I haven't seen. Where did you put? 아니, 보지 못했는데요. 어디 놓았는데요?

A : I don't remember. I seemed to have misplaced them. 기억나지 않는데요. 어디에 뒀는지 모르겠어요.

B : Let me try to find them. 내가 찾아볼게요.

Exercises

1. Have you seen _____ _____? 제 안경 보셨나요?
2. Have you seen _____ _____ _____? 내 구두 한 짝 못 봤어요?
3. Have you ever seen _____ _____ _____ in person? 너는 유명한 스타를 직접 본 적 있니?

> **Tip**
> 'Have you seen ~ ?'은 '~을 본 적 있어요?'의 의미로 현재완료 중에서 경험을 나타내는 의문문이다. 현재완료는 문맥 또는 사용되는 부사에 따라 경험, 계속, 완료, 결과 등을 구분할 수밖에 없다. 'misplace'는 '(물건을) 잘못 두다', '둔 곳을 잊다'의 의미이다.

Answers 1. my glasses 2. my other shoe 3. any famous stars

146 Pattern

Have you heard about/of ~   ~에 대해 들었어요?

Useful expressions

1. **Have you heard about** a president? 사장에 대해 들은 것이 있어요?
2. **Have you heard about** his dismissal? 그의 해고에 대해서 들었어요?
3. **Have you heard of** the new anti-virus program? 새로운 바이러스 퇴치 프로그램에 대해 들어보셨습니까?
4. **Have you** ever **heard of** a company called ABC Systems? ABC 시스템즈라는 회사에 대해 들어 봤어요?
5. **Have you heard** any more **about** the Brazil project? 브라질 프로젝트에 관해 더 들은 소식 있어요?

Dialogue

A : **Have you heard about** her? 당신은 그녀에 대해 소식 들은 적 있어요?
B : No, I haven't heard. 아니, 듣지 못했는데요.
A : She's going to marry the divorced man. 그녀가 그 이혼남과 결혼할 예정이라는데요.
B : Really? Are you kidding? 정말? 농담 아니에요?

Exercises

1. Have you heard the news of _____ _____? 그의 사임 소식을 들었습니까?
2. Have you heard about the _____ _____ _____? 미술의 변천에 대해서 들어보신 적 있나요?
3. Have you heard anything _____ _____? 그 사람의 소식을 들었느냐?

Tip

'Have you heard about/of ~ ?'은 '~에 대해 들었어요?'의 의미로 ~에 대해 소식, 소문, 정보를 들었느냐를 물을 때 사용하는 표현이다. called는 '전화하다', '부르다'의 일반적인 뜻 이외에 '~라 불리는'의 뜻으로 a company called ABC라 하면 ABC라 불리는 회사를 의미한다.

Answers 1. his resignation 2. changes of art 3. of him

✱ 필수 영어 – 명언 ❶

Think like a man of actin and act like man of thought.	행동하는 사람처럼 생각하고, 생각하는 사람처럼 행동하라.
By doubting we come at the truth.	의심함으로써 우리는 진리에 도달한다.
When money speaks, the truth keeps silent.	돈이 말할 때는 진실은 입을 다문다.
Better the last smile than the first laughter.	처음의 큰 웃음보다 마지막의 미소가 더 좋다.
A poet is the painter of the soul.	시인은 영혼의 화가이다.
Faith without deeds is useless.	행함이 없는 믿음은 쓸모가 없다.
Weak things united become strong.	약한 것도 합치면 강해진다.
We give advice, but we cannot give conduct.	충고는 해 줄 수 있으나, 행동하게 할 수는 없다.
Forgiveness is better than revenge.	용서는 복수보다 낫다.
We never know the worth of water till the well is dry.	우물이 마르기까지는 물의 가치를 모른다.
Pain past is pleasure.	지나간 고통은 쾌락이다.
Books are ships which pass through the vast seas of time.	책이란 넓고 넓은 시간의 바다를 지나는 배다.
Faith is a higher faculty than reason.	믿음은 이성보다 더 고상한 능력이다.
Great art is an instant arrested in eternity.	위대한 예술은 영원 속에서 잡은 한 순간이다.
Suspicion follows close on mistrust.	의혹은 불신을 뒤따른다.
The will of a man is his happiness.	인간의 마음가짐이 곧 행복이다.
He that has no shame has no conscience.	수치심이 없는 사람은 양심이 없다.
A minute's success pays the failure of years.	단 1분의 성공은 몇 년 동안의 실패를 보상한다.
United we stand, divided we fall.	뭉치면 서고, 흩어지면 쓰러진다.
Time is but the stream I go a-fishing in.	시간은 내가 그 속에서 낚시질을 하는 흐름이다.
A full belly is the mother of all evil.	배부른 것이 모든 악의 어머니이다.
Love your neighbor as yourself.	네 이웃을 네 몸처럼 사랑하여라.
Absence makes the heart grow fonder.	떨어져 있으면 정이 더 깊어진다.
Habit is second nature.	습관은 제2의 천성이다.
Only the just man enjoys peace of mind.	정의로운 사람만이 마음의 평화를 누린다.
Waste not fresh tears over old griefs.	지나간 슬픔에 새 눈물을 낭비하지 말라.
Life itself is a quotation.	인생 그 자체가 하나의 인용이다.
Where there is no desire, there will be no industry.	욕망이 없는 곳에는 근면도 없다.
Education is the best provision for old age.	교육은 노년기를 위한 가장 훌륭한 대책이다.
To jaw-jaw is better than to war-war.	전쟁보다 협상이 낫다.
Appearances are deceptive.	외모는 속임수이다.

Part 3
3단계 패턴

Unit 29	I have ~	Unit 45	get ~
Unit 30	I must ~	Unit 46	need ~
Unit 31	I will ~	Unit 47	hope ~
Unit 32	I'd like ~	Unit 48	agree
Unit 33	I would ~	Unit 49	There is ~
Unit 34	had better ~	Unit 50	I wish I could ~
Unit 35	You should ~	Unit 51	I'm + 형용사(형용사구) ~
Unit 36	Let me ~	Unit 52	What is more, ~
Unit 37	Let's ~	Unit 53	cannot but(help) ~
Unit 38	I never ~	Unit 54	enough ~
Unit 39	I wonder ~	Unit 55	독립구문
Unit 40	It seems ~	Unit 56	have something to ~
Unit 41	오감동사	Unit 57	Time (Moment) ~
Unit 42	If ~	Unit 58	give ~
Unit 43	take ~	Unit 59	숙어 및 관용 표현
Unit 44	mean ~		

"Never put off till tomorrow what you can do today.
오늘에 할 일을 내일로 미루지 마라."

Pattern 147~157

I have ~

Have는 실생활에서 가장 많이 사용되는 동사로 조동사와 일반동사로 대분할 수 있다. 조동사로 사용되는 have는 본동사와 함께 현재완료 시제를 만들 때 사용된다는 것은 앞에 설명한 바와 같다. 일반동사로서 have는 일반적으로 '~을 가지고 있다', '먹다', 그리고 사역동사로서 사용되는 '~을 하게하다'의 의미를 갖는다. 또한, have는 to와 함께 사용되어 '~을 해야만 한다'의 의미로 have to 또는 have got to의 형태로 must와 동일한 의미를 갖는다.

Expressions

1. I have **no brothers**.　　　　　　　　나는 형제가 없다.
2. I have **to leave now**.　　　　　　　나는 지금 떠나야만 한다.
3. I have **got to go**.　　　　　　　　　나는 가봐야겠습니다.
4. I have **been there before**.　　　　　나는 전에 거기에 가 본 적이 있어요.
5. I haven't **seen my brother for two years**.　나는 2년 동안 동생을 보지 못했어요.

"I have ~"

Pattern 147

I have + 명사 ~

~을 가지고 있다, 먹다.

Useful expressions

1. **I have** no brothers. 나에게는 형제가 없다.
2. **I have** a watch. 나는 시계를 갖고 있습니다.
3. **I have** sufficient information. 나는 충분한 정보를 가지고 있다.
4. **I have** a portable computer. 나에게는 휴대용 컴퓨터가 한 대 있다.
5. **I have** something to eat. 나는 먹을 것이 있다.

Dialogue

A : How many brothers do you have? 당신은 형제가 몇 명 있습니까?

B : **I have** two brothers. 두 명의 남자 형제가 있습니다.

A : How about her? 그녀는 어때요?

B : She has three sisters. 그녀는 3명의 여자 형제가 있습니다.

Exercises

1. I have _____ _____. 나는 시력이 좋다.
2. I have _____ _____ _____. 대답할 말이 없다.
3. I have _____ _____. 나는 심한 두통이 있다.

Tip
Have동사는 다양한 의미를 갖고 있으나 크게 2가지로 나눌 수 있다. 첫째로 일반 동사로서 '가지고 있다'의 기본적인 의미를 갖고 있고, 둘째로 '먹다'의 의미로 사용되는 경우이다. sufficient는 '충분한'이라는 형용사도 있지만 '충분한 양'을 의미하는 명사도 있다.

Answers 1. good eyesight 2. nothing to reply 3. bad headache

148 Pattern

I have to ~

~을 해야만 합니다.

Useful expressions

1. **I have to** leave now. 이제 떠나야만 합니다.
2. **I have to** stop doing that. 나는 그것을 멈추어야만 한다.
3. **I have to** get a hair cut. 나는 이발을 해야 한다.
4. **I have to** make a quick call. 나는 급한 전화 한 통을 해야만 합니다.
5. **I have to** have a tooth extracted. 나는 이를 하나 뽑아야만 합니다.

Dialogue

A : Hello darling! What time are you coming back? 여보! 몇 시에 돌아올 거예요?

B : About 9 o'clock p.m. 오후 9시경에 돌아올 거예요.

A : Can you come a little earlier? **I have to** go out with you. 좀 더 일찍 올 수 있어요? 당신과 함께 나가야만 돼요.

B : Sure. I will. 알았어요. 좀 일찍 올게요.

Exercises

1. I have to _____ my homework by ten. 나는 10시까지 숙제를 마쳐야 한다.
2. I have to _____ _____ the dentist. 제가 치과에 가야 하거든요.
3. I have to _____ _____ the meeting. 회의를 취소해야만 해요.

Tip

'I have to ~'에서 have 는 '해야만 한다'의 조동사로 쓰인 경우이다. have to는 must와 동일한 의미를 갖는다. 보통 회화에서 must표현보다 have to를 사용하는 경향이 많으며 보다 부드러운 표현이라고 할 수 있다.

Answers 1. finish 2. go to 3. call off

Pattern 149

You have to ~ 당신은 ~을 해야만 합니다, 해야만 해요.

Useful expressions

1. **You have to** go. 당신은 가야만 합니다.
2. **You have to** finish it by tomorrow. 당신은 내일까지 끝내야만 합니다.
3. **You have to** pass this examination. 당신은 이번 시험을 합격해야만 해요.
4. **You have to** dial the number first. 번호를 먼저 누르셔야만 해요.
5. **You have to** carry your driver's license. 당신은 운전 면허증을 휴대해야 합니다.

Dialogue

A : Excuse me. Do you know where the Lotte department store is? 실례합니다. 롯데 백화점이 어디 있는지 아세요?
B : Yes. I know where it is. 예, 어디 있는지 압니다.
A : Where do I have to get off? 어디에서 내려야만 합니까?
B : **You have to** get off at the second stop. 당신은 두 번째 역에서 내려야 합니다.

Exercises

1. You have to _____ _____ early. 당신은 일찍 집에 와야 합니다.
2. You have to _____ _____ the paper first. 당신이 먼저 종이를 넣어야 합니다.
3. You have to _____ _____ at the third stop. 앞으로 세 번째 역에서 내리셔야 합니다.

Tip
You have to ~ 는 '당신이 ~해야만 한다'의 뜻으로 상대방이 해야 할 일을 강조할 때 사용되는 표현이다. 여기에서도 have는 조동사로 사용되어, 당연, 의무의 의미를 함축하고 있다. get off는 보통 '(버스, 기차에서) 내리다'는 의미이다.

Answers 1. get home 2. feed in 3. get off

150 Pattern

You don't have to ~
당신은 ~할 필요가 없어요.

Useful expressions

1. **You don't have to** learn it. 당신은 그것을 배울 필요가 없어요.
2. **You don't have to** worry too much. 당신은 너무 걱정 안 해도 돼.
3. **You don't have to** check everything. 당신이 모든 것을 확인하지 않아도 됩니다.
4. **You don't have to** spend a lot of money to treat a cold. 감기 치료를 위해 많은 돈을 쓸 필요가 없습니다.
5. **You don't have to** help her since she can do it alone. 그녀가 혼자서 할 수 있으므로 그녀를 도울 필요 없다.

Dialogue

A : How did a car accident happen? 차사고가 어떻게 일어난 거야?
B : A drunken man drived the car and hit my car suddenly. 술 취한 사람이 차를 몰고 내 차를 갑자기 받았어.
A : How much are you injured? 얼마나 다쳤어?
B : **You don't have to** worry about it. I'll be entirely treated at the hospital. 걱정하지 말아. 병원에서 모두 치료 받을 거야.

Exercises

1. You don't have to _____ her. 당신은 그녀를 피할 필요가 없어요.
2. You don't have to _____ _____ everything. 당신은 나에게 모든 것을 말하지 않아도 됩니다.
3. You don't have to _____ your capability. 당신은 당신의 재능을 숨길 필요가 없습니다.

Tip

You don't have to ~'는 '당신은 ~을 할 필요가 없습니다.'의 의미로 have to의 부정문이다. 'must not ~'은 '~해서는 안된다'의 강한 부정의 뜻이 담겨 있지만 'don't have to ~'는 '~할 필요는 없다', '~하지 않아도 된다' 정도의 의미를 내포하고 있다.

Answers 1. avoid 2. tell me 3. hide

Pattern 151

I've got to ~
~을 해야만 해요.

Useful expressions

1. **I've got to go.** 나는 가봐야겠습니다.
2. **I've got to go down to the passport agency.** 나는 여권국에 가야만 해.
3. **I've got to finish these sales forecasts by tomorrow.** 내일까지 이 판매 예상 보고서를 끝내야만 해요.
4. **I've got to carry the whole performance.** 내가 연기 전체를 맡아서 해야 합니다.
5. **I've got to buy a typewriter or something.** 나는 타자기나 뭔가를 사야 해요.

Dialogue

A : **Do you have a minute?** 잠시 시간 좀 낼까요?
B : **Sure..** 물론이죠.
A : **I've got to tell you something.** 당신에게 무엇인가 말해야겠어요.
B : **What's it?** 무엇이죠?

Exercises

1. I've got to _____ _____ my brother's wedding. 제 동생 결혼식에 가야만 해요.
2. I've got to _____ _____ _____. 말씀 드릴 게 있어요.
3. I've got to _____ _____ _____. 몸무게를 좀 줄여야 해요.

Tip

'I've got to'는 'I have to'나 'I must'와 같은 의미로 현재완료의 형태를 취하고 있으나 그런 의미로 해석해서는 안된다. Have a minute에서 minute는 '잠깐'의 의미로 시간적인 '분'의 의미 이외에 많이 사용된다. 'Do you have a minute?'는 '잠깐 시간 좀 있습니까'의 의미이다.

Answers 1. go to 2. tell you something 3. lose some weight

152 Pattern

I've been ~   ~을 해오고 있어요, ~을 해봤어요.

> **Useful expressions**
>
> 1. **I've been** there before.   나는 전에 거기에 가 본 적이 있어요.
> 2. **I've been** to Guam.   괌에 가본 일이 있어요.
> 3. **I've been** stung by a bee.   나는 벌에 쏘인 적이 있어요.
> 4. **I've been** learning English for these five years.   나는 지난 5년 동안 영어를 배워 오고 있다.
> 5. **I've been** waiting to hear from you.   나는 너에게서 소식을 들으려고 기다리고 있었다.

Dialogue

A : Have you ever been to Paris?   파리에 가 본 적 있어요?

B : Yes. **I've been** there three times.   네, 세번이나 간 적이 있는데요.

A : What was your impression about Eiffel Tower?   에펠탑에 대한 인상은 어땠어요?

B : It was impressive to me.   인상적이었습니다.

Exercises

1. I've been _____ _____.   나는 거기에 한 번 간 적이 있다.
2. I've been _____ _____.   나는 제주에 가 본 적이 있다.
3. I've been to _____ _____ to buy an English-Korean dictionary.   영한 사전을 사러 책방에 갔다가 방금 돌아왔다.

Tip
'have + 과거분사(p.p.)'는 현재완료 용법으로 과거로부터의 경험, 계속, 완료, 결과의 의미로 해석된다. 이것은 문장 내용에 따라 구분할 수 밖에 없으며 과거로부터 현재까지의 상황을 표현하는 데 사용된다.

Answers **1.** there once **2.** to Cheju **3.** a bookstore

I have ~ 199

Pattern 153

I've done ~

~을 했어요, ~을 끝냈어요.

Useful expressions

1. **I've done** nothing wrong.   나는 나쁜 일은 아무것도 안 했습니다.
2. **I've done** lots of reading on the subject.   나는 그 분야에 많은 독서를 했어요.
3. **I've done** an informal(inofficial) survey.   나는 비공식적인 조사를 했습니다.
4. **I've already done** it.   나는 그것을 이미 끝냈어요.
5. **I've done** my homework.   나는 숙제를 끝마쳤어요.

Dialogue

A : Did you finish your English homework?   영어숙제 끝냈니?
B : No, I am trying to do it now.   아니요, 이제 하려고 하고 있어요.
A : What about your mathematics homework?   수학숙제는?
B : **I've already done** that.   그것은 이미 끝냈어요.

Exercises

1. I've done everything _____ _____ _____.   나는 할 수 있는 모든 일을 다했습니다.
2. I've done _____ for you.   나는 당신을 위해 뭔가를 했습니다.
3. I've done _____ _____ _____.   나는 최선의 노력을 다했어요.

Tip
'I've done'은 '내가 ~을 하였다, 끝냈다'의 의미로 여기에서 done은 강한 완료의 의미를 가진다. 현재완료에서 완료의 의미를 강조하기 위하여 부사 already등과 함께 종종 사용된다.

Answers 1. I can do 2. something 3. my best effort

Pattern 154

I've heard ~

~을 들었어요.

Useful expressions

1. **I've heard** that before. 나는 그것을 전에 들었어요.
2. **I've heard** that sound so many times. 나는 그 소리를 여러번 들었어요.
3. **I've** just **heard** the news from Jane. 나는 제인으로부터 그 소식을 방금 들었다.
4. **I've heard** her excuses. 나는 그녀의 변명을 들었어요.
5. **I've heard** that he's very open and fair. 그는 아주 개방적이고 공정하게 대해 준다는 얘기를 들었어요.

Dialogue

A : How are you, Cliff? 클리프, 안녕하세요?

B : How are you, Young Su? 영수, 안녕하세요?

A : **I've heard** you are newly assigned in this position. 당신이 새로 이 직책을 맡았다는 것을 들었어요.

B : Yes. Nice to see you here. 예, 그렇습니다. 여기에서 보게 되어 반갑습니다.

Exercises

1. I've heard _____ _____ more than hundred times. 그 이야기 백 번도 넘게 들었어요.

2. I've heard that the queen _____ _____ here in the flesh. 나는 여왕이 몸소 이곳으로 오신다고 들었다.

3. I've heard she is _____ _____. 나는 그녀가 잘 한다는 얘기는 들었어요.

Tip

'I've heard'은 '내가 ~을 들었어요.'의 의미로 직접 목적어를 취하거나 that절을 수반한다. flesh는 '(인간, 동물의)살'을 의미하는 명사로 in the flesh하면 부사구로 '살아서' 또는 '본인이 직접', '몸소'의 숙어로 사용된다.

Answers 1. that story 2. is coming 3. very good

Pattern **155**

최상급 + **I've ever** + 과거분사(p.p.) ~ 내가 지금까지 ~한 것 중 가장 ~해요.

Useful expressions

1. She's the *most* beautiful lady *I've ever* met. 그녀는 내가 지금까지 만난 여자 중 가장 아름다워요.
2. This is the *most* interesting novel *I've ever* read. 이것은 내가 지금까지 읽은 소설 중 가장 재미있는 소설책이에요.
3. He is the *nicest* man *I've ever* seen. 그는 내가 지금까지 본 사람 중 가장 멋있는 사람이에요.
4. Dean was the *funniest* guy *I've ever* met. 딘은 내가 만난 친구 중에서 가장 재미있는 친구이에요.
5. It is the *worst* mistake that *I've ever* made. 그것은 내가 실수한 것 중에서 가장 나쁜 실수입니다.

Dialogue

A : Have you ever seen the female movie star? 당신은 그 영화 여자 배우를 본 적이 있나요?
B : I've seen her once. 한번 그녀를 본 적이 있는데요.
A : What do you think of her? 그녀에 대해 어떻게 생각해요?
B : Oh, Jesus! She is the *most* attractive lady *I've ever* seen. 오! 그녀는 지금까지 내가 본 가장 매력적인 여자에요.

Exercises

1. This is _____ _____ _____ movie that I've ever seen. 이것은 내가 지금까지 본 영화 중 가장 지루한 영화에요.
2. He is _____ _____ _____ I've ever met. 그는 내가 지금까지 만난 사람 중 가장 현명한 사람입니다.
3. It is _____ _____ _____ that I've ever seen. 그것은 내가 본 가장 못난 동물이다.

Tip

'최상급 + I've ever + 과거분사(p.p.) ~'은 '내가 지금까지 ~한 것중 가장 ~해요'의 의미를 갖는다. 최상급 + 명사 다음에 'I've ever + 과거분사(p.p.)'와 연결시켜 주는 관계대명사나 관계부사는 생략되기도 한다.

Answers 1. the most boring 2. the wisest man 3. the ugliest animal

156 Pattern

I've never + 과거분사(p.p.) ~   나는 ~해 본 적이 없어요.

Useful expressions

1. **I've never** gone skydiving. 나는 스카이다이빙을 하러 간 적이 없어요.
2. **I've never** seen this product before. 나는 이 제품을 전에 본 적이 없어요.
3. **I've never** been able to find it. 나는 그것을 찾을 수가 없어요.
4. **I've never** seen you wearing a hat before. 모자 쓴 당신 모습을 예전에 한 번도 본 적이 없어요.
5. **I've never** seen such a beautiful film. 나는 그렇게 아름다운 영화는 본 적이 없어.

Dialogue

A : How do you like Korean traditional clothes? 한국인의 한복이 어떻습니까?
B : A little strange. **I've never** tried on it. 조금 색다르네요. 전혀 입어본 적이 없는데요.
A : Why don't you try on it this time? 이번에 입어 보지 그러세요?
B : Sure. This is comfortable to put on. 그러죠. 입기에 편안한데요.

Exercises

1. I've never _____ it all _____. 하지만 그 모든 것을 조립해 만들어 본 적은 없었거든요.
2. I've never _____ _____ a farm before. 나는 전에 농장에 가 본 적이 없어.
3. I've never _____ it. 나는 그것을 그려 본 적이 없다.

Tip

'I've never + 과거분사(p.p.) ~'는 '나는 ~해 본 적이 없어요.'의 의미로 never, ever, often등의 횟수를 나타내는 빈도부사와 함께 쓰여 현재완료의 경험을 나타낸다. put together는 '(부품 등을) 조립하다'의 의미로 사용된다.

Answers 1. put together 2. been in 3. painted

Pattern 157

I haven't ~

나는 ~하지 못했어요, 나는 ~하지 않았어요.

Useful expressions

1. **I haven't** seen my brother for two years. 나는 2년 동안 내 동생을 보지 못했어요.
2. **I haven't** even started it yet. 나는 그것을 시작조차 하지 못했어요.
3. **I haven't** had time to go over it yet. 나는 아직 그것을 검토할 시간을 갖지 못했어요.
4. **I haven't** seen you working hard before. 네가 열심히 일하는 모습을 한 번도 본 적이 없어요.
5. **I haven't** had such a fantastic feeling. 나는 그렇게 환상적인 감정을 가져 본 적이 없어.

Dialogue

A : When are you going to finish the work? 그 일을 언제 끝내려고 하지?
B : By the coming Friday. 돌아오는 금요일까지.
A : It is too late. It should be done by Wednesday. 그것은 너무 늦어. 수요일까지 끝내야 돼.
B : **I haven't** started it yet. 나는 아직 시작도 안했는데.

Exercises

1. I haven't heard _____ _____ it yet. 나는 그것에 대해서 어떠한 것도 듣지 못했어요.
2. I haven't _____ to her. 나는 그녀에게 이야기하지 못했어요.
3. I haven't _____ my proposal yet. 나는 제안서를 아직 끝내지 못했어요.

Tip
'I haven't ~'는 '나는 ~하지 못했어요'의 의미로 현재완료의 부정문이다. yet과 함께 쓰여 종종 부정을 강조하는 경우가 있다. go over는 '(서류 등을) 검토하다'의 의미로 review와 같은 뜻을 갖는다.

Answers 1. anything about 2. talked 3. finished

Pattern 158~160

I must ~

Must는 '~을 해야만 한다', '~임에 틀림없다'의 의미로 의무, 추측을 나타낼 때 사용하는 조동사이다. Have to와 동일한 의미로 현재형으로 사용할 때에는 그대로지만 미래형과 과거형은 must가 아닌 will have to와 had to의 형태로 사용한다. 'Must + be동사'는 '~임에 틀림없다', 'Must + have + P.P.'는 '~이었음에 틀림없다'의 추측의 의미를 나타낸다.

Expressions

1. I must go home now. — 나는 지금 집에 가야만 해요.
2. I must meet them tomorrow. — 나는 그들을 내일 만나야만 해요.
3. I must finish it tonight. — 나는 오늘밤 그것을 끝내야만 해요.
4. You must be kidding. — 당신은 농담이시겠지요.
5. She must have been a teacher. — 그녀는 교사이었음에 틀림없다.

Pattern 158

I must + 동사 ~

나는 ~을 해야만 해요.

Useful expressions

1. **I must** go home now. 나는 지금 집에 가야만 해요.
2. **I must** ring off now. 제가 이만 전화를 끊어야겠습니다.
3. **I must** go to the bank to get some money. 나는 돈을 좀 찾으러 은행에 가야 한다.
4. **I must** apologize for not being able to meet you. 내가 당신을 만날 수 없었던 일에 대하여 사과해야 하겠습니다.
5. **I must** meet them tomorrow. 나는 내일 그들을 만나야만 해요.

Dialogue

A : Are you going to work more in the office tonight? 오늘 밤 사무실에서 더 일할 겁니까?

B : Yes, I have lots of works to do. 예, 할 일이 많습니다.

A : What about doing those tomorrow? 내일하면 어때요?

B : **I must** finish them tonight. 오늘 밤에 끝내야만 합니다.

Exercises

1. I must _____ my word. 나는 약속을 지켜야만 한다.
2. I must _____ on weekend. 나는 주말에 일하지 않으면 안 된다.
3. I must _____ _____ a doctor. 나는 의사에게 가봐야 한다.

Tip

'I must ~'는 '나는 ~을 해야만 해요'의 의미로 have to와 같은 의미이지만 더 강한 의지를 나타내는 표현이다. 또한, 'must + 동사의 원형'은 '~임에 틀림없다'의 추측이나 강한 확신을 나타내기도 한다.

Answers 1. keep 2. work 3. go to

159 Pattern

You must be ~   당신은 ~해야 해요, 당신은 ~하겠군요.

Useful expressions

1. **You must be** kidding. 농담이시겠지요.
2. **You must be** careful crossing the road. 도로를 건널 때는 조심해야 한다.
3. **You must be** very excited to see her after a long time. 오랫만에 그녀를 만나게 되다니 무척 기쁘겠군요.
4. **You must be** thinking of something else. 너는 지금 딴 생각을 하고 있는 게 틀림없어.
5. **You must be** able to deal with all possible contingencies. 당신은 벌어질 수 있는 모든 우발적 상황에 대처할 수 있어야만 합니다.

Dialogue

A : Why are you in the sweat of your brow? 이마에 왜 땀이 많이 나 있어요?
B : I just stopped running in the street. I'm sweating away now. 방금 길가에서 달리다가 멈췄거든요. 요즘 땀을 내어 체중을 줄이고 있어요.
A : **You must be** thirsty. Can I get you some drink? 목이 마르겠네요. 마실 것 좀 줄까요?
B : Yes, please. 예, 주세요.

Exercises

1. You must _____ _____ for dinner. 만찬에는 정장을 해야 해요.
2. You must _____ _____ _____ your mind. 너 제정신이 아니겠구나.
3. You must be very _____ _____ your daughter. 당신은 딸이 아주 자랑스럽겠어요.

Tip

'You must be~' 는 '당신은 ~ 해야 해요, 당신은 ~하겠군요' 의 의미로 당연, 추측을 함축하는 표현을 하는데 사용되는 표현이다. 또한, '~임에 틀림없다' 의 단정적인 표현을 할 때에도 사용된다. 'sweat away' 는 '땀을 빼서 체중을 줄이다' 의 의미이다.

Answers 1. be dressed 2. be out of 3. proud of

Pattern 160

must have + 과거분사(p.p.) ~ ~했었음에 틀림없다.

Useful expressions

1. He **must have been** drunk to say that. 그런 소리를 하다니 그가 취했던 것이 틀림없어요.
2. She **must have been** a teacher. 그녀가 교사였던 것이 틀림없어요.
3. That **must have been** fun. 재미있었겠네요.
4. She **must have been** very pretty as a girl. 그녀는 처녀 때는 정말 예뻤던 것이 틀림없어요.
5. He **must have been** a criminal. 그가 범죄자였음이 틀림없어요.

Dialogue

A : It seems that you always come back home late every night. 당신은 매일 늦게 집에 돌아오는 것 같아요.
B : In fact, I have a lot of things to do. 사실은 해야 할 일이 많이 있어요.
A : You **must have been** exhausted these days. 당신이 요즘 지쳐 있었던 것이 틀림 없군요.
B : That's true. I'm going to take some rest after finishing the work. 사실이에요. 일 끝난 후에 휴식 좀 취하려고요.

Exercises

1. It must have been _____ _____. 그것은 가슴 설레는 광경이었음에 틀림없어요.
2. She must have been _____ these days. 그녀가 요즘 지쳐있었음에 틀림없어요.
3. She must have been _____ _____ her parents. 그녀는 부모가 버릇없게 키웠던 것이 틀림없다.

Tip

'must have + 과거분사(p.p.)'은 '~했었음에 틀림없다'의 의미로 과거 사실에 대한 단정, 강한 추측 등을 나타낸다. exhausted는 '다 써버린', '녹초가 된'의 의미로 very tired의미와 같은 의미를 갖는다.

Answers 1. very exciting 2. exhausted 3. spoiled by

Pattern 161~166

I(You) will ~

Will은 주어의 의지를 강하게 나타내는 의지미래와 단순히 미래를 나타낼 때 사용하는 단순미래의 두 가지 경우에 조동사로 사용된다. 의지미래의 경우 대부분 'I will + 본동사'의 형태로 '~을 하겠다', '~을 할 것이다'의 의미를 내포하고 단순미래의 경우 '2, 3인칭 주어 + will + 본동사의 형태'로 '~을 하게 될 것이다'의 의미를 갖는다. I'll은 I will의 축약형이고 I won't는 I will not의 축약형 표현이다.

Expressions

1. I'll get back to you.   제가 다시 연락 드리겠습니다.
2. I'll have this.   나는 이것으로 하겠습니다.
3. I'll check it for you.   제가 그것을 확인해 드리겠습니다.
4. I'll take care of it right away.   제가 그것을 바로 처리하겠습니다.
5. You'll have to prepare for the future.   당신은 미래를 위해 대비해야만 할 거예요.

"I will ~"

209

Pattern 161

I'll get ~

내가 ~할게요.

Useful expressions

1. **I'll get** back to you. 다시 연락드리겠습니다.
2. **I'll get** there somehow or other. 어떻게든 거기 가겠습니다.
3. **I'll get** married soon. 나는 곧 결혼할 거에요.
4. **I'll get** better acquainted with him. 나는 그와 더 친해질 거에요.
5. **I'll get** through my life without your help. 나는 당신의 도움 없이 살아갈 거에요.

Dialogue

A : Hello, Jim! Do you have a girlfriend? 짐! 여자 친구 있어요?

B : Yes. I have. 예, 있습니다.

A : When will you get married? 언제 결혼 할 거에요?

B : **I'll get** married around end of September. 9월 말경에 결혼하려고 해요.

Exercises

1. I'll get _____. 내가 곧 갈게요.
2. I'll get you _____ _____. 내가 책을 좀 줄게요.
3. I'll get you _____ on that. 내가 그것에 대한 의견을 줄게요.

Tip
'I'll get ~'은 '내가 ~할게요'의 의미이나 get의 다양한 뜻에 따라 의미에서 다소 차이가 있을 수 있다. get의 기본적인 의미인 '얻다', '획득하다'에서 '주다', '받다', '하게 하다' 까지 문맥에 따라 다양한 의미를 내포할 수 있다.

Answers 1. there 2. some books 3. feedback

162 Pattern

I'll have ~

나는 ~을 먹을게요.

Useful expressions

1. **I'll have** this. 나는 이것으로 할게요.
2. **I'll have** a curry and rice. 나는 카레 라이스를 먹겠습니다.
3. **I'll have** a tomato soup. 나는 토마토 수프를 먹을게요.
4. **I'll have** some ice cream and snacks. 나는 아이스크림과 스낵을 좀 주세요.
5. **I'll have** a beef steak. 나는 소고기 스테이크를 주세요.

Dialogue

A : What would you like to order? 무엇을 주문하시겠어요?

B : **I'll have** a vegetable salad and toast. 나는 야채 샐러드와 토스트로 할게요.

A : How about you? 당신은요?

B : **I'll have** a fruit salad and tuna sandwich. 나는 과일 샐러드와 참치 샌드위치로 주세요.

Exercises

1. I'll have _____ _____ _____ . 나는 토스트와 커피로 할게요.
2. I'll have _____ _____ _____ . 나는 와인과 맥주로 할게요.
3. I'll have _____ _____ _____ . 나는 켄터키 후라이 치킨으로 할게요.

Tip

'I'll have ~'은 '나는 ~로 할게요'의 의미로 have가 eat의 의미로 쓰이는 표현이다. have는 식당에서 eat나 drink의 의미로 더 많이 사용된다.

Answers **1.** toast and coffee **2.** wine and beer **3.** kentucky fried chicken

I(You) will ~

Pattern 163

You'll have to ~   당신은 ~을 해야만 할 거예요.

Useful expressions

1. **You'll have to** prepare for the future. 당신은 미래를 위해 대비해야만 할 거예요.
2. **You'll have to** do it sooner or later. 당신은 조만간 그것을 해야 할 것이다.
3. **You'll have to** go outside the building to smoke. 담배를 피우려면 건물 밖으로 나가야 합니다.
4. **You'll have to** come to Korea next year and renew our contract. 틀림없이 내년에 다시 한국에 오셔서 계약을 갱신하여야 할 것입니다.
5. **You'll have to** provide this information before you can finish saving. 저장을 끝마치기 전에 이 정보를 제공해야 합니다.

Dialogue

A : What's the problem with your health? 당신의 건강에 무슨 문제가 있습니까?
B : I have a breathing problem in lung. 나는 폐에서 호흡문제가 있어요.
A : Do you smoke? **You'll have to** stop smoking immediately. 담배 피우세요? 당신은 담배를 즉시 끊어야 될 겁니다.
B : I'll stop it right away. 바로 끊겠습니다.

Exercises

1. You'll have to _____ _____ _____. 당신은 버스를 바꿔타야만 할 거예요.
2. You'll have to _____ _____ _____. 당신은 의사와 상담해야만 해요.
3. You'll have to _____ _____ _____. 당신은 그녀를 찾아야만 할 거예요.

Tip
'You'll have to~' 을 직역하면 '당신은 ~ 해야 할 거예요' 의 의미로 주어의 의지와는 상관없는 단순미래 문형이다. have to를 사용하여 필요, 당연을 함축하면서 상대적으로 부드러운 느낌을 준다.

Answers 1. change the bus 2. see a doctor 3. look for her

I'll check ~

내가 ~을 알아볼게요.

Useful expressions

1. **I'll check** it for you. 내가 그것을 확인해 드릴게요.
2. **I'll check** it out and let you know. 내가 그것을 확인해서 알려 줄게요.
3. **I'll check** with the others and get back to you. 다른 사람들한테 물어보고, 나중에 알려 드릴게요.
4. **I'll check** what rooms we have available. 지금 남아 있는 방을 확인해 보겠습니다.
5. **I'll check** with him to see if he's finished preparing the samples. 그가 샘플 준비를 끝냈는지도 확인해 볼게요.

Dialogue

A : I wonder if we can have a meeting on Thursday. 우리가 목요일에 미팅을 할 수 있는지요.
B : **I'll check** my schedule. I don't have any appointment on Friday. 내 스케줄을 확인해 볼게요. 금요일에 약속이 없는데.
A : Then, what about meeting on Friday? 그러면, 금요일에 만나는 것이 어떨까요?
B : Okay. See you then. 좋아요. 그때 뵙겠습니다.

Exercises

1. I'll check _____ _____ and call you back. 제가 방이 있는지 알아보고 전화 드리겠습니다.
2. I'll check _____ in the morning and again in the evening. 아침 저녁으로 그것을 확인할 거예요.
3. I'll check _____ the manager and call you back. 책임자에게 확인하여 바로 전화 드리겠습니다.

Tip

'I'll check ~'은 '내가 ~을 확인해 보겠다'의 의미로 그 적용범위가 광범위하다. check는 점검, 확인하는 기본적인 의미 이외에 출석상태, 몸상태, 시간표 확인 등 모두 점검, 확인과 관련된 내용은 check로 쓸 수 있다. available은 '이용할 수 있는', '입수할 수 있는'의 형용사로 전치사 또는 to 부정사를 수반하여 실제로 많이 활용된다.

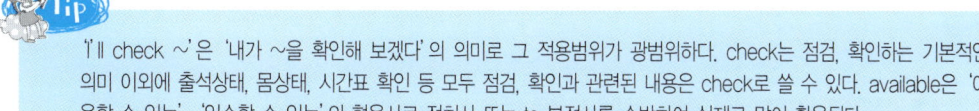
Answers 1. room availability 2. it 3. with

Pattern 165

I'll take care of ~   내가 ~을 돌볼게요, 처리할게요.

Useful expressions

1. **I'll take care of** it right away.   내가 지금 바로 처리할게요.
2. **I'll take care of** your daughter.   내가 당신의 딸을 돌봐줄게요.
3. **I'll take care of** all that this afternoon.   내가 오후에 모두 처리할게요.
4. **I'll take care of** our vacation plans.   우리 휴가 계획은 내가 알아서 할게요.
5. **I'll take care of** my bill now.   내가 지금 계산할게요.

Dialogue

A : How much is it in total?   전부 얼마입니까?
B : It is $150. Who's going to pay?   150달러입니다. 누가 지불하지요?
A : **I'll take care of** it.   내가 하겠습니다.
B : Thank you for your treament. It will be my turn next time.   잘 먹었습니다. 다음에는 제가 내겠습니다.

Exercises

1. I'll take care of _____ _____.   제가 그 쓰레기를 처리할게요.
2. I'll take care of _____ _____.   제가 지불을 처리하겠습니다.
3. I'll take care of _____ for you.   제가 그것을 처리해드겠습니다.

Tip
'I'll take care of ~'은 '내가 ~을 처리하겠다' 또는 '돌보겠다' 의미로 사용된다. care는 크게 3가지의 뜻으로 사용된다. 첫째로 조심, 주의, 둘째로 보살핌, 셋째로 치료, 건강관리로 명사 및 동사로 사용된다.

Answers 1. the trash **2.** the payment **3.** that

Will you ~

166 Pattern

~해 줄래요? ~할래요?

Useful expressions

1. **Will you** write me soon? 곧 나에게 편지를 주시겠습니까?
2. **Will you** walk or drive? 걸어가겠어요, 차를 타고 가겠어요?
3. **Will you** take a check? 수표도 받으시나요?
4. **Will you** have a cigar? 시가 한 대 피우시겠습니까?
5. **Will you** give me either picture? 어느 쪽 그림이건 하나는 주시겠습니까?

Dialogue

A : How may I help you? 어떻게 도와 드릴까요?

B : I'm looking for some cosmetics for my wife. 아내에게 줄 화장품을 좀 사려고요.

A : Come this way. Look around them. 이리로 오세요. 구경하세요.

B : **Will you** take a traveller's check? 여행자 수표를 받나요?

Exercises

1. Will you _____ _____ me? 나와 함께 가지 않을래요?
2. Will you _____ _____ with me? 저와 함께 저녁 식사를 하시지 않겠습니까?
3. Will you _____ me a favor? 부탁 하나 들어 주시겠어요?

Tip

'Will you ~?'는 '~을 해줄래요?', '~을 할래요?'의 의미로 상대방에게 부탁하거나 재촉할 때 사용하는 표현이다. Would you 또는 Could you로 같은 의미를 좀 더 정중하게 표현할 수 있다. either는 '(둘 중) 어느 한쪽의'의 뜻으로 단수명사 앞에서는 '어느 한쪽의', '(긍정문에서)어느 것이든', '어느 쪽이라도'의 의미로 사용한다.

Answers 1. go with 2. have dinner 3. do

Pattern 167~171

I'd like ~

I'd like~는 I would like의 축약형으로 '~을 하고 싶다'를 표현할 때 가장 많이 사용된다.
'~을 하고 싶다'의 표현은 보통 I'd like 이외에 I want나 I like 등으로 사용될 수 있다. I'd like는 희망, 소망 등을 나타낼 때 사용되는 표현으로 I want보다 부드러운 표현이고 I like는 주로 기호를 나타낼 때 사용된다. I'd like는 주로 'I'd like + 명사' 또는 'I'd like + to + 동사원형'의 형태로 사용되며 Would you like~?의 의문문에 대한 대답으로 사용될 수 있는 표현이다.

Expressions

1. **I'd like** the chicken salad.   나는 치킨 샐러드로 주세요.
2. **I'd like** two twin rooms, please.   2개의 침대가 있는 방으로 둘 주십시오.
3. **I'd like** to have a beef sandwich.   나는 쇠고기 샌드위치를 먹고 싶어요.
4. **I'd like** to give you a book.   나는 당신에게 책을 주고 싶어요.
5. **I'd like** to let you know my intention.   나는 나의 의도를 당신에게 알려주고 싶어요.

"I'd like ~"

I'd like ~

~를 주세요, ~를 원해요.

Useful expressions

1. **I'd like** the chicken salad. 치킨 샐러드를 주세요.
2. **I'd like** two twin rooms, please. 2개의 침대가 있는 방으로 둘 주십시오.
3. **I'd like** this package to be mailed to New York. 이 소포를 뉴욕으로 보내고 싶습니다.
4. **I'd like** some information about trains to Chicago. 시카고로 가는 기차에 대한 정보를 얻고 싶습니다.
5. **I'd like** you to answer two more questions for our audience. 당신이 우리 관중을 위해 두 가지 질문에 더 답해 주기를 원합니다.

Dialogue

A : Hello! Hilton hotel. May I help you? 힐튼 호텔입니다. 도와 드릴까요?
B : Do you have a double room available? 더블 룸이 가능한가요?
A : Yes. we have. Smoking or non-smoking? 예, 있습니다. 흡연실을 원해요, 금연실을 원해요?
B : **I'd like** a non-smoking room, please. 금연실을 주세요.

Exercises

1. I'd like _____ _____ about the hotel. 그 호텔에 관한 정보를 좀 얻고 싶은데요.
2. I'd like ____ _____ _____ at 6 a.m. tomorrow. 내일 아침 6시에 모닝콜을 부탁합니다.
3. I'd like ____ _____ _____ _____ please. 버섯 피자 작은 걸로 갖다 주세요.

Tip

'I'd like ~?'은 '~을 주세요, 원해요' 정도의 표현이다. 다음에 명사나 대명사를 써서 '~을 주세요', '~해 주기를 원해요'의 의미로 사용한다. 호텔의 room은 single room, twin room과 double room, suite room으로 구분한다. single room은 독방, twin room은 같은 침대가 두 개 있는 방, double room은 두 명이 잘 수 있는 큰 침대가 있는 방, suite room은 여러 개 방이 붙은 방으로 특별실을 말한다.

Answers 1. some information 2. a wake-up call 3. a small mushroom pizza

Pattern 168

I'd like to ~
~하고 싶은데요.

Useful expressions

1. **I'd like to** have a beef sandwich. 쇠고기 샌드위치를 먹고 싶어요.
2. **I'd like to** open a checking account. 당좌예금 계좌를 개설하려고요.
3. **I'd like to** make a reservation for two. 2명을 예약하고 싶습니다.
4. **I'd like to** cash this traveler's check, please. 여행자수표를 현금으로 바꾸고 싶은데요.
5. **I'd like to** relax on a beach. 나는 해변에서 편히 쉬고 싶습니다.

Dialogue

A : May I help you? 도와 드릴까요?

B : **I'd like to** cash some checks. 수표 좀 현금화 하고 싶은데요.

A : Please give me your passport. How many checks do you want to cash? 여권 보여 주세요. 수표 몇 장을 현금화 하고 싶어요?

B : 3 checks. 수표 3장입니다.

Exercises

1. I'd like to _____ a nurse. 나는 간호사가 되고 싶어요.
2. I'd like to _____ this tape. 나는 이 테이프를 교환 하고 싶어요.
3. I'd like to _____ _____ _____ to Los Angels for tonight. 오늘 밤 로스 앤젤레스행 비행기 예약하고 싶은데요.

Tip

'I'd like to ~'은 '나는 ~하고 싶은 데요'의 의미로 일반적으로 많이 사용되는 표현이다. 다음에 동사의 원형을 사용하여 희망, 소망등을 나타낼 때 사용한다. traveller's check는 해외 여행자에게 국내의 일반 수표처럼 해외에서 사용할 수 있는 편리한 수표이다. cash는 동사로 사용하여 '현금화하다'의 의미이다.

Answers 1. be 2. exchange 3. make a reservation

169 Pattern

I'd like to give you ~ 당신에게 ~를 주고 싶어요.

Useful expressions

1. **I'd like to give you** a book. 나는 당신에게 책을 주고 싶어요.
2. **I'd like to give you** advice. 나는 당신에게 조언을 해 주고 싶어요.
3. **I'd like to give you** a small camera. 나는 당신에게 조그만 카메라를 주고 싶어요.
4. **I'd like to give you** this chocolate. 나는 당신에게 이 초콜릿을 주고 싶어요.
5. **I'd like to give you** my heartfelt thanks. 나는 당신에게 마음으로부터의 감사를 드리고 싶어요.

Dialogue

A : Do you know what day today is? 오늘이 무슨 날인지 알아요?
B : Let me think. Valentine day! 가만있자. 발렌타인 날인데요!
A : You got it. I'd like to give you this gift. 알고 있네요. 당신에게 이 선물을 주고 싶어요.
B : This is beautiful. I like this best. 아름다워요. 내가 이것을 가장 좋아하는데.

Exercises

1. I'd like to give you _____ _____ _____. 나는 당신에게 송별회를 해주고 싶습니다.
2. I'd like to give you _____ _____. 나는 당신에게 나의 자서전을 주고 싶습니다.
3. I'd like to give you _____ _____ _____. 삼가 깊은 위로를 드립니다.

Tip

'I'd like to give you ~'은 문장 그대로 '나는 당신에게 ~을 주고 싶습니다'의 의미로 상대방에게 주고 싶은 것을 표현할 때 사용하는 표현이다. You got it은 (상대방의 말을 받아) '그렇고 말고', '바로 그거야'의 의미이다. autobiography는 '자서전', biography는 '전기'를 의미한다.

Answers 1. a farewell banquet 2. my autobiography 3. my deepest condolences

Pattern 170

I'd like to let you know ~ 나는 ~를 알려 주고 싶어요.

Useful expressions

1. **I'd like to let you know** my intention. 나는 나의 의도를 알려 주고 싶어요.
2. **I'd like to let you know** what was decided. 결정된 것을 내가 당신에게 알려 주고 싶습니다.
3. **I'd like to let you know** the earliest shipment schedule. 나는 당신에게 가장 빠른 선적일정을 알려 주고 싶어요.
4. **I'd like to let you know** all about it later on. 모든 것은 나중에 말해 주고 싶습니다.
5. **I'd like to let you know** my flight number and arrival time next week. 다음 주 내 비행기 번호와 도착시간을 알려줄게요.

Dialogue

A : You didn't fly to New York? What happened? 뉴욕에 가지 않았네요? 어찌된 일이죠?
B : My assistant on my behalf left for there.. 직원이 나를 대신하여 갔어요.
A : How was the meeting? 미팅은 어떠했어요?
B : I'd like to let you know the outcome of that meeting later on. 그 미팅결과를 나중에 알려 드릴게요.

Exercises

1. I'd like to let you know _____ _____ _____. 나는 나의 새로운 일정을 당신에게 알려 주고 싶습니다.
2. I'd like to let you know _____ _____ _____. 나는 당신에게 가격인상을 알려 주고 싶습니다.
3. I'd like to let you know _____ _____ once it is decided. 결정되면 내가 당신에게 나의 마음을 알려주고 싶어요.

Tip

'I'd like to let you know ~'를 직역하면 '내가 ~을 당신이 알게 하도록 하고 싶어요.'의 의미이다. 즉, '내가 ~을 알려 주고 싶다'의 뜻으로 해석하는 것이 자연스럽다. behalf는 '이익', '지지', '편'의 뜻으로 on my behalf는 '나를 대신하여', '나를 대표하여'의 의미이다.

Answers 1. my new schedule 2. the price increase 3. my mind

171 Pattern

I'd like to ~, but ~   나도 ~하고 싶지만

Useful expressions

1. **I'd like to** go to Chicago, **but** I just have 3 days. 나도 시카고에 가고 싶지만 3일밖에 없어서요.
2. **I'd like to** study at an art college, **but** it is not easy to get into. 예술 대학에서 공부하고 싶지만, 들어가기 어려워요.
3. **I'd like to** withdraw money from the ATM, **but** I don't know how. 현금 출납기에서 돈을 찾고 싶은데 어떻게 사용하는지 모르겠습니다.
4. **I'd like to** work with Steven Speilberg, **but** I don't know if I can. 스티븐 스필버스 감독과 함께 일하고 싶지만, 할 수 있을지 모르겠습니다.
5. **I'd like to** buy your new model, **but** I'd fix this old model. 당신의 신 모델을 구입하고 싶지만, 이 구 모델을 고치고 싶습니다.

Dialogue

A : What are you going to do for these holidays? 휴가 중에 뭐 할거야?
B : I don't have any special plan. 특별한 계획은 없는데.
A : What about going to Singapore for a change? 기분전환으로 싱가포르에 가는 것이 어때?
B : **I'd like to go** there, **but** I just have two days. 가고 싶지만, 이틀밖에 남아 있지 않아서.

Exercises

1. I'd like to _____ _____ _____, but I am tied up. 그 자전거를 고쳐 주고 싶지만 너무 바빠서요.
2. I'd like to _____ _____ _____, but I have another appointment. 나도 같이 가고 싶지만, 다른 약속이 있습니다.
3. I'd like to _____ you, but I have to go back home. 나도 당신과 함께 하고 싶지만 집에 돌아가 봐야 해요.

Tip
'I'd like to ~, but ~' 은 '나도 ~하고 싶지만' 의 의미로 상대방의 요청, 제안에 부정적인 답변을 주어야 할 때, 정중하게 거절, 사양하는 표현방법이다. withdraw는 '철수하다', '탈퇴하다' 의 뜻도 있지만 '(돈을) 인출하다' 의 의미도 있다.

Answers 1. fix the bike 2. go with you 3. join

Pattern 172~177

I'd ~

I'd~는 I would 의 축약형으로 '나는 ~을 할 것이다', '~하고 싶다'를 말할 때 사용하는 표현이다. Will이 '~을 하겠다'는 주어의 의지를 강하게 표현하는 것인데 비하여 Would는 '~을 할 것이다', '~하고 싶다' 정도의 약한 의지의 표현으로 보다 부드럽고 정중한 의미를 갖는다. 또한, 가정법에 사용되어 '나라면 ~ 하겠다'의 뜻으로 가정의 뜻을 내포하여 주어의 의지를 표현할 때 사용하기도 한다.

Expressions

1. **I'd say that she would do that.** — 나는 그녀가 그것을 했을 거라고 말하고 싶어요.
2. **I'd appreciate it if you help me.** — 당신이 도와준다면 감사하겠습니다.
3. **I'd rather watch it.** — 나는 오히려 그것을 보는 게 낫겠어요.
4. **I'd not say it.** — 나는 그것에 대해 말하고 싶지 않습니다.
5. **I'd take the bus.** — 저라면 버스를 타겠어요.

"I'd ~"

172 Pattern

I would ~

나라면 ~하겠는데요.

Useful expressions

1. **I would** take the bus. 저라면 버스를 타겠어요.
2. **I would** take for a little larger one. 저라면 조금 더 큰 것으로 택하겠습니다.
3. **I wouldn't** believe it so easily. 나라면 그것을 그렇게 쉽게 믿지는 않겠어요.
4. **I would** go for it. 나라면 한 번 도전해 보겠어.
5. **I would** rather do a daily dozen than go on a diet. 나라면 다이어트하기보다는 날마다 체조를 하는 쪽을 택할 것이다.

Dialogue

A : What would you like to do if you have one million dollars? 당신이 백만 달러를 가지고 있다면 무엇을 하고 싶습니까?

B : I would travel around the world. How about you? 나라면 세계일주 여행을 하고 싶습니다. 당신은 어떻게 할래요?

A : **I would** buy an mansion. 나라면 대저택을 사고 싶습니다.

B : Good idea. 좋은 생각이네요.

Exercises

1. I would rather _____ tea than coffee. 나라면 커피보다는 오히려 차를 마시겠다.
2. I would _____ a machine on it. 나라면 기계를 사용해 그 일을 하겠어요.
3. I would always _____ love over money. 나라면 언제나 돈보다는 사랑을 택할 거야.

Tip

'I would ~'는 '나라면 ~하겠는데요'의 의미로 현재 또는 미래의 상황에 대한 의지의 가정을 나타내는 가정법이다. daily dozen은 일과로 하는 체조를 의미한다.

Answers 1. have 2. use 3. choose

Pattern 173

I'd say (that) ~ (아마) ~일 거예요, ~라고 말하고 싶습니다.

Useful expressions

1. **I'd say that** she would do that. 아마 그녀가 그것을 했을 거예요.
2. **I'd say** it feels worse now. 상황이 지금 더 악화되고 있다고 말하고 싶습니다.
3. **I'd say** 99% of all students speak English only in the classroom.
   제가 보기에 아마 학생들 중 99%가 수업 중에만 영어를 사용하고 있을 거예요.
4. **I'd say** about three months, but it could take longer. 내 생각에 3개월 정도 걸릴 것 같은데, 더 길어질 수도 있죠.
5. **I'd say** we're not talking about global recession. 저는 우리가 세계적인 불황에 관해 이야기하고 있는 것이 아니라고 말하고 싶습니다.

Dialogue

A : How was your examination? 시험이 어땠어?
B : It was hard. 어려웠어.
A : What will your average be? 평균이 어느 정도 될 것 같아?
B : **I'd say** it will be 90 points or so. 아마도 90점 정도 될 거야.

Exercises

1. I'd say there is absolutely _____. 분명 차별이 존재한다고 말할 수 있죠.
2. I'd say that he is _____ _____ _____. 나는 그가 아픈 사람이라고 말하고 싶습니다.
3. I'd say that there is _____ _____ _____ **around us.** 우리가 지금 우리 주변에선 스파이 활동이 진행되고 있을 겁니다.

Tip

'I'd say (that)'을 직역하면 '나는 ~라고 말하고 싶습니다.'의 의미로 would를 사용하여 부드러우면서 '아마도 ~일 것이다' 의미의 단정이 아닌, 추측을 암시하는 표현이다.

Answers 1. discrimination 2. a sick man 3. espionage going on

I'd rather ~

~하는 게 낫겠어요.

Pattern 174

Useful expressions

1. **I'd rather** watch it. 나는 그것을 보는 게 낫겠어요.
2. **I'd rather** go to the beach. 나는 해변으로 갔으면 해요.
3. **I'd rather** cancel the order. 그 주문을 취소하는 것이 낫겠어요.
4. **I'd rather** enjoy the city view. 나는 도시풍경을 즐기고 싶어요.
5. **I'd rather** stay at home than waste time looking at them. 그들을 바라보는데 시간을 낭비하느니 집에서 쉬는 편이 나아.

Dialogue

A : Why don't we go fishing tonight? 오늘 밤 낚시 가는 것 어때요?
B : It will be raining. 비가 온다고 하던데.
A : According to weather forecast, it will be only cloudy. 일기예보에 의하면 날씨가 흐리기만 할 거라고 하던데요.
B : **I'd rather** stay home than go fishing in the rainy season. 우기에는 낚시하는 것보다 집에 있는 것이 나을 것 같아요.

Exercises

1. I'd rather _____ _____. 난 바쁜 편이 좋아.
2. I'd rather _____ my clothes downtown. 시내에 나가서 옷을 사는 게 낫겠어요.
3. I'd rather _____ _____ _____ another one. 나는 다른 것을 보러 가고 싶어.

Tip

'I'd rather ~'은 '나는 ~하는 게 낫겠어요'의 의미로 두 개중 선택의 상황에서 어느 한쪽을 택하여야 할 경우에 사용하는 표현이다. rather는 이외에 '오히려'와 (접속사로 사용되어) '도리어', '반대로'의 뜻과 '약간', '다소'의 뜻으로 사용된다.

Answers 1. be busy 2. buy 3. go and see

Pattern 175

I'd rather not ~   ~하지 않는 게 낫겠어요.

Useful expressions

1. **I'd rather not** say it.   그것에 대해서는 말하고 싶지 않다.
2. **I'd rather not** cancel the appointment.   나는 약속을 취소하지 않는 것이 낫겠어요.
3. **I'd rather not** see anyone go.   나는 누구라도 나가는 것을 원하지 않아요.
4. **I'd rather not** take the pay cut.   나는 임금 삭감을 받아들이고 싶지 않습니다.
5. **I'd rather not** wait around in an airport for an extra hour.   공항에서 한 시간을 더 허비하고 싶지는 않아요.

Dialogue

A : How long have you been waiting for him at the airport?   당신은 얼마동안 공항에서 그를 기다리고 있습니까?
B : Over two hours.   2시간 이상 기다리고 있습니다.
A : Over two hours?   2시간 이상이라고요?
B : **I'd rather not** wait for him any longer.   나는 그를 더 이상 기다리고 싶지는 않습니다.

Exercises

1. I'd rather not _____ her.   그녀와는 만나고 싶지 않다.
2. I'd rather not _____ _____ it over the phone.   전화로 그것에 대해 말하고 싶지 않다.
3. I'd rather not _____ _____.   나는 거기에 별로 가고 싶지 않습니다.

Tip

'I'd rather not ~'은 '나는 ~하지 않는 게 낫겠어요' 또는 '~하고 싶지 않습니다'의 의미로 두 개중 선택의 상황에서 반대로 택하여야 할 경우에 사용하는 표현이다. 부정문을 만들려면 문법상 rather다음에 not이 와야 하며 동사의 원형은 그 다음에 나와야 한다.

Answers 1. meet 2. talk about 3. go there

Pattern 176

I'd rather ~ than ~   ~하느니 차라리 ~하겠어요.

Useful expressions

1. **I'd rather** starve to death **than** steal.   나는 도둑질을 할 바에야 차라리 굶어 죽겠다.
2. **I'd rather** kill myself **than** do such mean things.   나는 그런 비열한 짓을 할 바에 차라리 자살하겠다.
3. **I'd rather** do a daily dozen **than** go on a diet.   나는 다이어트 하기보다는 날마다 체조를 하는 쪽을 택할 것이다.
4. **I'd rather** watch their favorite cartoons **than** exercise.   나는 운동하는 것보다는 좋아하는 만화영화를 더 보고 싶다.
5. **I'd rather** lose a dozen cherry trees **than** that you should tell one falsehood.   네가 거짓말을 한번 하는 것보다 차라리 벚나무 열두 그루를 잃어버리는 편이 더 낫단다.

Dialogue

A : It is too hot outside today, isn't it?   밖에 날씨가 너무 덥지요, 그렇지요?
B : It is really hot out there.   밖은 정말 덥네요.
A : Would you like to swim in the swimming pool?   수영장에 수영하러 가고 싶습니까?
B : **I'd rather** go to the beach **than** swim.   나는 수영보다 해수욕장에 가고 싶은데요.

Exercises

1. I'd rather _____ than _____.   나는 항복하느니 차라리 숙는 것이 낫겠어요.
2. I'd rather _____ it on my own than _____ _____ a broken reed.   나는 신통치 않은 사람에게 의지하느니 차라리 혼자서 그것을 하는 것이 낫겠어요.
3. I'd rather _____ a big frog in a small pond than the _____.   나는 반대편에 서는 것보다 차라리 우물 안 개구리가 되고 싶다.

Tip

'I'd rather ~ than ~'은 '~하느니 차라리 ~하겠어요' 또는 '~보다는 ~하는 것이 낫겠어요'의 의미로 다음에 동사가 올 경우 문법적으로 항상 동사의 원형이 와야 한다. a broken reed는 성서에 나오는 '상한 갈대', 즉 '의지할 수 없는 보잘 것 없는 사람'을 의미한다.

Answers 1. die surrender 2. do rely upon 3. be opposite

Pattern 177

Would you rather ~ or ~ ~해요 아니면 ~해요?

Useful expressions

1. **Would you rather** walk **or** take the bus? 걸을래 아니면 버스를 탈래?
2. **Would you rather** work a little harder **or** go home? 좀 더 열심히 일하래 아니면 집에 갈래?
3. **Would you rather** be rich **or** famous? 부자 되는 것이 좋아 아니면 유명해지는 것이 좋아?
4. **Would you rather** play soccer **or** volleyball? 축구 할래요 아니면 배구 할래요?
5. **Would you rather** go to the beach **or** climb the mountains? 해변에 갈래요 아니면 등산을 갈래요?

Dialogue

A : Hey Jinho! How is the progress of the work? 진호씨! 일 진행이 어때?
B : I'm still working on it. 지금 하고 있는 중인데요.
A : **Would you rather** finish the work today **or** continue it tomorrow? 그 일을 오늘 마무리하는 것이 좋아요 아니면 내일 계속하는 것이 좋아요?
B : I'd rather finish it. 오늘 끝내겠습니다.

Exercises

1. Would you rather _____ _____ the theater or the library? 당신은 영화관에 갈래요 아니면 도서실에 갈래요?
2. Would you rather _____ on Saturday or Sunday? 토요일에 떠날래요 아니면 일요일에 떠날래요?
3. Would you rather _____ the bus or the subway? 당신은 버스를 탈래요 아니면 지하철을 탈래요?

> **Tip**
> 'Would you rather ~ or ~'은 '~을 할래요 아니면 ~할래요?'의 의미로 둘 중 하나의 선택을 정중히 제안, 의뢰하는 선택의문문의 한 형태이다. would rather 다음에 동사원형이 나와야 한다는 것에 유의하자.

Answers 1. go to 2. leave 3. take

Pattern 178~181

Unit 34

had better ~

Had better~는 '~하는 것이 더 좋겠다'의 의미로 권고, 충고할 경우에 사용하지만 이보다 좀 더 강한 지시나 명령을 할 경우에도 사용하는 표현이다. 이것은 상대에게 충고나 명령을 할 경우에 사용하기 때문에 1인칭보다 2인칭 문장에 많이 사용한다. You'd better는 You had better의 축약형으로 보통 사용되는 표현은 had better + 동사 원형의 형태를 취하고 비교급의 better가 사용되어 '~하는 것이 더 좋겠다'의 의미로 해석한다.

Expressions

1. **You'd better go now.**   너는 지금 가는 게 좋겠어.
2. **You'd better remain silent.**   당신은 잠자코 있는 게 더 좋겠어요.
3. **You'd better not come.**   너는 오지 않는 것이 좋겠어.
4. **You'd better not say that.**   너는 그 말을 하지 않는 게 좋을 거야.
5. **I think you'd better buy a used car.**   당신이 중고차를 사는 것이 좋겠다고 생각해요.

"had better ~"

Pattern 178

You'd better ~   당신은 ~하는 것이 좋겠어요.

Useful expressions

1. **You'd better** go now, otherwise you'll miss the bus. 지금 가는 게 좋겠어. 그렇지 않으면 버스를 놓칠 거야.
2. **You'd better** remain silent. 당신은 잠자코 있는 게 더 좋겠어요.
3. **You'd better** brush up your English everyday. 매일 영어를 복습하는 것이 좋다.
4. **You'd better** start doing some work now. 너는 지금 일을 시작하는 것이 좋겠다.
5. **You'd better** make it the first thing in the morning. 내일 아침 우선적으로 그것을 하는 것이 좋겠어요.

Dialogue

A : What is your school hours? 수업시간이 몇 시이지?
B : It starts from 08:00. 8시부터 시작해요.
A : It is already 07:30. **You'd better** hurry up to meet the time. 이미 7시30분이야. 시간에 대려면 서두르는 것이 좋겠다.
B : Maybe I should. 그렇게 해야겠는데요.

Exercises

1. You'd better _____ _____ _____. 좀 더 현실적인 태도를 취하는 것이 낫겠다.
2. You'd better _____ _____ earlier in the evening. 너는 저녁에 좀 더 일찍 집에 오는 것이 좋겠다.
3. You'd better _____ _____ _____ earlier in the morning. 당신은 아침에 일찍 일어나기 시작하는 것이 좋겠어요.

> **Tip**
> 'You'd better ~'는 '당신은 ~ 하는 것이 좋겠어요.'의 의미로 상대방에게 충고나 명령을 할 때 사용하는 표현으로 보통 가까운 친구, 동료나 손아래 사람에게 사용한다. Otherwise는 '그렇지 않으면' 또는 '(~와는) 달리'를 의미한다. 'first thing in the morning'은 아침에 일어나서 우선적으로 해야할 일을 말할 때 이렇게 표현한다.

Answers 1. be more realistic 2. come home 3. start getting up

You'd better not ~ 당신은 ~하지 않는 것이 좋겠어요.

Useful expressions

1. **You'd better not come.** 너는 오지 않는 것이 좋겠다.
2. **You'd better not go out without a hat.** 모자 없이는 나가지 않는 것이 낫겠어.
3. **You'd better not follow his advice.** 그의 충고를 따르지 않는 것이 더 좋겠어요.
4. **You'd better not do so.** 그렇게 하지 않는 것이 더 좋겠어요.
5. **You'd better not be later than midnight.** 자정을 넘기지 않도록 하는 것이 좋겠다.

Dialogue

A : **Why do you pop the pimple?** 너는 왜 여드름을 짜니?
B : **I have lots of pimples on my face.** 얼굴에 여드름이 많이 있기 때문이지.
A : **You'd better not pop the pimples. It'll leave you scars.** 여드름을 짜지 않는 것이 좋을 것 같아. 상처자국을 많이 남기거든.
B : **Thank you for your advice.** 말해줘서 고마워.

Exercises

1. You'd better not _____ _____. 너는 그 말을 하지 않는 게 좋을 거야.
2. You'd better not _____ your opinion on others. 너는 너의 의견을 남에게 강요하지 않는 것이 좋겠다.
3. You'd better not _____ _____ dishonest people. 너는 부정직한 사람과 어울리지 않는 편이 좋겠다.

Tip
'You'd better not~'은 '당신은 ~하지 않는 것이 좋겠어요.'의 의미로 충고나 명령의 뜻을 함축하고 있어 가까운 친구, 동료나 손아래 사람에게 사용해야 하는 것은 물론이다. obtrude는 '(의견 등)을 강요하다'의 뜻으로 on(upon)과 같이 사용하며 'associate with'는 '~와 교제하다'의 의미이다.

Answers 1. say that 2. obtrude 3. associate with

Pattern 180

I think you'd better ~ 당신은 ~하는 것이 좋을 것 같아요.

Useful expressions

1. **I think you'd better** go now. 당신은 지금 가는 것이 좋을 것 같아요.
2. **I think you'd better** not study so late at night. 밤에 너무 늦게 공부하지 않는 게 좋겠어.
3. **I think you'd better** buy a used car. 중고차를 사는 편이 더 낫다고 생각합니다.
4. **I think you'd better** take her to the infirmary. 내 생각엔 그녀를 양호실로 데려가는 게 나을 것 같아.
5. **I think you'd better** see a doctor. 당신은 의사에게 진찰을 받아보는 것이 좋겠어요.

Dialogue

A : Mom! I have a sore throat. 엄마! 목이 아파요.
B : What happened to you? You are even running a fever. **I think you'd better** go to the doctor. 왜 그렇지? 너 열까지 나는구나. 의사에게 가보는 것이 좋겠구나.
A : I don't like to go. 가기 싫은데.

Exercises

1. I think you'd better _____ a little earlier. 네가 조금 일찍 출발하는 것이 좋을 것 같구나.
2. I think you'd better _____ _____ the work at this time. 너는 이번에 그 일을 단념하는 것이 좋다고 생각해.
3. I think you'd better _____ some clarification from the head office. 당신은 본사로부터 명확한 설명을 듣는 게 좋을 것 같아요.

Tip

'I think you'd better ~'은 '당신은 ~하는 것이 좋을 것 같아요.'의 의미로 I think를 사용하여 충고나 명령의 뜻보다 다소 부드러운 뜻을 함축하고 있는 표현이다. 'have a sore throat'는 '목이 아프다'의 뜻으로 보통 have동사를 써서 표현한다. 'have a runny nose'는 '콧물이 나다'의 의미이다.

Answers 1. leave 2. give up 3. get

We'd better ~
우리 ~하는 것이 좋겠어요, 우리 ~해요.

Useful expressions

1. **We'd better** go home. 우리 집에 가는 편이 좋겠어요.
2. **We'd better** not remain here any longer. 더 이상 이곳에 있지 않는 게 좋겠어요.
3. **We'd better** play golf this morning. 골프는 오늘 아침에 치는 게 좋겠네요.
4. **We'd better** stop and ask something. 차를 멈추고 누군가에게 물어보는 것이 좋겠어요.
5. **We'd better** go to work about 30 minutes earlier than usual. 내일은 평소보다 30분 일찍 출근하는 게 좋겠어.

Dialogue

A : It is much cloudy out there. 그곳에 구름이 많이 끼어 있다는데요.
B : Do you think that it'll be raining late in the afternoon. 오후 늦게 비가 올 것 같아요?
A : Maybe I think so. 아마 그럴 것 같은데요.
B : Then **we'd better** take the umbrella. 그러면 우산을 가지고 가는 것이 좋겠네요.

Exercises

1. We'd better _____ the check and leave. 우리 계산하고 나가는 게 좋겠어요.
2. We'd better _____ a dry run for the official ceremony tomorrow. 내일의 공식 식전 리허설을 해야지.
3. We'd better _____ _____, or we'll be late for school. 서두르는 것이 좋겠어요. 그렇지 않으면 지각하겠어요.

Tip

'We'd better ~'는 '우리 ~ 하는 것이 좋겠어요, 우리 ~해요' 의미로 강력하게 제안을 할 때 사용하는 표현이다. 'dry run'은 원래 군사용어로 '(실탄 없이 하는)모의 연습'을 의미하나 보통 '예행연습', '리허설'을 의미하기도 한다.

Answers 1. pay 2. have 3. hurry up

had better ~

Pattern 182~189

Unit 35

You should ~

You should~는 '당신은 ~해야 한다' 의 의미로 도덕적 의무를 강조할 때 사용하는 표현이다. '~을 해야 한다' 의 표현은 should이외에 ought to, must, have to 등이 있으나 ought to는 should와 유사한 의미를 갖지만 must, have to는 '반드시 ~해야 한다.' 의 의미로 가장 강제성이 강한 표현이다. shouldn't는 should not의 부정 단축형이다. 또한, should have + 과거분사와 같이 should가 현재완료와 함께 사용할 경우 '~을 했어야 했는데 하지 않았다' 의 의미로 후회, 뉘우침을 함축하는 부정의 의미를 뜻하게 된다.

Expressions

1. You should **try your best.** 당신은 최선을 다해야 합니다.
2. You should **learn how to speak English.** 당신은 영어로 말하는 방법을 배워야 해요.
3. You shouldn't **do that.** 당신은 그것을 해서는 안돼요.
4. You should **have studied harder.** 너는 더 열심히 공부했어야 했는데.
5. Maybe you should **go home and go to bed.** 너는 조퇴해서 잠자는 것이 좋을 것 같구나.

"You should ~"

182 Pattern

You should try ~

~해야 합니다, ~해봐야 해요.

Useful expressions

1. **You should try** your best. 당신은 최선을 다해봐야 해요.
2. **You should try** to write in pencil at first. 처음에는 연필로 쓰려고 해야 합니다.
3. **You should try** to learn English. 영어를 배우려고 해야 합니다.
4. **You should try** to take a break later in the afternoon. 오후 늦게 쉬도록 해야 합니다.
5. **You should try** to be more charitable to your neighbours. 당신 이웃에 좀 더 너그러워야 합니다.

Dalogue

A : Are you learning English at the private institutes? 사설학원에서 영어를 배우고 있나요?
B : Yes, I am, but I don't see any progress of speaking English well. 예, 그런데요. 그렇지만 영어를 잘 말하는데 진전이 없어요.
A : **You should try** to speak in English whenever you talk to somebody. 당신이 누구와 얘기할 때마다 영어로 말하도록 해야 합니다.
B : I should try so. 그렇게 하여야 하는데.

Exercises

1. You should try to _____ the stock _____. 당신은 재고를 모두 팔아야 합니다.
2. You should try to _____ your goal. 당신은 목표를 달성하도록 해야 합니다.
3. You should try to _____ their attentions to your book. 너의 책에 그들의 주의를 끌 수 있도록 노력하여라.

Tip

You should try ~'은 '당신은 ~해야 합니다, 해봐야 해요'의 의미이다. should는 현대영어에서 단순히 shall의 과거 보다는 must나 ought처럼 독립된 조동사로 사용되어 의무, 당연, 가능성, 기대 등의 의미를 함축하고 있다. private institute는 개인적으로 배우는 사설학원의 의미로 academy와 같은 의미를 가진다.

Answers 1. sell out 2. achieve 3. draw

Pattern 183

You should learn how to ~ ~하는 방법을 배워야 해요.

Useful expressions

1. **You should learn how to** speak English. 영어로 말하는 방법을 배워야 해요.
2. **You should learn how to** live on your own. 혼자 힘으로 사는 방법을 배워야 합니다.
3. **You should learn how to** use a computer. 컴퓨터를 사용하는 방법을 배워야 합니다.
4. **You should learn how to** control yourself. 자제하는 방법을 배워야 합니다.
5. **You should learn how to** stand up for yourself. 자립하는 방법을 배워야 합니다.

Dialogue

A : Are you still smoking? 너 아직도 담배를 피워?
B : Yes, I smoke. I'm trying to reduce it. 예, 줄이려고 하고 있어요.
A : **You should learn how to** refrain from smoking now. 이제는 담배를 삼가는 방법을 배워야 해요.
B : I should do that. 저도 그렇게 할 거예요.

Exercises

1. You should learn how to _____. 운전하는 방법을 배워야 해요.
2. You should learn how to _____ your thanks. 감사를 표시하는 방법을 배워야 해요.
3. You should learn how to _____ the problem. 그 문제를 해결하는 방법을 배워야 합니다.

Tip
'You should learn how to ~'은 '당신은 ~ 하는 방법을 배워야 해요'의 의미로 'how + to 부정사'를 이용하여 배워야 하는 당위성을 말하거나 충고할 때 사용되는 표현이다.

Answers 1. drive 2. express 3. solve

184 Pattern

You shouldn't ~

~하면 안 돼요.

Useful expressions

1. **You shouldn't** do that. 그것을 해서는 안 돼요.
2. **You shouldn't** tell a lie. 거짓말을 해서는 안 돼요.
3. **You shouldn't** underestimate him because he is poor. 그가 가난하다고 해서 얕보아서는 안 됩니다.
4. **You shouldn't** neglect parental responsibilities. 부모의 책임을 소홀히 해서는 안 돼요.
5. **You shouldn't** interfere in the other's private concerns. 남의 사생활에 간섭해서는 안 돼요.

Dialogue

A : How did the car accident occur? 자동차 사고가 어떻게 일어난 거예요?
B : I must have been too much drunken. 내가 너무 술 취했던 것 같아요.
A : **You shouldn't** drive the car after drinking. 음주 후에 차를 운전해서는 안 돼요.
B : This was a good experience to me. 저에게 좋은 경험이었어요.

Exercises

1. You shouldn't _____ television so much. 텔레비전을 너무 많이 보면 안 된다.
2. You shouldn't _____ your notice to her. 너는 그녀에게 주의를 돌리면 안 된다.
3. You shouldn't _____ people by the way they look. 사람을 겉모습을 보고 판단해서는 안 된다.

Tip

'You shouldn't ~'은 '당신은 ~해서는 안 돼요'의 의미로 금지, 명령, 의무 등을 표현할 때 should를 많이 사용한다. despise는 '(남을)무시하다'의 의미로 look down upon과 함께 많이 사용되는 표현이다.

Answers 1.watch 2.direct 3.judge

You should ~ 237

Pattern 185

You should have + 과거분사(p.p.) ~ 당신은 ~했어야 했어요.

Useful expressions

1. **You should have** studied harder. 너는 더 열심히 공부했어야 했는데.
2. **You should have** talked to me first. 당신은 나에게 먼저 말했어야 했어요.
3. **You should have** gone farther and then made a U-turn. 당신은 조금 더 간 후에 유턴을 했어야 했습니다.
4. **You should have** read the small print before signing the contract. 당신은 그 계약서에 서명하기 전에 세목을 읽었어야 했어요.
5. **You should have** gone so far forth as 200 miles. 너는 이백 마일까지는 갔어야만 했다.

Dialogue

A : What is the monthly rental cost for this luxury car? 이 고급승용차에 대한 월 임차료가 얼마이지요?

B : It is $7,000 incurred in total. 모두 7000달러입니다.

A : Wow! It is too expensive. **You should have** told me that earlier. 아! 너무 비싸네요. 일찍 그것에 대해서 말해줬어야 했는데요.

B : I am sorry for that. 미안합니다.

Exercises

1. You should have _____ his advice. 넌 그의 충고를 따랐어야 했다.
2. You should have _____ me earlier. 좀 더 일찍 보셨더라면 좋았겠어요.
3. You should have _____ more careful! 좀 더 조심했어야 했을 터인데!

Tip

'You should have + 과거분사(p.p.) ~'은 직역하면 '당신은 ~를 했어야 했어요'의 의미로 '~을 했어야 했는데 결국 하지 않았다.'의 뜻이 되어 과거 행위에 대한 후회, 반성 또는 충고를 표현할 경우에 사용된다.

Answers 1. followed 2. seen 3. been

186 Pattern

I should have + 과거분사(p.p.) ~ 나는 ~했어야 했어요.

Useful expressions

1. **I should have** taken the examination. 나는 시험을 봤었어야 했는데.
2. **I should have** called the police. 경찰에 전화했어야 했는데요.
3. **I should have** been in that historical place. 나도 그 역사적인 장소에 갔어야 했는데.
4. **I should have** been more considerate. 나는 그것에 대해서 좀 더 신중해야 했었는데.
5. **I should have** gone to bed earlier last night. 어젯밤 일찍 잠자리에 들었어야 했는데.

Dialogue

A : I am sorry for coming so late. 늦어서 죄송합니다.
B : It's alright. What made you late? 괜찮아요. 무엇 때문에 늦었어요?
A : The traffic jam was heavy because of the rain. I should have left my house a little earlier. 비 때문에 교통체증이 심했어요. 좀 더 일찍 집을 떠났어야 했는데.
B : That can happen. 그럴 수 있지요.

Exercises

1. I should have _____ harder. 난 공부를 더 열심히 했어야 했는데.
2. I should have _____ you a little earlier. 내가 좀 더 일찍 너에게 전화를 했어야 했는데.
3. I should have _____ that weeks ago. 몇 주 전에 바로 그렇게 했어야 했는데.

Tip

'I should have + 과거분사(p.p.) ~'은 직역하면 '나는 ~를 했어야 했어요'의 의미로 '~을 했어야 했는데 결국 하지 않았다'의 뜻이 되어 과거 행위에 대한 후회, 반성 또는 충고를 표현할 경우에 사용된다. at a loss는 '당황하여', '어찌할 바를 몰라'의 부사구이다.

Answers 1. studied 2. called 3. done

Pattern 187

Should I ~?

내가 ~을 해야 하나요?

Useful expressions

1. **Should I** go home? 내가 집에 가야 하나요?
2. **Should I** do this now? 내가 지금 이것을 해야 하나요?
3. **Should I** meet her alone? 나 혼자 그녀를 만나야 하나요?
4. **Should I** analyze the examination result? 내가 시험결과를 분석해야 하나요?
5. **Should I** do market survey by myself? 나 혼자서 시장조사를 해야 하나요?

Dialogue

A : How many people are coming tonight? 몇 명이 오늘 밤 오기로 되어 있나요?

B : Ten persons are supposed to be here, but two didn't come yet. 10명인데 2명이 아직 오지 않았네요.

A : **Should I** pick up two people at the airport? 제가 공항에서 2명을 마중 나가면 되나요?

B : Yes. Can you do that for us? 예, 그렇습니다. 그렇게 해 주실 수 있어요?

Exercises

1. Should I _____ her right now? 내가 그녀에게 당장 전화해야 하나요?

2. Should I _____ the tickets? 내가 티켓을 사야 하나요?

3. Should I _____ a present? 내가 선물을 가져가야 하나요?

Tip

'Should I ~ ?'은 '내가 ~ 해야 하나요?'의 의미로 다른 사람에게 조언을 구하거나 허락을 받는 표현이다.

Answers 1. call 2. buy 3. take

240 Part 3 - 3단계 패턴

188 Pattern

Maybe you should ~
당신이 ~하는 것이 좋겠네요, ~해야 합니다.

Useful expressions

1. **Maybe you should** go home and go to bed. 너는 조퇴해서 잠자는 것이 좋을 것 같구나.
2. **Maybe you should** talk to him one-on-one. 당신은 그에게 하나씩 따져가며 말씀드려야 합니다.
3. **Maybe you should** take a few days off and rest. 당신은 며칠 휴가 내서 쉬지 그래요.
4. **Maybe you should** take him to the hospital. 어쩌면 그를 병원에 데리고 가봐야겠습니다.
5. **Maybe you should** just leave home earlier. 그냥 집에서 좀 더 일찍 출발하면 될 것 같은데요.

Dialogue

A : How was your long flight? 당신의 장시간 비행은 어떠했는지요?
B : It's alright. In fact, I am a little tired and feel jet lag. 괜찮은데요. 사실은 좀 피곤하고 시차를 느껴요.
A : **Maybe you should** take some rest and have a meeting. 좀 쉰 다음에 미팅을 갖는 것이 좋을 겁니다.
B : You're right. I will get some rest. 그러게요. 좀 쉬겠습니다.

Exercises

1. Maybe you should _____ a doctor. 의사의 진찰을 받는 게 좋겠어요.
2. Maybe you should _____ a break for a while. 잠시 쉬는 게 좋겠어요.
3. Maybe you should _____ for a massage. 아무래도 마사지를 받는 게 좋겠군요.

Tip

'Maybe you should ~ ?'은 '당신이 ~하는 것이 좋겠네요, ~해야 합니다.'의 의미로 상대방에게 완곡히 권고, 제안하는 표현이다. 이것은 상대방의 기분을 상하지 않게 하면서 의사전달을 할 수 있는 완곡한 표현이라 할 수 있다.

Answers 1. see **2.** take **3.** go

Pattern 189

I think you should ~ 나는 당신이 ~해야 한다고 생각해요.

Useful expressions

1. **I think you should** do it right away. 너 그거 당장 해야 할 것 같아.
2. **I think you should** get some sleep. 너 잠 좀 자야할 것 같아.
3. **I think you should** consider this carefully. 이것을 잘 고려하셔야 할 것 같습니다.
4. **I think you should** come to the conference at this time. 이번에는 당신이 회의에 참석해야 된다고 생각해요.
5. **I think you should** get over the difficulty. 당신이 그 어려움을 극복해야 한다고 생각해요.

Dialogue

A : Did you decide that you wouldn't attend the computer exhibition being held in Taipei? 타이뻬이에서 개최되는 컴퓨터 전시회에 참석하지 않기로 결정했습니까?
B : Yes, I did. 예, 가지 않기로 했어요.
A : **I think you should** reconsider it. You can get a lot of information from there. 나는 당신이 그것을 재고해야 한다고 생각해요. 거기에서 많은 정보를 입수할 수 있으니까요.
B : Let me think about it again. 다시 생각해 보겠습니다.

Exercises

1. I think you should _____ _____ him now. 당신은 지금 그와 얘기하는 게 좋겠어요.
2. I think you should _____ _____ your car. 당신 차의 속도 좀 늦춰야 할 것 같은데.
3. I think you should _____ right away. 나는 당신이 즉시 떠나야 한다고 생각해요.

'I think you should ~'는 '나는 당신이 ~해야 한다고 생각해요'의 의미로 상대방에게 권유, 제안, 조언을 할 경우에 사용되는 표현이다. think다음의 that은 보통 생략되고 should를 사용하기 때문에 좀 더 강한 내용의 의미가 함축된다.

Answers **1.** talk to **2.** slow down **3.** leave

✳ 필수 영어 – 명언 ❷

Let the speech be short, comprehending much in few words.	몇 마디 말에 많은 뜻을 담아, 말은 간단히 하라.
Things are always at their best in the beginning.	사물은 항상 시작이 가장 좋다.
The difficulty in life is the choice.	인생에 있어서 어려운 것은 선택이다.
All fortune is to be conquered by bearing it.	모든 운명은 그것을 인내함으로써 극복해야 한다.
Better is to bow than break.	부러지는 것보다 굽는 것이 낫다.
Good fences makes good neighbors.	좋은 울타리는 선한 이웃을 만든다.
Give me liberty, or give me death.	자유가 아니면 죽음을 달라.
Charity begins at home.	자비는 가정에서 시작된다.
Climbing a tree to catch a fish.	고기를 잡으러 나무에 오른다.
Cut your coat according to your cloth.	분수에 맞게 살아라.
Dead men tell no tales.	죽은 자는 말이 없다.
Don't count your chickens before they hatch.	병아리가 부화되기 전에 세지 마라.
Don't put all your eggs in one basket.	한 사업에 모든 것을 걸지 마라.
Easier said than done.	행하는 것보다 말하기가 쉽다.
Easy come, easy go.	쉽게 얻은 것은 쉽게 잃는다.
Everything comes to those who wait.	모든 것은 기다리는 자에게 온다.
Health is better than wealth.	건강이 재산보다 낫다.
Heaven helps those who help themselves.	하늘은 스스로 돕는 자를 돕는다.
Honesty is the best policy.	정직은 최선의 방책이다.
Laughter is the best medicine.	웃음은 명약이다.
Might is right.	힘이 곧 정의이다.
Misfortune never comes alone.	불행은 겹쳐오기 마련이다.
Never put off till tomorrow what you can do today.	오늘에 할 일을 내일로 미루지 마라.
One swallow does not make a summer.	성급히 판단하지 마라.
Opportunity only knocks once.	기회는 한 번만 온다.
Reap what you sow.	뿌린 대로 거두리라.
Still waters run deep.	조용한 물이 깊이 흐른다.
Strike while the iron is hot.	기회를 놓치지 마라.
The early bird catches the worm.	일찍 일어나는 새가 벌레를 잡는다.
Where there is a will, there is a way.	뜻이 있는 곳에 길이 있다.
While there is life, there is hope.	생명이 있는 한 희망이 있다.

Pattern 190~197

Let me ~

Let은 '~에게 ~하게 하다', '을 허락하다' 의 뜻을 갖는 사역동사로 Let + 목적어 + 동사원형의 형태로 많이 사용된다. Let me + 동사원형을 직역하면 '나에게 ~하는 것을 하게 하라' 또는 '나에게 ~하는 것을 허락하라' 의 의미로, 보통 '내가 ~할게', '내게 ~해줘' 의 의미로 표현된다. 원래 상대방의 허락을 구하는 표현으로 사용했지만 오늘날 단순한 제안이나 상대방의 동의를 구할 때 사용한다.

Expressions

1. Let me introduce myself. 저를 소개할게요.
2. Let me check the schedule. 내가 스케줄 확인해 볼게요.
3. Let me take care of the tab. 내가 계산서를 처리할게요.
4. Let me think about it. 내가 그것에 대해 생각해 볼게요.
5. Let me tell you about it. 내가 그것에 대해 말해 줄게요.

"Let me ~"

190 Pattern

Let me + 동사 ~
내가 ~하죠, 내가 ~할게요.

Useful expressions

1. **Let me** introduce myself. 저를 소개할게요.
2. **Let me** see about it. 좀 더 생각해 볼게요.
3. **Let me** treat you. 제가 당신을 대접하겠습니다.
4. **Let me** try it again. 내가 그걸 다시 해 볼게요.
5. **Let me** give you a hand. 제가 도와줄게요.

Dialogue

A : **Let me** introduce myself to you. 저를 소개하겠습니다.
B : Go ahead, please. 어서 하세요.
A : My name is Kenneth Lee working for NBC broadcasting company. NBC 방송사에 근무하는 케네쓰 리입니다.
B : Thank you for your introduction. 소개해줘 감사합니다.

Exercises

1. Let me _____ you with one more question. 미안하지만 한 가지만 더 질문하겠습니다.
2. Let me _____ you my discovery. 내가 발견한 것을 보여 줄게요.
3. Let me _____ you a riddle. 내가 수수께끼를 하나 낼게요.

Tip
'Let me + 동사 ~'는 '내가 ~ 하죠' 또는 '내가 ~ 할게요'의 의미로 뒤에 오는 동사에 따라 다양하게 표현할 수 있다. trouble은 명사로 걱정, 고민, 괴로움 등의 의미가 있지만 동사로 사용하면 '괴롭히다', '폐를 끼치다'의 의미를 갖는다.

Answers 1. trouble 2. show 3. ask

Pattern 191

Let me check ~
내가 ~을 확인해 볼게요.

Useful expressions

1. **Let me check** the schedule. 내가 스케줄 확인해 볼게요.
2. **Let me check** it for you. 내가 그것을 확인해 볼게요.
3. **Let me check** my appointment. 내가 약속을 확인해 볼게요.
4. **Let me check** your mailing address. 내가 당신의 메일 주소를 확인해 볼게요.
5. **Let me check** my computer reservations. 컴퓨터 예약 프로그램을 살펴보겠습니다.

Dialogue

A : What is your schedule for the coming Saturday. 돌아오는 토요일 계획이 뭐야?
B : Well, **let me check** my schedule. 내 스케줄을 확인해볼게.
A : Oh, I have an appointment on Saturday. What about making it next Monday? 토요일에는 약속이 있는데, 다음 주 월요일은 어떨까?
B : That's fine. Thanks. 그러지. 고마워.

Exercises

1. Let me check if she can _____ _____. 그녀가 외출할 수 있는지 확인해 볼게요.
2. Let me check _____ the chief flight attendant. 수석 승무원과 점검해 보겠습니다.
3. Let me check if he can _____ _____. 그가 돌아올 수 있는지 확인해 볼게요.

Tip
'Let me check ~'을 직역하면 '나에게 ~을 확인하는 것을 하게 하세요'의 의미로 '내가 ~을 확인(점검)해 볼게요'로 적극적으로 표현할 수 있다.

Answers 1. go out 2. with 3. come back

Let me take ~

192 Pattern

내가 ~을 할게요.

Useful expressions

1. **Let me take** care of the tab. 내가 계산서를 처리할게요.
2. **Let me take** a look. 내가 좀 볼게.
3. **Let me take** a share in the expenses. 나도 그 비용에 부담을 같이 할게요.
4. **Let me take** this opportunity to thank you. 이 기회를 빌려 감사의 뜻을 전하고자 합니다.
5. **Let me take** the wheel. 내가 핸들을 잡을게요.

Dialogue

A : How have you been? Long time no see! 어떻게 지냈어? 정말 오랜만이야.
B : Well. In fact, I tried to look for you to no avail. 글쎄. 사실은 너를 찾으려고 노력했지만 찾을 수가 없었어.
A : **Let me take** down your name and phone number. 너의 이름과 전화번호를 적어 놓을게.
B : So do I. 나도 그렇게 할게.

Exercises

1. Let me take _____ _____ the child today. 내가 오늘 그 아이를 돌볼게요.
2. Let me take that _____ to the kitchen. 내가 그것을 주방에 다시 보내겠습니다.
3. Let me take _____ _____ to tell you about some exciting changes.
   내가 좀 흥미로운 변화에 대해 당신에게 이야기할 기회를 갖겠습니다.

Tip

'Let me take ~'을 직역하면 '나에게 ~하게 해 주세요'의 의미로 '내가 ~을 할게요'로 표현할 수 있다. tab은 '명찰', '짐표'의 뜻 외에 계산서(bill)를 의미하고 'to no avail'은 '보람 없이', '헛되이'의 부사구이다.

Answers 1. care of 2. back 3. this opportunity

Pattern 193

Let me think about ~ ~에 대해 생각해 볼게요.

Useful expressions

1. **Let me think about** it. 그것에 대해 생각해 볼게요.
2. **Let me think about** your proposal. 당신의 제안에 대해서 생각해 볼게요.
3. **Let me think about** how to teach. 교수법에 대해서 생각해 볼게요.
4. **Let me think about** the idea and get back to you. 그 아이디어에 대해서 생각해 보고 너에게 알려줄게.
5. **Let me think about** the best time and way to reach there. 거기에 도착하는 가장 좋은 시기와 방법을 생각해 볼게요.

Dialogue

A : This is the best quotation we can offer at the moment. 이것이 현재 우리가 제시할 수 있는 가장 좋은 견적입니다.
B : **Let me think about** your quotation over night. 당신의 견적에 대해서 하룻밤 생각해 보겠습니다.
A : We focused on the price to meet your requirements. 요구사항을 받아들이기 위해 가격에 중점을 두었습니다.
B : I appreciate your consideration. 신경써준 것에 대해 감사합니다.

Exercises

1. Let me think about _____ _____. 당신의 가격에 대해 생각해 보겠습니다.
2. Let me think about my _____ _____. 나의 활동 계획에 대해 생각해 보겠습니다.
3. Let me think about _____ _____ _____. 모든 가능성에 대해서 생각해 보겠습니다.

Tip
'Let me think about ~'을 직역하면 '나에게 ~에 대해 생각하게 해 주세요'의 의미로 '내가 ~에 대해 생각해 볼게요'로 달리 표현할 수 있다. let은 권유의 뜻으로 사용되는 let's~을 제외하고 모든 문장에서 me를 1인칭 주어의 의미로 사용하여 다음에 오는 동사와 연결하여 사용된다.

Answers 1. your price 2. action plan 3. all the possibilities

Let me tell you about ~

~에 대해 말해 줄게요.

Useful expressions

1. **Let me tell you about** it. 그것에 대해 말해 줄게요.
2. **Let me tell you about** my daily schedule. 제 하루일과에 대해 말해 줄게요.
3. **Let me tell you about** an experience I had. 내가 가진 경험에 대해 말씀 드리겠습니다.
4. **Let me tell you about** this program. 이 프로그램에 대해 말해 줄게요.
5. **Let me tell you about** your suggestion. 당신의 제안에 대해 말해 줄게요.

Dialogue

A : What's going on for his novel idea? 그의 기발한 아이디어는 진행이 어떻게 되고 있지요?

B : **Let me tell you about** his idea later. 그의 아이디어에 대해 나중에 말해 줄게요.

A : Any problem in implementing his idea? 그의 아이디어를 실행에 옮기는 데 어떤 문제가 있나요?

B : His idea must be excellent, but my concern is in the feasibility. 그의 아이디어는 매우 좋지만 나의 걱정은 실행가능성에 있어요.

Exercises

1. Let me tell you about the _____ _____. 회사 정책에 대해 말해 줄게요.
2. Let me tell you about my _____ _____. 나의 실행 계획에 대해 말해 줄게요.
3. Let me tell you about our _____ _____. 우리 사업계획에 대해 말해 줄게요.

Tip

'Let me tell you about ~'은 다른 문장과 마찬가지로 '내가 당신에게 ~ 에 대해 말해 줄게요'로 표현할 수 있다. novel은 형용사로 '신기한', '기발한' 의 의미이고 feasibility는 '실행(실현)가능성' 의 뜻으로 아이디어를 실행에 옮길 수 있는지에 대한 가능성을 의미한다.

Answers 1. company policy 2. implementation plan 3. business plan

Pattern 195

Let me see if ~

내가 ~인지 아닌지 알아 볼게요.

Useful expressions

1. **Let me see if** I can do it. 내가 그것을 할 수 있는지 알아볼게요.
2. **Let me see if** I have an appointment. 내가 약속이 있는지 볼게요.
3. **Let me see if** I can make access to the internet. 내가 인터넷에 접속할 수 있는지 알아 볼게요.
4. **Let me see if** I can meet her today. 내가 그녀와 오늘 만날 수 있는지 알아 볼게요.
5. **Let me see if** I will be available next week. 내가 다음 주에 시간을 낼 수 있는지 볼게요.

Dialogue

A : Hello? President Kim office. May I help you? 안녕하세요? 김 사장실입니다. 무엇을 도와드릴까요?

B : This is director Lee. Can I report him this afternoon? 이 이사입니다. 오후에 사장님께 보고할 수 있을까요?

A : Hold on, please. **Let me see if** he is available. 잠깐 기다려주세요. 가능한지 알아볼게요.

B : Sure, thanks. 예, 감사합니다.

Exercises

1. Let me see if I can _____ _____ on time. 시간에 맞게 거기에 갈 수 있는지 알아 볼게요.
2. Let me see if I can _____ _____. 내가 당신과 함께 할 수 있는지 볼게요.
3. Let me see if I can _____ _____ _____. 내가 예약을 할 수 있는지 알아 볼게요.

> **Tip**
> 'Let me see if ~'는 '내가 ~인지 아닌지 알아볼게요'의 의미로 if는 '만약'의 뜻이 아니라 '~인지 아닌지'의 뜻으로 명사절이 온다. 'let me see'는 단독으로 쓰이면 '글쎄', '어디 보자'의 의미로 쓰이지만 명사절과 함께 쓰면 '내가 ~인지를 알아 볼게요'의 의미가 되어 의미상 차이가 있다.

Answers 1. go there 2. join you 3. make a reservation

196 Pattern

Let me know if~ ~하면 내게 알려줘요, ~인지 내게 알려줘요.

Useful expressions

1. **Let me know if** he comes. 그가 오면 나에게 알려줘.
2. **Let me know if** this is a problem. 이것이 문제가 되면 알려줘요.
3. **Let me know if** I can be of any help. 도움이 필요하시면 연락 주십시오.
4. **Let me know if** you will accept this speaking engagement. 이번 강연을 수락하신다면 저에게 알려 주십시오.
5. **Let me know if** this presents any problems. 이렇게 할 경우 무슨 문제가 있는지 제게 알려 주시기 바랍니다.

Dialogue

A : Anything else I can help you? 그밖에 당신을 도울 수 있는 것이 있나요?
B : No, I don't have any as of now. 아니에요. 지금까지는 없어요.
A : **Let me know if** you need any help from me. 저의 도움이 필요하면 알려줘요.
B : I will. thank you so much. 그럴게요. 대단히 감사합니다.

Exercises

1. Let me know if you _____ your mind. 마음을 바꾸면 알려 주세요.
2. Let me know if you _____ a hand. 도움이 필요하면 말하세요.
3. Let me know if I _____ _____ _____ further service. 도움이 필요하시면 연락 주십시오.

Tip
'Let me know if ~'은 '~하면 나에게 알려 주세요, ~인지 나에게 알려 주세요.'의 의미로 If절이 부사절이냐 또는 명사절이냐에 따라 의미상 차이가 있다. 'of further service'는 '도움이 되는(serviceable)'의 의미로 '전치사 + 추상명사 = 형용사'의 의미로 사용되고 있음을 보여주는 표현이다.

Answers 1. change 2. need 3. can be of

Pattern 197

Let me know what ~   ~을 나에게 알려줘요.

Useful expressions

1. **Let me know what** they want.   그들이 원하는 것을 나에게 알려줘요.
2. **Let me know what** you find out.   알아보고 나에게 알려 주세요.
3. **Let me know what** time you are arriving.   너의 도착시간을 나에게 알려줘.
4. **Let me know what** transpires.   일이 어떻게 되어 가는지 나에게 알려줘.
5. **Let me know what** she said.   그녀가 무엇을 말했는지 나에게 알려줘.

Dialogue

A : Are you meeting him tomorrow?   너 그를 내일 만나지?
B : Yes.   예.
A : **Let me know what** happens.   일이 어떻게 되어 가는지 알려줘.
B : Okay, I will.   그럴게요.

Exercises

1. Let me know what _____ _____.   협의가 된 것을 나에게 알려줘요.
2. Let me know what _____ _____.   당신이 필요한 것을 나에게 알려줘요.
3. Let me know what you _____ _____ him.   당신이 그와 합의한 것을 나에게 알려줘요.

Tip
'Let me know what ~'은 '나에게 ~한 것을 알려줘요.'의 의미로 'Let me know + 의문사(의문대명사, 관계대명사)'의 문형으로 what 이외에 다른 의문사를 사용하여 표현할 수 있다. transpire는 '(식물 등이) 수분을 발산하다', '배출하다'의 뜻 이외에 '(사건 등이)발생하다(happen)'의 뜻을 가지고 있다.

Answers 1. was discussed 2. you need 3. agreed with

Pattern 198~200  Unit 37

Let's ~

Let은 '~에게 ~하게 하다', '~을 허락하다' 의 뜻 이외에 'Let + us + 동사원형' 의 형태로 사용되어 '~합시다' 의 의미로 사용된다. Let's는 Let us의 축약형으로 'Let + us + 동사원형' 을 직역하면 '우리들에게 ~하는 것을 허락하라' 의 의미를 갖지만 Let's는 '~합시다' 의 의미로 '~을 하자' 는 제안이나 권유할 경우에 구어체에서 많이 사용하는 표현이다.

Expressions

1. **Let's** go.   갑시다.
2. **Let's** go Dutch.   각자 계산합시다.
3. **Let's** go have some coffee.   가서 커피 마십시다.
4. **Let's** get to the point.   요점으로 들어갑시다.
5. **Let's** see who is behind this.   누가 배후에 있는지 알아봅시다.

"Let's ~"

Pattern 198

Let's go ~

~에 갑시다.

Useful expressions

1. **Okay. Let's go.** 그래. 갑시다.
2. **Let's go out and eat.** 외식합시다.
3. **Let's go Dutch.** 각자 계산합시다.
4. **Let's go to the doctor right now.** 지금 당장 의사 진찰을 받으러 갑시다.
5. **Let's go for a drive after the movie.** 영화 보고 드라이브 하러 갑시다.

Dialogue

A : **Give me the check.** 계산서 주세요.
B : **I will pay for it.** 내가 낼게요.
A : **No, it is too much.** 아니에요. 큰 금액인데요.
B : **Then let's go Dutch.** 그러면 각자 계산합시다.

Exercises

1. Let's go _____ the art gallery. 우리 미술관에 갑시다.
2. Let's go _____ a foot's pace. 보통 걸음으로 걸읍시다.
3. Let's go _____ some coffee. 가서 커피 마십시다.

Tip
'Let's go ~'는 '~에 갑시다.'의 의미로 'Let us go'의 축약형이다. 'Let's ~'는 '~ 합시다'로 권유나 제안에 많이 사용하는 표현이다. 'go Dutch'는 '각자 부담하다'의 뜻으로 go halves, go half and half 또는 split의 동사도 같은 의미를 갖는다.

Answers 1. to 2. at 3. have

199 Pattern

Let's get ~

~합시다.

Useful expressions

1. **Let's get** to the point. 요점을 말해 봅시다.
2. **Let's get** down to work. 일을 시작합시다.
3. **Let's get** this work done ASAP. 가능한 한 곧 이 일을 끝냅시다.
4. **Let's get** the project moving. 빨리 프로젝트를 진행합시다.
5. **Let's get** together and go over this after lunch. 점심 식사 후에 만나서 이 문제를 검토해 봅시다.

Dialogue

A : **Let's get** down to the business. 사업 얘기합시다.
B : How is the project progressing? 그 프로젝트는 어떻게 진행되고 있어요?
A : It is not moving forward as expected. 기대만큼 진전이 안 되고 있어요.
B : What's the problem? 문제가 뭐지요?

Exercises

1. Let's get _____ the bus. 버스에서 내립시다.
2. Let's get _____ _____ here, I'm hungry to death. 여기에서 나갑시다. 나 배고파 죽겠어
3. Let's get _____ _____ before the baby wakes up. 아기가 깨기 전에 우리도 좀 자자.

Tip
'Let's get ~'은 '~합시다.'의 의미로 get은 '얻다', '갖다'의 본래의 의미뿐만 아니라 사역동사의 의미로 사용되어 '~을 하게하다'의 의미까지 내포하고 있다. ASAP는 'as soon as possible'의 약자로 '가능한 한 빨리'의 의미이다.

Answers 1. off 2. out of 3. to sleep

Pattern 200

Let's see ~
~을 봅시다.

Useful expressions

1. **Let's see** who is behind this. 누가 배후에 있는지 알아봅시다.
2. **Let's see** what prices are like. 가격이 어떤지 알아봅시다.
3. **Let's see** who gets the last laugh. 누가 최후의 승자인지 봅시다.
4. **Let's see** what we come up with. 어떻게 할지 생각해 보죠.
5. **Let's see** if we can get reservations for Thursday night. 목요일 밤에 예약할 수 있는지 알아봅시다.

Dialogue

A : How was your performance in this contest? 이번 경연대회에서 연주는 어떠했어요?
B : It didn't come to my expectation. 기대에 미치지 못했어요.
A : Well. **Let's see** how the other contestants are doing. 글쎄요. 다른 참가자들은 어떻게 하고 있는지 보죠.
B : I don't expect a good point. 좋은 점수를 기대하지 못하겠어요.

Exercises

1. Let's see what _____ _____. 무엇이 문제인지 알아봅시다.
2. Let's see how much we _____ _____. 돈을 얼마나 모을 수 있는지 봅시다.
3. Let's see if we _____ _____ some other way. 그것을 다른 방법으로 입수할 수 있는지 알아봅시다.

> **Tip**
> 'Let's see ~'는 '~을 봅시다.'의 의미로 단순한 의미의 '보자'의 의미보다 '상황이나 상태를 알아보다'의 의미로 사용된다. Let's see는 단독으로 사용할 경우 '글쎄', '뭐더라' 정도의 의미를 나타낸다. 'get the last laugh'는 '마지막으로 웃는다'의 의미로 '최후의 승리'를 의미한다.

Answers 1. is wrong 2. can collect 3. can get

Pattern 201~205

I never ~

Never는 강한 부정을 나타낼 때, 즉 '결코 ~않다'의 의미(not at all)와 경험, 습관을 나타낼 때 '지금까지 ~(한 번도)하지 않다'의 의미(not ever)로 사용된다. 강한 부정을 표현할 때 사용하는 부사로 일반동사와 사용될 때에는 동사 앞에서, have나 would와 같은 조동사와 함께 사용할 때에는 조동사와 본동사 중간에 위치한다.

Expressions

1. **I never thought about it.** 나는 그것에 대해 전혀 생각을 못 했어요.
2. **I never dreamed of meeting you.** 나는 너를 만나리라고는 꿈에도 생각하지 않았다.
3. **I never expected that.** 나는 그것을 전혀 기대하지 않았다.
4. **I never want to go there.** 나는 거기에 결코 가고 싶지 않아요.
5. **I'd never do this again in either event.** 나는 어느 쪽이든 다시 이것을 하지 않을 거예요.

"I never ~"

Pattern 201

I never thought ~ ~에 대해 전혀 생각을 못했어요.

Useful expressions

1. **I never thought** about it. 나는 그것에 대해 전혀 생각을 못했어요.
2. **I never thought** it possible. 설마 그것이 가능하리라고는 생각하지 못했다.
3. **I never thought** it would be such a long way. 그것이 그렇게 먼 길인 줄은 전혀 생각 못했어요.
4. **I never thought** he would fall so low. 그가 그렇게 타락할 줄은 몰랐다.
5. **I never thought** that we could love each other more. 우리가 이보다 더 사랑할 수 있을 거라고는 생각하지 못했어요.

Dialogue

A : Do you happen to know what Susan is doing for a living? 수잔이 어떻게 생활하는지 혹시 알아?
B : I heard that she became a famous actress. 그녀가 유명한 여배우가 되었다고 들었어.
A : Really? **I never thought** she would make it as an actress. 정말? 그녀가 배우로 성공할 거라는 생각은 해본 적이 없는데.
B : Who knows? 누가 알겠어!

Exercises

1. I never thought _____ _____ before. 전에는 그런 것에 대해 전혀 생각해본 적이 없었는데.
2. I just never thought I _____ _____ _____ be an actor when I grew up. 저는 자라서 배우가 되리라고는 꿈에도 생각하지 못 했지요.
3. I never thought that I'd _____ her again. 나는 그녀를 다시 보게 되리라고는 생각하지도 못했어.

Tip

'I never thought ~'는 '~하리라고는 전혀 생각을 못했다'는 의미이다. thought 다음에 of나 about등 전치사가 올 수 있고 that절로 연결될 수도 있다.

Answers 1. about that 2. was going to 3. see

202 Pattern

I never dreamed ~ 꿈에도 ~하지 않았어요.

Useful expressions

1. **I never dreamed** of meeting you there. 너를 거기에서 만나리라고는 꿈에도 생각하지 못했다.
2. **I never dreamed** of doing such a thing. 그런 일을 하리라고는 꿈에도 생각 못했다.
3. **I never dreamed** you'd be a statesman. 네가 정치인이 될 줄은 꿈에도 생각하지 못했다.
4. **I never dreamed** you'd settle the difficult work. 당신이 그 어려운 일을 해결할 거라고 꿈에도 생각 못했어요.
5. **I never dreamed** she'd tell me a lie. 그녀가 나에게 거짓말할 거라고 꿈에도 생각 못했어요.

Dialogue

A : I had lent some money to a friend of mine, but I didn't get paid. 나는 친구에게 돈을 빌려주고 아직 받지 못했어.
B : How much was it? 얼마인데?
A : $5,000. **I never dreamed** he wouldn't pay it back to me. 5천달러. 나는 그가 갚지 않으리라곤 꿈에도 생각하지 않았어.
B : I am sorry to hear that. 그것 안됐구나.

Exercises

1. I never dreamed of _____ so well. 그렇게 성공하리라고는 꿈에도 생각하지 못했다.
2. I never dreamed I'd _____ _____ you here. 너를 여기서 만날 줄은 꿈에도 생각 못했다.
3. I never dreamed I'd _____ the lottery. 나는 복권에 당첨되리라고는 꿈에도 생각하지 못했어요.

> **Tip**
> 'I never dreamed ~'는 '~하리라고는 꿈에도 생각 못했다'는 의미로 전혀 뜻밖에 일이 일어난 경우에 사용하는 표현이다. run into는 '…와 (우연히) 만나다'의 뜻이고 win the lottery는 '복권에 당첨되다'를 의미한다.

Answers 1. succeeding 2. run into 3. win

Pattern 203

I never expected ~ 전혀 ~을 기대하지 않았어요.

Useful expressions

1. **I never expected** that. 그것을 전혀 기대하지 않았어요.
2. **I never expected** to meet you here. 여기에서 당신을 만날 거라고 전혀 기대하지 않았어요.
3. **I never expected** to get through to the finals. 내가 결승전에까지 진출할 줄은 결코 기대하지 못했다.
4. **I never expected** he committed such a crime. 그가 그러한 죄를 범할 것으로 전혀 예상하지 못했어요.
5. **I never expected** he'd come back to his mother country. 그가 모국으로 돌아오리라고 기대하지 않았어요.

Dialogue

A : When did you come here? 당신은 언제 여기에 왔습니까?
B : One month ago. 1개월 전에요.
A : **I never expected** you to come back so early. 나는 당신이 그렇게 일찍 돌아올 것으로 기대하지 않았어요.
B : An urgent thing happened here. 긴급한 일이 여기에서 일어나서요.

Exercises

1. I never expected to _____ the game. 나는 게임을 이길 것으로 전혀 기대하지 않았다.
2. I never expected to _____ it from you. 나는 그것을 당신에게서 들을 것으로 기대하지 않았어요.
3. I never expected those few items _____ _____ so much. 나는 그 몇 가지 물품이 그렇게 많이 나오리라고는 예상도 하지 못했다.

Tip

'I never expected ~'는 '~하리라고 전혀 기대하지 못했다'의 의미로 전혀 예상하지 않았다가 뜻밖에 일어난 상황에 대하여 놀라움을 나타내는 표현이다. Expect의 동사에서 주어와 목적어가 다르면 목적어를 명확히 표시하여 의미를 분명하게 하여야 한다.

Answers 1. win 2. hear 3. to come

204 Pattern

I never want to ~
절대 ~하고 싶지 않아요.

Useful expressions

1. **I never want to go there.** 나는 거기에 절대 가고 싶지 않아요.
2. **I never want to see you again.** 나는 절대 당신을 다시 보고 싶지 않아요.
3. **I never want to retire from this job.** 나는 절대 퇴직하고 싶지 않아요.
4. **I never want to meet her here.** 나는 여기에서 그녀를 절대 만나고 싶지 않아요.
5. **I never want to support them.** 나는 절대 그들을 지원해 주고 싶지 않아요.

Dialogue

A : What's the reason you don't come to the meeting? 당신이 그 미팅에 오지 않은 이유가 뭐죠?
B : All of the attendees always complain about the company and don't look for a solution. 참석자 모두가 항상 해결책은 찾지 않고 회사에 대해 불평만 하고 있어요.
A : Understandable, but I hope you attend this meeting. 이해할 수 있지만 이번 미팅은 참석하기를 바랄게요.
B : **I never want to attend the meeting.** 나는 절대로 그 미팅에 참석하고 싶지 않아요.

Exercises

1. I never want to _____ you _____. 나는 당신이 화난 모습을 절대 보고 싶지 않아요.
2. I never want to _____ _____ _____ the child like this. 나는 아이를 이런 식으로 절대 돌보고 싶지 않아요.
3. I never want to _____ _____ _____ my wife due to this. 나는 이것 때문에 절대로 와이프와 이혼하고 싶지 않아요.

Tip

'I never want to ~'는 '나는 절대 ~하고 싶지 않아요' 의미로 ~을 하고 싶지 않다는 것을 never를 사용하여 보다 강하게 표현하는 문형이다. retire는 물러나다, (직장에서)퇴직하다의 의미이고 attendee는 보통 '회의 참석자'를 말한다. attendant도 '출석자'의 의미가 있으나 보통 (시중드는)수행원, 안내원을 의미한다.

Answers 1. see angered 2. take care of 3. divorce with

Pattern 205

I'd never ~

절대 ~하지 않을 거예요.

Useful expressions

1. **I'd never** do this again in either event. 어떤 행사건 다시는 하지 않을 거예요.
2. **I'd never** forget the last scene. 나는 마지막 장면을 절대 못 잊을 거야.
3. **I'd never** knowingly lie to you. 나는 결코 고의로 네게 거짓말을 하지는 않을 거예요.
4. **I'd never** do something that would abase myself. 나는 나의 품격을 떨어뜨리는 것을 결코 하지 않을 거예요.
5. **I'd never** want to meet her again. 나는 그녀를 절대 다시 만나지 않을 거예요.

Dialogue

A : What is the downsizing progress of your company? 당신회사의 인원감축 현황은 어때요?
B : As far as I know, about 100 people will be cut off. 내가 알기로는 약 100명이 그만 둘 것 같아요.
A : Are you included in the list? 당신도 그 리스트에 포함되어 있어요?
B : **I'd never** retire from the current job for the time being. 나는 당분간 절대 퇴직하지 않을 거예요.

Exercises

1. I'd never _____ what she said. 나는 그녀가 말한 것을 결코 믿지 않을 거예요.
2. I'd never _____ _____ your feelings. 나는 고의적으로 당신의 기분을 상하게 하지 않을 것이다.
3. I'd never _____ German an easy language. 나는 절대 독일어를 쉬운 언어라고 말하지 않을 거예요.

Tip

'I would never ~'는 '나는 절대 ~하지 않을 거예요'의 의미로 미래에 대한 강한 부정을 표현할 때 사용된다. Never의 위치는 would등 조동사나 be동사의 경우에는 그 다음에 오고 일반 동사의 경우는 그 앞에 위치하여 강한 부정을 나타낸다.

Answers 1. believe 2. intentionally hurt 3. call

Pattern 206~212

I wonder ~

Wonder는 '~을 궁금해 하다, ~을 이상하게 여기다'의 의미로 무엇을 알고 싶어할 때 또는 무슨 행동을 해야 할지 모를 때 사용하는 동사이다. 주로 경탄, 놀람을 표현할 때 사용할 뿐만 아니라 상대방에게 가벼운 질문이나 부탁을 할 때 간접의문문의 형태로 사용한다. I wonder와 함께 'I am wondering ~, I was wondering ~' 등 진행형으로 사용하기도 한다.

Expressions

1. **I wonder what happened.** 나는 무슨 일이 일어났는지 궁금해요.
2. **I wonder when we will leave.** 나는 우리가 언제 떠날지 궁금해요.
3. **I wonder why she did that.** 나는 그녀가 왜 그것을 했는지 궁금해요.
4. **I wonder if I should go.** 내가 가야 할지 어떨지 모르겠어요.
5. **I was wondering if you were free this evening.** 나는 당신이 오늘 저녁 시간이 있는지 궁금해요.

"I wonder ~"

Pattern 206

I wonder what ~

나는 ~이 궁금해요.

Useful expressions

1. **I wonder what** happened. 나는 무슨 일이 일어났는지 궁금해요.
2. **I wonder what** you want to buy. 나는 당신이 무엇을 사고 싶어 하는지 궁금해요.
3. **I wonder what** I had better do. 어떻게 하면 좋을까?
4. **I wonder what** move he will take. 그가 어떻게 나올까?
5. **I wonder what** lies behind her interest. 그녀의 관심의 속뜻을 모르겠어요.

Dialogue

A : Did you see her in his wedding ceremony? 그의 결혼식장에서 그녀를 봤어?
B : No, I didn't see her there. 아니, 보지 못했는데.
A : **I wonder what** happened to her. 그녀에게 무슨 일이 있었나?
B : I don't have any idea. Let me check it. 전혀 모르겠는데. 확인해 볼게.

Exercises

1. I wonder what has _____ _____ him? 그는 어떻게 되었을까?
2. I wonder what it could _____. 그것이 무엇일까 궁금해요.
3. I wonder what _____ _____ the shipment? 선적에 무슨 문제가 있었는지 궁금해요.

Tip
'I wonder what ~'은 '나는 ~이 궁금해요'의 의미로 what이하의 궁금한 내용에 대하여 알고 싶을 때 사용하는 표현이다. 'I wonder'뿐만 아니라 진행형으로 'I am wondering'으로도 사용한다. 'become of'는 '~이 되다'의 의미로 of 다음에 목적격 대명사가 온다는 점에 유의하자.

Answers 1. become of 2. be 3. happened to

207 Pattern

I wonder when ~   언제 ~하는지 궁금해요.

Useful expressions

1. **I wonder when** we will leave. 나는 우리가 언제 떠날지 궁금해요.
2. **I wonder when** I will go up to the peak of the mountain. 내가 산 정상까지 언제 갈지 궁금해요.
3. **I wonder when** he will be back. 나는 그가 언제 돌아올지 궁금해요.
4. **I wonder when** it will be finished. 나는 그것이 언제 끝나게 될지 궁금해요.
5. **I wonder when** the shipment will be made. 나는 선적이 언제 이루어질지 궁금해요.

Dialogue

A : Are you ready to ship the goods out? 제품을 선적할 준비가 되어 있어요?

B : I understand they will be shipped out tomorrow. 내일 제품들이 선적되는 것으로 알고 있어요.

A : **I wonder when** the vessel will carry the container. 언제 배가 그 컨테이너를 싣고 가는지 궁금해요.

B : Once it is fixed, I will let you know. 확정되면, 알려 드리겠습니다.

Exercises

1. I wonder when she _____ _____. 그녀가 언제 돌아올지 궁금해요.
2. I wonder when the baseball game _____ _____ _____. 나는 그 야구경기가 언제 끝나는지 궁금해요.
3. I wonder when this rainy season _____ _____. 나는 이 우기가 언제 끝날지 궁금해요.

Tip
'I wonder when ~'는 '나는 언제 ~하는지 궁금해요.'의 의미로 궁금한 내용을 의문사 when과 함께 쓰여 구체적으로 나타내는 표현이다. 'the goods'는 재화, 제품을 의미하는 명사로 쓰이고 있고 'ship out'는 제품이 배에 선적되어 출항하는 것을 의미한다.

Answers 1. will return 2. will be over 3. will end

Pattern 208

I wonder why ~   왜 ~하는지 궁금해요.

Useful expressions

1. **I wonder why** she did that. 나는 그녀가 왜 그렇게 했는지 궁금하다.
2. **I wonder why** he is late. 그가 왜 늦는지 궁금하다.
3. **I wonder why** the flight's been delayed. 비행기가 왜 연착됐는지 궁금해요.
4. **I wonder why** he wants to do that. 그가 왜 그것을 하기를 원하는지 모르겠네요.
5. **I wonder why** I didn't think of it. 내가 왜 그 생각을 못했는지 궁금해요.

Dialogue

A : How badly is Frank injured? 프랭크가 얼마나 다쳤어요?

B : He is heavily injured. 중상이에요.

A : **I wonder why** he didn't fasten seat belt at this time. 이번에 왜 그가 안전벨트를 매지 않았는지 궁금해요.

B : He seemed to forget about it momentarily. 그가 순간적으로 그것을 잊었던 것 같아요.

Exercises

1. I wonder why I _____ this job. 내가 왜 이 일을 하는지 궁금해요.
2. I wonder why it's _____ _____ here. 여기는 왜 그렇게 추운지 모르겠어요.
3. I wonder why they _____ _____ _____ business. 그 회사가 왜 파산했는지 궁금해요.

Tip

'I wonder why ~'는 '나는 왜 ~하는지 궁금해요.'의 의미로 궁금한 내용을 의문사 why와 함께 쓰여 구체적으로 나타내는 표현이다. 'heavily injured'는 '중상을 당하다'의 의미이고 'fasten seat belt'는 '안전벨트를 매다'의 의미이다.

Answers **1.** do **2.** so cold **3.** went out of

I wonder how ~

어떻게 ~하는지 궁금해요.

Useful expressions

1. **I wonder how** old he is. 그가 몇 살인지 궁금해요.
2. **I wonder how** she is getting along. 그녀가 어떻게 지내고 있는지 궁금해요.
3. **I wonder how** I can take off some weight. 어떻게 하면 체중을 좀 줄일 수 있을지 궁금해요.
4. **I wonder how** he'll spend his retirement. 그가 은퇴하고 어떻게 지낼지 궁금하네요.
5. **I wonder how** much of a raise I'll get this year. 금년에는 월급이 얼마쯤 오를지 궁금해요.

Dialogue

A : When do you plan to retire from your work? 언제 은퇴할 것을 계획하고 있습니까?
B : I would say I'll quit the company after 5 years. 5년 후에는 회사를 그만두려고 해요.
A : **I wonder how** and where you will spend your retirement. 나는 당신이 은퇴생활을 어떻게 어디에서 보낼지 궁금해요.
B : I would taste the pleasure of rural life. 나는 전원생활의 즐거움을 맛보고 싶어요.

Exercises

1. I wonder how far I can _____ her. 그녀를 어디까지 믿을 수 있을지 궁금해요.
2. I wonder how she _____ _____ the rough times. 나는 그녀가 힘든 시기를 어떻게 견뎌냈는지 궁금해요.
3. I wonder how all this _____ _____ him. 이런 온갖 상황이 그에게 어떤 영향을 미칠지 궁금해요.

Tip 'I wonder how ~'는 '나는 어떻게 ~하는지 궁금해요.'의 의미로 궁금한 내용을 의문사 how와 함께 쓰여 구체적으로 나타내는 표현이다. 'get along'은 '살아가다', '꾸려가다'의 의미이고 'get along with'는 '사이좋게 지내다'의 의미이다.

Answers 1. trust 2. lived through 3. will affect

Pattern 210

I wonder if ~

~할지 궁금해요.

Useful expressions

1. **I wonder if** I should go. 내가 가야 할지 어떨지 모르겠어요.
2. **I wonder if** she's going to take it. 그녀가 그것을 수락할지 궁금해요.
3. **I wonder if** I could do something like that. 나도 그렇게 할 수 있을지 궁금해요.
4. **I wonder if** he has prepared for the trip. 여행 준비를 했는지 궁금해요.
5. **I wonder if** they'll appoint her as their new marketing manager. 그들이 그녀를 신임 마케팅 매니저로 임명할지 궁금해요.

Dialogue

A : What was his flight schedule? 그의 항공 일정이 어떻게 되었지?
B : He was supposed to depart from airport at 08:00 in the morning. 아침 8시에 출발하기로 되어 있었어요.
A : **I wonder if** he would arrive at the destination in safety. 그가 무사히 목적지에 도착했는지 궁금한데.
B : I didn't get a call from him. Let me confirm it. 그로부터 전화를 받지 못했는데. 확인해볼게요.

Exercises

1. I wonder if it _____ _____ tomorrow. 내일은 비가 오지 않을까?
2. I wonder if our insurance _____ this sort of thing. 이런 것도 보험 처리가 되는지 모르겠네요.
3. I wonder if you really _____ me. 네가 날 이해했는지 모르겠네.

Tip

'I wonder if ~'는 '나는 ~할지 궁금해요'의 의미로 명사절을 동반하며 if대신에 whether를 사용하여도 동일한 의미를 갖는다. 'be supposed to'는 '~하기로 되어 있다'의 의미이고 cover는 '~을 덮다'의 의미 이외에 '~을 포함하다', '~에 미치다'의 의미를 갖는다.

Answers 1. will rain 2. covers 3. understand

211 Pattern

I was wondering if ~

~한지 궁금해요.

Useful expressions

1. **I was wondering if** you were free this evening. 오늘 저녁에 시간이 있는지 궁금해요.
2. **I was wondering if** you could help me. 당신이 좀 도와줄 수 있는지 궁금합니다.
3. **I was wondering if** I could ask you a favor. 부탁 하나 할 수 있을까요?
4. **I was wondering if** we could change seats. 좌석 좀 바꿨으면 하는데요?
5. **I was wondering if** you have made payment for the goods. 받으신 물품에 대한 대금 지불이 완료되었는지 궁금해서요.

Dialogue

A : Is this price of this outfit over $1,000? 이 옷 한 벌의 값이 1,000달러가 넘습니까?
B : Yes. It is expensive one. 예, 그것은 비싼 옷입니다.
A : **I was wondering if** you could give me some reduction. 좀 가격인하 해줄 수 있는지 궁금합니다.
B : Sorry. This is not for sale, but sells at the regular price. 미안해요. 이것은 세일하는 것이 아니라 정상 가격으로 판매됩니다.

Exercises

1. I was wondering if you would _____ me some money. 돈 좀 빌려 줄 수 있는지 모르겠네.
2. I was wondering if you'd _____ time to take a look at it today. 오늘 그걸 한 번 봐 주실 시간이 되시나 해서요.
3. I was wondering if you'd like to _____ us for dinner this evening. 오늘 저녁 식사 때 저희와 자리를 함께 하실 생각이 있으신가요.

Tip

'I was wondering if ~'는 '나는 ~한지 궁금해요.'의 의미로 명사절을 동반하며 if대신에 whether를 사용할 수 있다. 정중하게 도움을 요청하거나 부탁할 때 사용하는 표현이다. 시제의 일치에 따라 앞의 동사의 시제와 일치해야 한다.

Answers **1.** lend **2.** have **3.** join

Pattern 212

No wonder ~   ~것은 조금도 이상하지 않다, ~은 당연하다.

Useful expressions

1. **No wonder** he's so fat.   그가 뚱뚱한 것은 당연하다.
2. **No wonder** you were late!   네가 지각한 것은 조금도 이상하지 않아!
3. **No wonder** I couldn't find it.   내가 그것을 못 찾았던 게 당연하군요.
4. **No wonder** he has failed.   그가 실패한 것은 당연하다.
5. **No wonder** you spoke in favor of him.   네가 그를 변호하는 것은 당연하다.

Dialogue

A : Why doesn't she eat beef?   왜 그녀는 소고기를 먹지 않지?
B : You don't know she is a vegetarian?   그녀가 채식주의자라는 것을 몰라?
A : I see. **No wonder** she's skinny.   알겠다. 그녀가 날씬한 게 이상한 일이 아니네.
B : She doesn't like to be fat.   그녀는 살찌는 것을 싫어해.

Exercises

1. No wonder she _____ _____.   그녀가 아픈 것은 조금도 이상하지 않아.
2. No wonder he _____ _____.   그가 불평하는 것은 당연하다.
3. No wonder you _____ _____ _____ as you acted against my advice.   당신이 내 충고를 거역했으니 지금 어려움을 겪고 있는 것이 당연하지.

Tip

'No wonder ~'는 '~인 것은 조금도 이상하지 않다, 당연하다'의 의미로 'It is no wonder that절'의 축약어이다. 따라서 'no wonder' 다음에 항상 절을 동반해야 한다. 'in favor of'는 '~를 위하여', '찬성하여'의 뜻으로 'speak in favor of' 하면 '변호하다'의 의미이다.

Answers **1.** is ill **2.** makes complaints **3.** are in trouble

Pattern 213~216

It seems(You seem) ~

Seem은 '~처럼 보이다. ~인 것 같다'의 의미로 겉으로 보았을 때 느끼는 감정을 표현하거나 추측을 할 때 사용된다. 'It seems that ~'와 '주어 + seem'의 형태로 사용되고 '주어 + seem like + 명사'와 '주어 + seem + to ~'의 형태로 사용되기도 한다. 이와 유사하게 **appear** 동사를 사용하여 '~처럼 보이다'를 표현하기도 한다.

Expressions

1. It seems **that he was sick.**   그가 아팠던 것 같다.
2. It seems **that he was not there.**   그는 그곳에 없었던 것 같다.
3. It seems **like a dream.**   그것은 꿈인 것 같다.
4. It seems **as if you love her.**   당신은 그녀를 사랑하는 것처럼 보여요.
5. You seem **to be sad.**   당신은 슬퍼 보여요.

"It seems ~"

Pattern 213

It seems that ~
~인 것 같아요.

Useful expressions

1. **It seems that** he was sick. 그가 아팠던 것 같아요.
2. **It seems that** he was not there. 그는 거기에 없었던 것 같다.
3. **It seems that** she's right. 그녀가 옳은 것 같다.
4. **It seems that** the message is getting through. 그 메시지는 전달되고 있는 것 같다.
5. **It seems that** he doesn't know anything about it. 그는 그것에 대해서 전혀 모르는 것 같아요.

Dialogue

A : Did Ms. Choi show up in the office? 최양이 사무실에 출근했어요?
B : She didn't. 그녀가 오지 않았는데요.
A : What happened to her? 무슨 일이 있지?
B : **It seems that** she is ill. 그녀가 아픈 것 같아요.

Exercises

1. It seems that our work will _____ _____ without end. 우리의 작업은 끝없이 지속될 것처럼 보인다.
2. It seems that my remark _____ _____ his feelings. 내 말이 그의 감정을 상하게 한 것 같다.
3. It seems that Japan will never _____ Korea. 일본은 절대 한국을 이길 수 없을 것 같은데.

Tip

'It seems that ~'는 '~인 것 같아요'의 의미로 피상적인 감정표현이나 추측을 할 때 사용하는 표현이다. It seems 다음에 to me를 삽입하면 '나에게 ~처럼 보인다'의 의미이다. 실제로 대화에서 직접적인 표현보다 완곡하게 말하는 경우가 많아 이러한 문형이 많이 사용된다.

Answers 1. be continued 2. has hurt 3. beat

214 Pattern

It seems like ~

~처럼 보여요, ~인 것 같아요.

Useful expressions

1. **It seems like** a dream. 그것은 꿈인 것 같아요.
2. **It seems like** you just joined us. 갓 입사한 것 같아요.
3. **It seems like** we've been driving for 3 hours. 3시간 정도는 운전한 것 같은데요.
4. **It seems like** you are always busy when I'm free. 내가 한가할 땐 넌 늘 바쁜 것 같아.
5. **It seems like** they go down once a week. 그것들은 일주일에 한 번 내려가는 것 같아요.

Dialogue

A : What time are they supposed to be here? 몇 시에 그들이 여기에 오기로 되어 있어요?

B : at 2:00 p.m.. 오후 2시입니다.

A : It is already 2: 30 now. 지금 이미 2시 30분인데요.

B : **It seems like** they are held up in traffic. 그들이 교통체증으로 막혀 있는 것 같아요.

Exercises

1. It seems like a _____ _____. 좋은 생각인 것 같아요.
2. It seems like we _____ _____ for hours. 몇 시간 동안 꼼짝 않고 있었던 거 같아.
3. It seems like the older you _____, the better you _____. 자네는 나이가 들수록 얼굴이 더 좋아지는 것 같아.

Tip

'It seems like ~'는 '~처럼 보여요, ~인 것 같아요'의 의미로 다음에 명사구나 명사절이 온다. 어법적으로 like 다음에 절이 와서는 안 되지만 현대 회화에서 like 다음에 절이 오는 경우를 많이 볼 수 있다. 'held up'은 '(교통체증으로 꽉) 막혀 있다'의 의미이다.

Answers 1. good idea **2.** haven't moved **3.** grow look

Pattern 215

It seems as if ~   ~처럼 보여요, ~인 것 같아요.

Useful expressions

1. **It seems as if** you love her.   당신은 그녀를 사랑하는 것처럼 보여요.
2. **It seems as if** she is not happy.   그녀가 행복한 것 같지 않아요.
3. **It seems as if** he won't recover.   그가 회복되지 않을 것처럼 보여요.
4. **It seems as if** you are one of my friends.   당신은 내 친구 중의 한 사람인 것 같아요.
5. **It seems as if** they escaped serious injury.   그들은 부상을 모면한 것처럼 보여요.

Dialogue

A : How is his speaking English?   그의 영어는 어때요?
B : **It seems as if** he speaks English fluently.   그는 영어를 유창하게 말하는 것처럼 보여요.
A : Does he speak Chinese as well?   그가 중국어도 하나요?
B : It seems like he doesn't speak Chinese.   중국어는 하지 못하는 것 같아요.

Exercises

1. It seems as if they don't _____ _____ tonight.   그들은 오늘 밤에 모이지 않는 것처럼 보여요.
2. It seems as if he won't _____ _____ tomorrow.   그가 내일 여기에 오지 않을 것처럼 보여요.
3. It seems as if she won't _____ _____ with him.   그녀가 그와 결혼하지 않을 것처럼 보이는데요.

Tip
'It seems as if ~'는 '~처럼 보여요, ~인 것 같아요'의 의미로 'seems + as if'의 형태로 as if 자체가 '마치 ~처럼'의 뜻을 가지고 있어 의미상 'seems like'와 차이가 없다. as if는 가정법을 동반하나 단순한 추측일 경우 as if절에 가정법을 쓰지 않는다.

Answers 1. get together 2. come here 3. get married

216 Pattern

You seem to ~

당신은 ~한 것 같아요.

Useful expressions

1. **You seem to** be sick. 당신은 아픈 것 같아요.
2. **You seem to** be sad. 당신은 슬퍼 보여요.
3. **You seem to** be a foreigner. 당신은 외국인인 것 같아요.
4. **You seem to** like music. 당신은 음악을 좋아하는 것 같아요.
5. **You seem to** work hard. 당신은 열심히 일하는 것 같아요.

Dialogue

A : Did you go to the baseball stadium yesterday? 어제 야구장에 갔습니까?
B : Yes. I went there with my family. 예, 가족과 함께 갔어요.
A : **You seem to** have had a good time. 좋은 시간을 보낸 것 같아요.
B : I did. What did you do? 그랬어요. 당신은 무엇을 했어요?

Exercises

1. You seem to _____ _____ today. 당신은 오늘 우울해 보여요.
2. You seem to _____ _____ _____. 당신은 항상 바쁜 것 같아요.
3. You seem to _____ _____ doing this. 너는 이것을 즐기는 것 같아.

Tip

'You seem to ~'는 '당신은 ~인 것 같아요'의 의미로 이것은 'It seems that you ~'처럼 사용하여 It을 주어로 사용할 수 있다. 'have fun'은 '재미있게 놀다', '흥겨워 하다'의 의미로 쓰인다.

Answers **1.** be gloomy **2.** be always busy **3.** have fun

It seems(You seem) ~ 275

Pattern 217~222

오감동사~

오감동사는 look, feel, smell, sound, taste동사와 같이 인간이 오감으로 느낄 수 있는 동사를 말한다. 이들 동사는 보통 다음 두 가지 방법으로 사용된다. 하나는 주어 다음에 보어로서 형용사가 따라오는 것이고 다른 하나는 오감동사 + like 또는 of와 함께 쓰인 다음에 명사나 대명사가 따라온 것이다. seem이나 appear는 오감동사는 아니지만 look와 유사한 의미로 '~처럼 보이다'를 표현할 때 사용될 수 있는 동사들이다.

Expressions

1. He looks tired. 그는 피곤해 보인다.
2. That sounds like a good idea. 그것은 좋은 생각인 것 같은데요.
3. It smells of fish. 고기 냄새가 난다.
4. It tastes delicious. 그것 맛이 좋은데요.
5. I feel like a cup of coffee. 나는 커피 한 잔을 마시고 싶다.

"오감동사~"

217 Pattern

look like ~
~처럼 보여요.

Useful expressions

1. He **looks like** a philosopher.   그는 철학자처럼 보여요.
2. You **look like** your father.   당신은 아버지를 닮았어요.
3. You **look like** you've lost some weight.   당신은 살이 좀 빠진 것 같네요.
4. It **looks like** snow.   눈이 올 것 같아요.
5. You **look like** you've had a pretty tough day.   굉장히 힘들었나 보군요.

Dialogue

A : You **look like** a pale person today.   당신은 오늘 창백한 사람 같아 보여요.
B : I didn't sleep enough yesterday night.   나는 어젯밤 잠을 충분히 자지 못했어요.
A : What happened?   무슨 일이 있었어요?
B : I got a quarrel with my wife.   아내와 말다툼을 했어요.

Exercises

1. It looks like _____.   비가 올 것 같다.
2. It looks like she _____ to go.   그녀는 갈 작정인 것 같다.
3. That looks like an _____ _____, what is it?   그것은 재미있는 잡지처럼 보이는데, 뭐예요?

Tip

'look like ~'는 '(표면상으로) ~처럼 보이다'의 의미로 seem, appear의 의미와 유사하다. 어법적으로 look like다음에 명사나 대명사가 나와야 하지만 구어체에서 명사, 대명사 이외에 절이 와서 사용되는 것을 많이 볼 수 있다. 'lose weight'는 '살이 빠지다'의 의미이다.

Answers 1. rain 2. means 3. interesting magazine

Pattern 218

sound like ~
~처럼 들려요, ~인 것 같아요.

Useful expressions

1. **That sounds like a good idea.** 그것은 좋은 생각인 것 같은데요.
2. **The wind sounds like a whistle.** 바람이 휘파람처럼 들려요.
3. **It sounds like a good deal.** 그것은 좋은 일 같은데요.
4. **That sounds like quite an improvement.** 훨씬 나아진 것 같네요.
5. **It sounds like something bothers you.** 뭔가 괴로운 게 있는 것 같은데요.

Dialogue

A : Oh, that sounds like fun. What time should we come? 와, 재미있겠는데요. 몇 시에 가면 돼요?
B : You should come there by five o'clock. 다섯 시까지 와야 돼요.
A : Do we need to bring anything? 뭐 가져갈 건 없어요?
B : You don't need. 필요 없어요.

Exercises

1. That sounds like _____! 그것 재미있을 것 같은데.
2. That sounds like a _____ _____. 그것 좋은 계획인 것 같은데요.
3. It sounds like it's now _____ _____ next to me. 그것은 내 바로 옆에서 나는 소리처럼 들리네요.

Tip

'sound like ~'는 '~처럼 들리다, ~인 것 같다'의 의미로 어법적으로 'sound like' 다음에 명사나 대명사가 나와야 하지만 구어체에서 명사, 대명사 이외에 절이 와서 사용되는 것을 많이 볼 수 있다. deal은 거래, 일, 계약 같은 의미로 많이 사용한다.

Answers 1. fun 2. good plan 3. right here

219 Pattern

smell ~

~한 냄새가 나요, 냄새가 ~해요.

Useful expressions

1. **That smells good.** 그것 냄새가 좋은데.
2. **It smells wonderful.** 그것 냄새가 근사한데요.
3. **It smells like a lemon.** 그것은 레몬 냄새 같다.
4. **He smells of wine.** 그에게서 술 냄새가 난다.
5. **This rose smells sweet.** 이 장미는 향기가 좋다.

Dialogue

A : Don't you smell something in the house? 집안에서 무슨 타는 냄새나는 것 같지 않아요?
B : Hold on. I smell something burning. 잠깐. 나는 뭔가 타는 냄새를 느낄 수 있는데요.
A : Go to the kitchen and look around it. 부엌에 가서 주변을 둘러 보세요.
B : Oh! Something is burning in the trash basket. 오! 쓰레기통에서 뭔가 타고 있어요.

Exercises

1. He smells _____. 그는 심한 냄새가 난다.
2. His breath smells _____ _____. 그의 입김에서 마늘 냄새가 난다.
3. Appetizing food always smells _____. 식욕을 돋우는 음식은 언제나 맛있는 냄새가 난다.

Tip

'smell ~'는 '~한 냄새가 나다, 냄새가 ~하다.'의 의미로 어법적으로 다음에 형용사가 나와야 한다. 사람이 주어로 쓰일 경우 smell 다음에 형용사가 나와야 하지만 그렇지 못할 경우 of + 명사의 형태가 되어야 한다. smell of wine, 또는 smell of garlic 등이 좋은 예이다.

Answers 1. awful 2. of garlic 3. delicious

Pattern **220**

taste ~

~한 맛이 나요, 맛이 ~해요.

Useful expressions

1. It **tastes** delicious. 그것 맛이 좋은데요.
2. The fish **tastes** stale. 생선에서 상한 맛이 나요.
3. The food **tastes** of garlic. 그 음식은 마늘 맛이 난다.
4. It **tastes** strongly of mint. 그것은 박하 맛이 강하게 난다.
5. This coffee **tastes** a little bitter. 이 커피 맛이 좀 쓴데요.

Dialogue

A : How do you **taste** this soup? 이 국물 맛이 어때요?
B : It tastes funny to me. 나에게는 맛이 이상한 것 같아요.
A : How does this Kimchi taste? 김치 맛은 어떤 것 같아요?
B : It tastes too sour. 너무 신 맛이 나요.

Exercises

1. This food tastes _____. 이 음식은 맛이 좋다.
2. The soup tastes _____ _____. 그 수프는 양파 맛이 난다.
3. Tuna tastes _____ _____ chicken. 참치는 다소 닭고기 맛이 난다.

Tip

'taste ~'는 '~한 맛이 나다, 맛이 ~하다'의 의미로 어법적으로 다음에 형용사가 나와야 한다. 음식이 주어로 쓰일 경우 smell 다음에 형용사가 나와야 하지만 그렇지 못할 경우 of + 명사의 형태가 되어야 한다. funny는 '우스운', '익살맞은'의 뜻으로 많이 사용되지만 또한 '이상한'의 의미로 사용되기도 한다.

Answers **1.** good **2.** of onion **3.** somewhat like

Pattern 221

feel like ~

~하고 싶다, ~처럼 느껴져요.

Useful expressions

1. I **feel like** to have a cup of coffee. 커피 한 잔을 마시고 싶다.
2. I **feel like** going out(to go out) tonight. 나는 오늘 밤 외출하고 싶다.
3. I finally **feel like** I can see the light. 마침내 빛을 볼 수 있는 것처럼 느껴져요.
4. Sometimes I just **feel like** quitting(to quit) this job and moving to Hawaii. 가끔 난 이 일을 그만 두고 하와이로 이사 가고 싶어.
5. I **feel like** I'm in a spaceship. 마치 우주선 안에 들어온 것 같아요.

Dialogue

A : When are you going on a picnic? 언제 피크닉을 갈 거예요?
B : We are planning for next Saturday. 우리는 다음 토요일에 계획하고 있어요.
A : What do you want to cook there? 거기에서 무엇을 요리하려고 해요?
B : I **feel like** barbecuing some beef ribs. 나는 소갈비를 좀 바베큐하고 싶어요.

Exercises

1. I feel like _____ _____. 토할 것 같습니다.
2. I feel like I'm hard _____ _____ serving the nation. 나는 국가에 봉사하면서 임무에 전력을 다하고 있다고 생각합니다.
3. I feel like I'm the most _____ _____. 제가 운이 제일 좋은 사람이라는 생각이 들어요.

Tip

'feel like ~'는 '~ 하고 싶다, ~처럼 느껴지다'의 의미로 어법적으로 다음에 명사나 동명사가 나와야 한다. 구어체에서 다른 지각동사와 마찬가지로 feel like 다음에 절이 와서 사용되는 경우가 많다. 'through up'은 '(먹은 것을) 토하다'의 의미로 vomit와 동일한 의미를 갖는다.

Answers 1. throwing up 2. at work 3. luckiest person

Pattern 222

don't feel like ~   ~하고 싶지 않다, ~할 기분이 아니다.

Useful expressions

1. I **don't feel like** going out with you.   나는 당신과 외출하고 싶지 않아요.
2. I **don't feel like** meeting her today.   나는 오늘 그녀를 만나고 싶지 않아요.
3. I **don't feel like** singing now.   나는 지금 노래 부를 기분이 아니에요.
4. I **don't feel like** I want to go through that alone.   저는 그것을 홀로 경험하고 싶지 않습니다.
5. I **don't feel like** going shopping today.   오늘은 쇼핑을 가고 싶지 않습니다.

Dialogue

A : Honey! What would you like to eat tonight?   여보! 오늘 밤 무엇을 먹지?
B : Let's go out for dinner tonight. It's been a long day and I **don't feel like** cooking at home.   외식해요. 너무 긴 하루여서 집에서 요리하고 싶지 않아요.
A : Which restaurant do you want to go?   어떤 음식점에 가고 싶소?
B : I feel like eating a Chinese food.   중국 음식을 먹고 싶은데.

Exercises

1. I don't feel like _____. 나는 일 하고 싶지 않아.
2. I don't feel like _____ tonight. 나는 오늘 밤에 춤을 추고 싶지 않아요.
3. I don't feel like _____ _____ now. 나는 지금 아무것도 하고 싶지 않아요.

Tip

'don't feel like ~'는 '~ 하고 싶지 않다, ~할 기분이 아니다'의 의미로 feel like의 부정형이다. feel like + ~ing형이 일반적이나 feel like 다음에 명사, 대명사 또는 절이 올 수 있다.

Answers 1. working 2. dancing 3. doing anything

Pattern 223~229

If ~

If는 가정, 조건을 나타낼 때와 가정법에서 부사절로 사용될 때 사용하는 접속사로 '만약 ~이라면', '만약 ~한다면' 의 의미를 갖는다. 가정, 조건을 나타낼 경우 주어진 가정, 조건을 기준으로 '~하겠다' 는 주어의 의지를 표현할 수 있고, 가정법의 경우 시제에 따라 실제로 일어나지 않은 일에 대하여 가정을 하여 '만약 ~라면 ~할텐데' 의 형태로 표현할 수 있다. If가정법에는 가정법 과거완료, 가정법 과거, 가정법 현재 및 가정법 미래의 네 가지 시제로 표현할 수 있다

Expressions

1. **If** you have any doubts, make sure for yourself. 의심 나면 당신이 직접 확인해 보세요.
2. **If** you don't mind, I want to get some rest. 괜찮으시다면 나는 좀 쉬고 싶어요.
3. **If** you ask me, this is a complete waste of time. 내 생각에는, 이것은 완전히 시간낭비입니다.
4. **If** I were you, I wouldn't do that. 내가 당신이라면 그렇게 하지 않을 텐데.
5. **If** there's anything I can do for you, please let me know. 제가 해 드릴 일이 있으면 저에게 알려 주십시오.

Pattern 223

If you have any ~   당신이 조금이라도 ~이 있다면

Useful expressions

1. **If you have any** doubts, make sure for yourself.   의심나는 것이 있으면 직접 확인해 보십시오.
2. **If you have any** questions, please feel free to contact me.   질문 있으면 나에게 연락하여 주세요.
3. **If you have any** pencils, will you lend me one?   연필이 있거든 하나 빌려 주십시오.
4. **If you have any** complaints, please put them in writing.   불만 사항이 있으면 서면으로 하세요.
5. **If you have any** plans to go for a walk, you'd better bring your umbrella with you.   만약 이날 산책나갈 계획을 가지고 계신다면, 우산을 꼭 가져가는 것이 좋겠어요.

Dialogue

A : Yes, I'd like something salty. Get me some pretzels if you have.   예, 나는 짭짤한 것이 좋겠는데. 프레첼 좀 있으면 주세요.
B : I am sorry that they are not available now.   지금은 프레첼이 없어 미안합니다.
A : **If you have any** salty snacks, please give me some.   짭짤한 스낵이 있으면 좀 주세요.
B : Sure. I will.   예, 그러겠습니다.

Exercises

1. If you have any _____, please lend me some.   당신이 돈이 있으면, 나에게 좀 빌려 주세요.
2. If you have any _____ _____ please contact us.   더 조사하실 것이 있으시면, 저희에게 연락 주십시오.
3. If you have any _____ _____ please do not hesitate to contact me.   기타 문의사항이 있으시면 주저하지 마시고 연락 주십시오.

Tip

'If you have any ~'는 '당신이 ~라도 있다면'의 의미로 문장 앞, 뒤에서 사용할 수 있다. 'feel free to ~', 'don't hesitate to ~' 등은 질문, 요청사항에 대한 의례적인 표현으로 '주저말고(마음대로) ~해 주세요'의 의미이다.

Answers 1. money 2. further inquiries 3. other queries

224 Pattern

If you don't mind ~   괜찮으시다면

Useful expressions

1. **If you don't mind**, I want to get some rest. 괜찮으시다면 나는 좀 쉬고 싶어요.
2. **If you don't mind**, I'll go to a doctor. 괜찮으시다면, 의사에게 가겠습니다.
3. **If you don't mind**, I'd like to open the window. 괜찮으시다면 창문을 열고 싶습니다.
4. **If you don't mind**, I'd like to go back home. 괜찮다면 집에 다시 돌아가고 싶습니다.
5. **If you don't mind**, I'd like to keep the car until five o'clock. 괜찮다면 5시까지 차를 빌렸으면 하는데.

Dialogue

A : Our customer is considering to place a big order with us, if the price is a little lower. 가격이 조금 내려가면, 우리의 거래선이 큰 물량을 주문할 것을 고려하고 있습니다.

B : Oh, that's a great news. **If you don't mind**, I'd like to have some time to think it over. 오 대단한 소식이군요. 괜찮으시다면, 생각할 시간 좀 갖고 싶습니다.

A : Of course not. 괜찮습니다.

B : I think we have to make this deal a success at this time. 이번에는 이 일을 성사시켜야 한다고 생각해요.

Exercises

1. If you don't mind, I'd like to _____ here. 괜찮으시다면, 여기에서 담배를 피우고 싶습니다.
2. If you don't mind, I'd like to _____ you tonight. 괜찮으시다면, 오늘밤 당신과 시간을 같이하고 싶습니다.
3. If you don't mind, I'd like to _____ Friday _____. 괜찮으시다면, 금요일은 쉬고 싶습니다.

Tip
'If you don't mind ~'는 '괜찮으시다면'의 의미로 상대방에게 양해를 구하는 정중한 표현이다. mind는 '꺼리다', '피하다'의 의미로 mind를 사용한 질문에 긍정으로 대답할 때에는 'No, I don't mind'로 반대일 때에는 'Yes, I do'로 대답해야 한다는 점에 유의하자.

Answers 1. smoke 2. join 3. take off

Pattern 225

If you ask me ~
내 생각을 말하자면, 내 생각에는

Useful expressions

1. **If you ask me**, this is a complete waste of time. 내 생각에는 이것은 완전히 시간낭비입니다.
2. **If you ask me**, she's too scared to do it. 내 생각에는 그녀가 너무 겁이 나서 그것을 못하는 것 같아요.
3. **If you ask me**, the judge's call was right. 내 생각엔 심판의 결정이 정확했어요.
4. He's a strange man, **If you ask me**. 그는 말하자면 이상한 사람이다.
5. **If you ask me**, I think he's suited for the position. 내 생각에는, 그가 그 직책에 적격인 것 같아요.

Dialogue

A : Are you nearly finished with the work? 그 일을 거의 끝냈어요?
B : That's over for sure. **If you ask me**, we put in a full day's work by lunch time. 확실히 끝냈어요. 내 생각에는 우리가 하루 일할 분량을 점심 시간까지 다 한 것 같아요.
A : Is that right? 그렇습니까?
B : I can't remember a day this hectic. I'm glad it's over. 이렇게 바빴던 날이 또 있었나 싶을 정도예요. 일이 다 끝나서 정말 기뻐요.

Exercises

1. If you ask me, he is the _____ _____. 내 생각에는 그가 제일 좋은 친구예요.
2. If you ask me, she's _____ _____. 내 생각에는 그는 이미 떠났어요.
3. If you ask me, they are _____ _____ _____. 내 생각에 그들은 합리적이고 공평해요.

Tip

'If you ask me ~'을 직역하면 '당신이 나에게 묻는다면'의 뜻으로 자연스럽게 '내 생각을 말하자면, 내 생각에는'의 의미로 표현할 수 있다. 상대방에게 자기의 생각이나 의견을 조심스럽게 말할 때 사용하는 표현이다. hectic은 '열광적인', '몹시 바쁜'의 의미이다.

Answers 1. best friend **2.** already left **3.** reasonable and fair

226 Pattern

If there's ~

만약 ~이 있다면

Useful expressions

1. **If there's** anything I can do for you, please let me know. 제가 해 드릴 일이 있으면 알려 주십시오.
2. **If there's** a true patriot, he is the one. 그 사람이야말로 진정한 애국자다.
3. **If there's** one thing a person does, it is not really your job. 어떤 사람이 하고 있는 일이 있다면 그것은 진정으로 당신이 하고 있는 일이 아니다.
4. **If there's** a storm, you should get inside a building. 폭풍우가 내리면 건물 안으로 들어가야 합니다.
5. **If there's** an important business deal, people want to talk to the responsible man. 중요한 거래가 있다면 사람들은 책임자와 얘기하기를 원합니다.

Dialogue

A : How are you getting along these days? 요즘 어떻게 지내요?
B : I quit the company and I'm looking for another job. 직장을 그만두고 다른 직장을 알아보고 있습니다.
A : **If there's** any help you need from me, please let me know. 나에게서 도움이 필요하다면, 나에게 알려주세요.
B : Thank you for your statement. I will. 당신 말씀에 감사합니다. 그렇게 하겠습니다.

Exercises

1. If there is a problem, you should _____ _____ early. 문제가 있을 경우 당신은 조기에 치료가 가능합니다.
2. Be sure the entrance is securely _____ if there is no one inside the facility. 공장 안에 아무도 없을 때에는 출입구를 반드시 잠그시오.
3. If there is a thing you want to have, just _____ _____ it. 여러분이 갖고 싶은 것이 있다면, 요청하세요.

Tip
'If there's any ~'은 '만약 ~ 이 있다면'의 의미로 상대방에게 조언이나 도움을 주고 싶을 때 쓸 수 있는 표현이다. quit는 (일을)그만두다, (직장을)떠나다의 의미이다.

Answers 1. fix it 2. locked 3. ask for

Pattern 227

If I were you ~
내가 당신이라면

Useful expressions

1. **If I were you**, I wouldn't do that. 내가 당신이라면 그렇게 하지 않을 텐데.
2. **If I were you**, I would help him. 내가 너라면 그를 도와줄 텐데.
3. **If I were you**, I wouldn't beg for food. 내가 너라면, 음식을 구걸하진 않을 텐데.
4. **If I were you**, I would go and apologize to her. 내가 너라면 그녀에게 가서 사과할 텐데.
5. **If I were you**, I wouldn't let him talk to me that way. 내가 너라면, 그 사람이 나에게 그런 식으로 말하도록 내버려 두지는 않았을 텐데.

Dialogue

A : Have you ever seen the movie? 그 영화를 봤어?
B : Oh, I've already seen it. 오, 나는 그 영화 벌써 봤어.
A : **If I were you**, I wouldn't waste my time. 내가 너라면 시간을 낭비하지 않을 텐데.
B : I've seen it with my family. 가족과 함께 봤어.

Exercises

1. If I were you, I'd not _____ so. 나 같으면 그렇게 하지 않겠다.
2. If I were a bird, I'd _____ _____ you. 내가 새라면 너한테 날아가련만.
3. If I were you, I'd be _____ _____ when buying clothes at that store.
만약 내가 너라면, 그 상점에서 옷을 사는데 있어 더 신중할텐데.

Tip

'If I were you ~'은 '내가 당신이라면, 나 같으면'의 의미로 가정법 과거 문형이다. 따라서 If절에서 I와 함께 쓰인 be동사는 과거형 was 대신에 were가 쓰인다는 점에 유의하자. 가정법 과거는 현재의 사실에 반대되는 일이나 실현 불가능한 소망을 나타낼 때 사용한다.

Answers 1. do 2. fly to 3. more careful

228 Pattern

If it were not for ~

만약 ~이 없다면

Useful expressions

1. **If it were not for** air, all living things would die. 공기가 없다면 모든 생물은 죽을 것이다.
2. **If it were not for** your help, I could not do it. 당신의 도움이 없다면, 나는 그것을 할 수 없을 것이다.
3. **If it were not for** attending the class, I would have got a C. 내가 그 수업을 참석하지 않았더라면 C를 받았을 텐데.
4. **If it were not for** him, I could not do it. 만일 그가 없다면 난 그것을 못했을 것이다.
5. **If it were not for** her sacrifice, we wouldn't have the work done. 그녀의 희생이 없었다면 우리는 일을 끝내지 못했을 거야.

Dialogue

A : Thank you very much for your help. 당신의 협조에 진심으로 감사합니다.
B : You're welcome. 천만에요.
A : **If it were not for** your help, we wouldn't have the work done. 당신의 도움이 없었다면, 우리는 그 일을 끝내지 못했을 거예요.
B : Thank you for your statement. I'm flattered. 말씀에 감사합니다. 과찬의 말씀입니다.

Exercises

1. If it were not for _____, no living things could survive. 물이 없다면 생물은 살아남을 수가 없을 것이나.
2. If it were not for _____ _____, I should be in trouble. 너의 도움이 없다면 나는 곤란한 처지에 놓여 있을 텐데.
3. If it were not for _____, I couldn't live any longer. 그가 없다면, 나는 더 이상 살 수 없을 텐데.

Tip

'If it were not for ~'은 '만약 ~이 없다면'의 의미로 가정법 과거이다. 이것은 가정법이므로 it 다음에 was가 아닌 were가 나와야 한다는 것에 유의하자. If it were not for에서 if가 생략되면 were it not for로 쓸 수 있고 but for 또는 without으로 대체하여 사용할 수 있다.

Answers 1. water 2. your help 3. him

Pattern **229**

If it had not been for ~ 만약 ~이 없었다면

Useful expressions

1. **If it had not been for** your help, I could not have succeeded. 그때 당신의 도움이 없었더라면 나는 성공하지 못했을 것이다.
2. **If it had not been for** him, I would have died. 만일 그가 없었다면 나는 죽었을 것이다.
3. **If it had not been for** your help, I couldn't have passed the examination. 만약 당신의 도움이 아니었다면 나는 그 시험에 합격할 수 없었을 것이다.
4. **If it had not been for** him, I could not have done it. 만일 그가 없었다면 난 그것을 못했을 것이다.
5. **If it had not been for** your help, I should have failed. 당신의 도움이 없었다면 나는 실패했을 것이다.

Dialogue

A : You must have been a great help in the success of this project. 당신은 이 프로젝트의 성공에 큰 도움을 주셨습니다.
B : Do you think so? 당신은 그렇게 생각하세요?
A : Of course. **If it had not been for** your advice and suggestion, we couldn't have succeeded in this project. 물론이지요. 당신의 조언과 제안이 없었다면, 우리는 이 프로젝트를 성공으로 이끌지 못했을 거예요.
B : I really appreciate your statement. 당신의 말씀에 감사합니다.

Exercises

1. If it had not been for _____ _____, I would have failed. 그의 충고가 없었더라면 나는 실패했을 것이다.
2. If it had not been for _____ _____, I should have been in trouble. 그녀의 희생이 없었더라면 나는 곤란한 처지에 놓여 있었을 텐데.
3. If it had not been for _____ _____, I would not have come here on time. 그것을 통과하지 않았더라면 나는 여기에 시간에 맞게 오지 못했을 것이다.

Tip 'If it had not been for ~'은 '만약 ~이 없었다면' 의 의미로 가정법 과거완료이다. If가 생략되면 Had it not been for로 쓸 수 있고 이것 역시 but for 또는 without으로 대체하여 사용할 수 있다.

Answers 1. his advice **2.** her sacrifice **3.** passing that

Pattern 230~232

Unit 43

take ~

Take는 '취하다, 잡다'의 기본적인 의미에서 출발하여 '데리고 가다, 가지고 가다, 받아들이다(생각하다), 시간이 걸리다'의 의미에 이르기까지 다양한 상황을 표현할 수 있는 중요한 동사이다. 이 밖에도 '이륙하다, 사진을 찍다, 제거하다, 고려하다' 등 다양한 의미를 가지고 있어 유사한 동사를 용이하게 대체하여 사용할 수 있다.

Expressions

1. It **takes** fifty minutes. 50분 걸려요.
2. She **took** a cup of tea to him. 그녀는 그에게 차 한 잔을 가져다 주었다.
3. I **took** his remark as a compliment. 나는 그의 말을 칭찬으로 받아들였다.
4. I will **take** you to the Central hotel. 내가 당신을 센트럴 호텔로 데리고 가겠다.
5. I **took** it for granted. 나는 그것을 당연한 것으로 생각했다.

"take ~"

Pattern 230

It takes + 명사(부사) ~   ~이 걸리다, ~이 필요하다.

Useful expressions

1. **It takes** fifty minutes. 50분 걸려요.
2. **It takes** all day long. 그것은 하루 종일 걸립니다.
3. **It takes** a little longer. 시간이 조금 더 걸린다.
4. **It takes** a long time to break the bad habit. 나쁜 습관을 고치는 데도 오랜 시간이 걸립니다.
5. **It takes** courage to do that. 그것을 하는 데는 용기가 필요하다.

Dialogue

A : I'd like to send these products to Long Beach, USA. 이 제품들을 미국 롱비치에 보내고 싶습니다.

B : How do you want it to be sent? 어떻게 보내고 싶으세요?

A : Federal Express. How long does it take? Federal Express편으로요. 얼마나 걸리나요?

B : **It takes** about 1 week to get there. 도착하는 데 약 1주일 걸립니다.

Exercises

1. It takes a lot of time to _____ the job. 그 일을 끝내려면 많은 시간이 걸린다.
2. It takes me twenty minutes to _____ _____ work. 회사에 도착하는 데 20분이 걸린다.
3. It takes stamina more than anything to _____ all the books. 그 책들을 다 읽으려면 무엇보다 체력이 필요하다.

Tip

'It takes + 명사(부사) ~'은 일반적으로 '시간이 걸리다'의 의미 이외에 '~이 필요하다'의 의미로도 사용된다.

Answers 1. finish 2. get to 3. read

● ● ● 231 **P a t t e r n**

take A to B ~

A를 B로 데리고 가다, 가지고 가다.

Useful expressions

1. I'll take you to the Central hotel. 내가 당신을 센트럴 호텔로 데리고 가겠다.
2. She took us to the art museum. 그녀는 우리를 미술관에 데리고 갔다.
3. We took them to the station. 우리는 그들을 역까지 배웅했다.
4. She took the money to the bank. 그녀는 돈을 은행으로 가지고 갔다.
5. I took the books to the library. 책을 도서관으로 가지고 갔다.

Dialogue

A : Can you show me your boarding pass? 탑승권을 보여 주시겠습니까?
B : Yes, here it is. 예, 여기 있습니다.
A : Your seat number is 13B. 좌석번호가 13B입니다.
B : I'll take you to your seat. 제가 좌석으로 데리고 가겠습니다.

Exercises

1. We took _____ to the station. 우리는 그들을 역까지 배웅했다.
2. I'll take _____ _____ to the taxi stand. 내가 이 짐을 택시 정류장까지 가져다 주겠습니다.
3. They took _____ _____ to the supreme court. 그들은 그 사건을 대법원에 상고했다.

Tip
'take A to B ~'는 'A를 B로 데리고 가다, 가지고 가다'의 의미로 흔히 bring A to B와 혼동된다. take는 화자의 입장에서 멀어지는 것이고 bring은 화자의 위치로 가져오는 것을 의미한다.

Answers 1. them 2. this baggage 3. the case

take ~ 293

Pattern 232

take ~ for granted   당연하게 여기다(생각하다).

Useful expressions

1. I **take** it **for granted**. 나는 그것을 당연한 것으로 생각한다.
2. I **take** it **for granted** that man is mortal. 사람이 죽는다는 것은 당연한 일이라고 생각한다.
3. I **take** it **for granted** that he will come. 나는 그가 당연히 올 것이라 생각한다.
4. I **take** it **for granted** you've read this book. 나는 당연히 당신이 이 책을 읽었으리라고 생각합니다.
5. We tend to **take** a lot of things **for granted**. 우리들은 많은 것을 당연한 것으로 생각하는 경향이 있다.

Dialogue

A : Did you read 'the third wave' written by Alvin Toffler? 앨빈 토플러의 '제3의 물결'을 읽었습니까?
B : No, not yet. 아직, 읽지 못하였습니다.
A : I **took** it **for granted** that you read the book. 나는 당신이 당연히 그 책을 읽은 것으로 생각했어요.
B : I'll have a chance to read it soon. 곧 읽으려고 하고 있어요.

Exercises

1. He's taking _____ for granted. 그는 그것을 당연하게 생각하고 있다.
2. Don't just take _____ _____ for granted. 우리는 그녀의 제안을 당연한 것으로 생각하지 말아라.
3. Don't take for granted _____ _____ that she has for you. 당신에 대한 그녀의 열정을 당연한 것으로 받아들이지 말아요.

> **Tip**
> 'take ~ for granted'는 '~를 당연한 것으로 생각하다, 당연한 일로 돌보지 않다'의 의미로 take A for B하면 A를 B로 여기다의 뜻이고 for 다음에 명사가 나와야 하나 형용사가 나오는 특이한 관용어 형태를 취하고 있다. 여기에서 granted는 '당연한' 의미를 갖는 형용사이다.

Answers **1.** it **2.** her offer **3.** her passion

Pattern 233~235

mean ~

Mean은 '~을 의도하다, ~할 작정이다' 의 의미로 상대방의 의도를 확인하거나 내가 말한 것을 확인해 줄 때 사용하는 동사이다. 'Do you mean ~ ?'은 상대방의 말을 다시 확인할 때 사용하는 표현으로 Do를 생략하고 끝을 올려 의문문 형태로 물어도 같은 의미를 갖는다. 그리고 I mean은 '즉 ~, 아니~' 의 의미로 내가 말한 것을 보충 설명하거나 잘못된 표현을 바로 잡을 때 사용한다. 한편, mean to는 '~할 작정이다' 의 의미를 갖는다.

Expressions

1. I mean to stay.   나는 머무를 작정이다.
2. Do you mean to threaten?   당신은 협박할 생각입니까?
3. I didn't mean to scare you.   나는 너를 놀라게 하려던 것이 아니었다.
4. What do you mean?   당신은 무슨 뜻이에요?
5. You mean you're leaving now?   당신은 지금 떠난다는 말인가요?

"mean ~"

Pattern 233

mean to ~

~을 의도하다, ~할 작정이다.

Useful expressions

1. I **mean to** stay. 나는 머무를 작정이다.
2. Do you **mean to** threaten? 당신은 협박할 생각입니까?
3. I **mean to** do it, too. 나 또한 그것을 할 작정이다.
4. You don't **mean to** say so. 설마 농담이겠지.
5. You **mean to** say that you're willing to work on weekends? 너는 주말에 나와서 일하겠다는 소리니?

Dialogue

A : Are you frightened by my statement? 당신은 내가 말한 것에 놀랐습니까?
B : Yes, I'm a little. 예, 조금 놀랐습니다.
A : Sorry, I didn't **mean to** frighten you. 미안해요. 나는 놀래키려고 한 것이 아니었어요.
B : No problem. 괜찮습니다.

Exercises

1. It looks like she means _____ _____. 그녀는 갈 작정인 것 같다.
2. I don't mean to _____ you. 재촉할 생각은 없습니다.
3. Do you mean to _____ you've lost it? 네가 그걸 잃어버렸다고 말하는 거니?

Tip

'mean to ~'는 '~을 의도하다, ~할 작정이다'의 의미로 주어의 의도, 생각을 나타내는 표현이다. 이것은 의문문으로 시작하지 않더라도 문장 끝을 올려 의문문으로 만들 수 있고 본인의 의도를 확인시켜주거나 상대방의 의도를 다시 한 번 확인할 때 많이 쓰는 표현이다.

Answers **1.** to go **2.** rush **3.** say

234 Pattern

I didn't mean to ~   ~하려던 것이 아니었어요.

Useful expressions

1. **I didn't mean to** say to you so. 당신에게 그렇게 말하려고 한 것이 아니었어요.
2. **I didn't mean to** go there. 내가 거기에 가려고 한 것이 아니었어요.
3. **I didn't mean to** scare you. 내가 당신을 놀라게 하려고 한 것이 아니었어요.
4. **I didn't mean to** offend you. 내가 당신을 화나게 하려고 한 것이 아니었어요.
5. **I didn't mean to** flatter you. 내가 당신에게 듣기 좋으라고 한 것이 아니었어요.

Dialogue

A : Don't you think I got upset about it? 너는 그것에 대해 내가 당황했다고 생각하지 않아?

B : Sorry, **I didn't mean to** hurt you. 미안해, 너의 마음을 상하게 하려고 한 것은 아니었어.

A : You sometimes need to understand my situation. 너는 때로 나의 상황을 이해할 필요가 있어.

B : It was just a bit of fun. 그것은 그냥 재미로 했던 것이야.

Exercises

1. I didn't mean to _____ her _____. 내가 그녀를 화나게 하려고 한 것은 아니었어요.
2. I didn't mean to _____ him about my intentions. 내가 나의 의도를 그에게 속이려고 한 것은 아니었어요.
3. I didn't mean to _____ _____ _____ of you. 내가 당신을 놀리려고 한 것은 아니었어요.

Tip

'I didn't mean to ~'는 '내가 ~ 하려던 것이 아니다'의 의미로 자신의 행동이나 행위가 의도적이지 아니었을 때 사용하는 표현이다. flatter는 '아첨하다', '추켜세우다', '좋게 나타내다'의 뜻이다.

Answers 1. make angry 2. deceive 3. make a fool

Pattern 235

(Do) you mean ~ ? ~라는 말인가요? ~라는 거예요?

Useful expressions

1. **You mean** you're leaving now? 지금 떠난다는 말인가요?
2. **Do you mean** I don't practice enough? 내가 충분히 연습을 하지 않았다는 의미인가요?
3. **Do you mean** this blue "e"? 이 blue에서 "e"자 말하는 거예요?
4. **Do you mean** Young Hee from Korea? 한국에서 온 영희 말하는 거야?
5. **Do you mean** two o'clock today? 오늘 2시라는 말인가요?

Dialogue

A : Can I make a reservation for the flight to L.A. tonight? 오늘 밤 LA향발 항공예약을 할 수 있습니까?
B : I am sorry. It is fully booked today. 미안합니다. 오늘은 모두 예약이 끝났어요.
A : **You mean** I can not book it for tonight. 오늘 밤은 예약할 수 없다는 말인가요?
B : No. The only flight available is for tomorrow. 예, 가능한 비행기 예약은 내일 출발하는 것 뿐이예요.

Exercises

1. You mean I can't _____ any money? 그럼 돈을 인출하지 못한다는 말입니까?
2. You mean she was _____ _____ like an old shoe? 헌신짝처럼 내팽개쳐졌단 말이에요?
3. You mean I have to _____ the power _____ and then on again? 그러니까 전원을 껐다 다시 켜야된다는 말이야?

Tip 'Do you mean ~'은 '~라는 것인가요? ~인 거예요?'의 의미로 상대방의 말을 못 알아들었거나 자신이 알아들었는지 확인할 때 사용하는 표현이다. 보통 do를 생략하여 you mean을 많이 사용한다. withdraw는 은행 또는 현금출납기에서 (돈을)인출하다의 의미이다.

Answers 1. withdraw 2. thrown away 3. turn off

Pattern 236~240

get ~

Get은 '얻다, 획득하다, 주다, 시키다'의 기본적인 의미에서부터 '(어떤 상태가)되다, 도달하다, 이르다' 이르기까지 다양한 상황을 표현할 수 있는 동사다. 전치사와 함께 수많은 숙어를 만들어 표현할 수 있고 'get + 사람 + to부정사'와 'get + 사물 + 과거분사'의 형태로 '~를 하게 하다', '~를 당하다'의 의미로 사용할 수 있다.

● Expressions ●

1. **Things are getting better.** 상황이 더 좋아지고 있다.
2. **He's getting better.** 그는 나아지고 있다.
3. **He has to get ready to go to school tomorrow.** 그는 내일 학교 갈 준비를 해야 한다.
4. **I'll get you some drinks.** 내가 당신에게 마실 것 좀 줄게요.
5. **I got my hair cut.** 나는 머리를 잘랐다(다른 사람에게 머리를 자르게 했다).

Pattern 236

~ be getting better
~이 점점 좋아지고 있어요.

Useful expressions

1. **Things are getting better.** 상황이 더 좋아지고 있다.
2. **He's getting better, but it'll take time.** 그가 나아지고 있지만 시간이 좀 걸릴 거야.
3. **I think I'm getting better and better in English.** 나는 영어에 점점 익숙해 지고 있다고 생각해요.
4. **His ankle is getting better.** 그의 발목은 나아지고 있다.
5. **I hope he will be getting better soon.** 나는 그가 곧 회복되기를 바란다.

Dialogue

A : It's been a long time since we met! How have you been? 오랫만이야! 그동안 어떻게 지냈어?

B : Long time no see. I have been busy due to rush of orders. 못 본 지 오랜시간이 지났네. 나는 주문쇄도 때문에 바쁘게 지냈어.

A : You look very healthy. 매우 건강해 보이는데.

B : You're also getting better. 너도 좋아지고 있는걸.

Exercises

1. We acted and the _____ is getting better. 우리가 실천에 옮겨 경제가 점점 좋아지고 있습니다.
2. The whole _____ is getting better. 전체적인 환경이 점점 나아지고 있다.
3. Doctors said today that the president's _____ is getting better. 의사들은 오늘 대통령의 상태가 호전되고 있다고 말했습니다.

Tip

'be getting better'은 '~이 점점 좋아지고 있다'의 의미로 형용사의 비교급을 사용하여 점점 좋아지고 있다를 표현할 수 있다. 같은 방법으로 worse를 사용하여 '~이 점점 악화되고 있다'를 표현할 수 있다.

Answers 1. economy 2. environment 3. condition

237 Pattern

~ get ready

~을 준비하다, 용의가 있다.

Useful expressions

1. He has to **get ready** to go to school tomorrow. 그는 내일 학교 갈 준비를 해야 한다.
2. When you **get ready** to go, please let me know. 갈 준비가 되었으면 나에게 알려줘.
3. The women are **getting ready** to have lunch together. 여자들이 함께 점심 먹을 준비를 하고 있다.
4. The man is **getting ready** for his next customer. 그 남자는 다음 고객을 위해 준비하고 있다.
5. When you **get ready** to move, let me know. 이사 갈 준비되면 말하세요.

Dialogue

A : I'm afraid that we are going to be late for the party. 우리가 파티에 늦을 것 같은데.

B : Just seconds, please. I'm almost done. 잠깐만. 거의 다 끝났어.

A : Let me know when you **get ready**. 준비되면 알려줘.

B : Okay. Thanks. 그래. 고마워.

Exercises

1. Get ready to _____ dinner. 저녁 먹을 준비를 해라.
2. He is getting ready to _____ . 그는 떠날 채비를 하고 있다.
3. I promise to get _____ ready by then. 그때까지 그것 준비가 다되길 약속합니다.

Tip

'~ get ready'는 '~ 을 준비하다, 준비가 되다, 용의가 있다' 의 의미로 실제 회화에서 많이 사용하는 표현이다. 이것은 be ready와 같은 의미로 보통 뒤에 to 부정사나 for를 동반한다.

Answers 1. have 2. leave 3. it

Pattern 238

get + 사람 + 사물 ~   ~에게 ~을 사주다, 가져다 주다.

Useful expressions

1. **Can I get you a copy?** 복사본을 드릴까요?

2. **I'll get you some drinks.** 마실 것 좀 줄게요.

3. **Could you get me some information?** 저에게 정보를 좀 주시겠습니까?

4. **What did you get her?** 당신은 그녀에게 무엇을 주었어요?

5. **Did you get her the book?** 당신이 그녀에게 그 책을 사 주었어요?

Dialogue

A : **Where is your spoon?** 숟가락이 어디 있어요?

B : **You didn't give it to me.** 나에게 주지 않았는데요.

A : **I am sorry. I'll get you one.** 미안해요. 하나 갖다 줄게요.

B : **Thank you.** 고마워요.

Exercises

1. Can you get me _____ _____? 저에게 커피를 좀 주실 수 있어요?

2. Would you please get him _____ _____? 그에게 조언을 좀 줄 수 있겠습니까?

3. I'll get you some _____ _____ _____. 제가 빵과 버터를 좀 갖다 드릴게요.

Tip
'get + 사람 + 사물'은 '~에게 ~을 사다주다, 가져다 주다'의 의미로 이 때의 get 은 buy, give, bring 의 의미를 가진다. 이와 같이 get은 다양한 뜻을 가지고 있어 다른 동사를 대체하여 사용할 수 있다.

Answers 1. some coffee 2. any advice 3. bread and butter

239 Pattern

get + 사물 + 과거분사(p.p.) ~ ~를 당하다, ~해 받다.

Useful expressions

1. I **got** my hair cut. 나는 나의 머리를 잘랐다(다른 사람에게 자르게 했다).
2. I **got** my ears pierced. 나는 귀를 뚫었다.
3. I **got** my car fixed. 나는 차를 고쳤다.
4. I **got** my legs injured. 나는 다리를 다쳤다.
5. I **got** my glasses repaired. 나는 안경을 수리하였다.

Dialogue

A : Oh! You **got** your hair permed? 오! 너 파마했구나?

B : Uh-huh, I did yesterday. What do I look like? 그래 어제 했어. 어때?

A : You look pretty classic! You look like a musician! 매우 고풍스러운데. 음악가 같아 보이기도 하고!

B : Is that really right? 정말 그래?

Exercises

1. I got my bike _____ a few days ago. 나는 며칠 전에 자전거를 수리했어.
2. I got my ankle _____ yesterday. 나는 어제 발목을 삐었다.
3. I got my legs _____ recently. 나는 최근에 발에 타박상을 입었다.

Tip

'get + 사물 + 과거분사(p.p.) ~'을 직역하면 '사물에게 ~을 당하게 하다. ~을 받게 하다'의 의미로 우리말 표현으로 자연스럽지 못하다. 따라서 이러한 경우 목적어를 과거분사의 직접 목적어로 하여 해석을 하면 자연스럽다. 물론 get은 have로 바꿔 사용할 수 있다.

Answers 1. fixed 2. twisted 3. bruised

* 필수 영어 – 반의어 ①

absent 결석의	present 출석의
absence 결석	presence 출석
absolute 절대적인	relative 상대적인
abstract 추상적인	concrete 구체적인
active 능동적인	passive 수동적인
add 더하다	subtract 감하다
advance 전진하다	retreat 후퇴하다
affirmative 긍정적인	negative 부정적인
amateur 초보자	professional 전문가
ancestor 선조	descendant 자손
analysis 분석	synthesis 종합
antipathy 반감	sympathy 동정
Arctic 북극	Antarctic 남극
arrive 도착하다	depart 출발하다
arrival 도착	departure 출발
artificial 인공의	natural 자연의
ascend 올라가다	descend 내려가다
ascent 상승	descent 하락
attach 붙이다	detach 떼다
barren 불모의	fertile 비옥한
bitter 쓴	sweet 달콤한
borrow 빌리다	lend 빌려주다
cause 원인	effect 결과
comedy 희극	tragedy 비극
conceal 숨기다	reveal 나타내다
conservative 보수적인	progressive 진보적인
construction 건설	destruction 파괴
consume 소비하다	produce 생산하다
consumption 소비	production 생산
decrease 감소하다	increase 증가하다
deduce 연역하다	induce 귀납하다
deduction 연역	induction 귀납
deficit 적자	surplus 흑자
demand 수요	supply 공급
discourage 낙담시키다	encourage 격려하다
divorce 이혼	marriage 결혼
dynamic 동적인	static 정적인
ebb 썰물	flow 밀물
emigrate (타국으로) 이주하다	immigrate 타국에서의 이주자
emigrant (타국으로의) 이민	immigrant 타국에서의 이민
empty 비어있는	full 가득한
entrance 입구	exit 출구

Pattern 240~242

need ~

Need는 '~을 필요로 하다, ~이 필요하다'의 의미로 외부로부터 도움이 필요하거나 부족한 것을 보충할 때 사용할 수 있는 동사이다. 단독으로 쓰이거나 to부정사와 함께 사용되는 경우가 많다. 한편, 무생물을 주어로 하여 need가 사용될 때에는 need 다음에 항상 동명사를 수반하여 '~할 필요가 있다'의 의미를 갖는다. Need의 부정형은 need not이 아니고 don't need 또는 doesn't need로 표시한다.

Expressions

1. I need your help. 나는 네 도움이 필요해.
2. Do you need any help? 당신은 도움이 필요하세요?
3. I need to go to the store. 나는 상점에 가야 하는데요.
4. The two chairs need repainting. 두 개의 의자는 페인트를 다시 칠할 필요가 있다.
5. She doesn't need to go there. 그녀는 거기에 갈 필요가 없다.

"need ~"

Pattern 240

I need ~

나는 ~가 필요해요.

Useful expressions

1. **I need** your help. 나는 네 도움이 필요해.
2. **I need** something to drink. 나는 마실 것이 필요하다.
3. **I need** you for this job. 나는 이 일에는 당신이 필요합니다.
4. **I need** two big candles. 나는 큰 초 두 개가 필요해요.
5. **I need** a tennis racket. 나는 테니스 라켓이 필요해요.

Dialogue

A : What do you usually need at the end of the month? 당신은 보통 월말에 무엇이 필요합니까?
B : **I** usually **need** a monthly report. 나는 보통 월간 보고서가 필요한데요.
A : What is it used for? 그것은 무엇에 사용되지요?
B : I use it for the performance evaluation. 나는 업무평가를 위해서 사용합니다.

Exercises

1. I need something _____ _____. 나는 먹을 것이 필요해요.
2. I need someone to _____ _____ my son. 누군가 내 아들을 돌봐줄 사람이 필요해요.
3. I need you to _____ _____ this form. 이 서류를 작성해 주세요.

Tip
'I need ~'는 '나는 ~할 필요가 있다', '나는 ~이 필요하다' 의미로 조언이나 도움이 필요할 때 사용하는 표현이다. need 다음에 명사(대명사) 또는 부정사를 동반하거나 need + 사물 + 과거분사(p.p.)의 형태로 사용한다.

Answers 1. to eat 2. look after 3. fill out

I need to ~

나는 ~가 필요해요.

Useful expressions

1. **I need to** arrive by five. 5시까지 도착해야 돼요.
2. **I need to** go to the store. 상점에 가야 하는데요.
3. **I need to** work so hard. 열심히 일해야 돼요.
4. **I need to** check it now. 그것을 지금 확인해야 해요.
5. **I need to** get some sleep. 나는 잠을 좀 자야 해요.

Dialogue

A : Did you check if I was booked for my travel? 당신은 내가 여행 예약이 되어 있는지 확인했습니까?

B : Not yet. **I need to** confirm with the travel agency. 아직 하지 않았습니다. 여행사에게 확인하려고 해요.

A : You need to do it right away. 당신은 지금 바로 확인해야 돼요.

B : I will. 하겠습니다.

Exercises

1. I need to _____ to the department store. 백화점에 가야 하는데요.
2. I need to _____ the poor. 나는 가난한 사람들을 도와주어야 해요.
3. I need to _____ _____ him quickly. 그를 빨리 찾아야 돼요.

Tip

'I need to ~'는 '나는 ~할 필요가 있다' 의미로 주어의 의지대로 적극적인 행동을 할 때 사용하는 표현이다.

Answers 1. go 2. help 3. look for

Pattern 242

I don't need ~   나는 ~할 필요가 없어요.

Useful expressions

1. **I don't need** to go to the grocery store.   나는 슈퍼마켓에 갈 필요가 없어요.
2. **I don't need** it on Friday.   나는 그것이 금요일에는 필요하지 않아요.
3. **I don't need** any grapes.   나는 포도는 필요하지 않아.
4. **I don't need** any help right now.   나는 지금 도움이 필요한 게 아니에요.
5. **I don't need** the prize money.   나는 상금이 필요하지 않아요.

Dialogue

A : How can I help you?   어떻게 도와드릴까요?
B : I am looking around the automobile models.   자동차 모델들을 둘러 보고 있는데요.
A : Do you want to buy the latest model?   당신은 최근 모델을 사고 싶습니까?
B : No, **I don't need** the latest model.   아니오, 최근 모델은 필요 없어요.

Exercises

1. I don't need _____ right now.   나는 지금 아무도 필요하지 않아요.
2. I don't need _____ _____.   나는 당신의 도움이 필요하지 않아요.
3. I don't need _____ _____ _____.   나는 거기에 갈 필요가 없어요.

Tip
'I don't need ~'는 'I need ~'의 부정형으로 다른 사람의 조언이나 도움이 필요 없을 때 사용되는 표현이다. need의 부정형으로 need not을 쓰지 않고 don't need를 보통 사용한다.

Answers **1.** someone **2.** your help **3.** to go there

Pattern 243~244

hope ~

Hope는 '~을 바라다, 원하다, 기대하다'의 의미로 자신이나 다른 사람의 미래에 대해 간절한 희망이나 소망을 표현할 때 사용하는 동사이다. 보통 that절을 동반하여 쓰이거나 to부정사와 함께 사용되는데 that은 일반적으로 생략된다. Hope와 함께 사용되는 미래를 나타내는 that절에 미래 조동사와 함께 사용하는 것이 일반적이나 미국에서는 미래를 나타내는 절에 직설법 현재형의 동사를 쓰는 경우가 종종 있다.

Expressions

1. I hope to see you soon.	곧 당신을 보기를 바랍니다.
2. I hope he will succeed.	나는 그가 성공하기를 바랍니다.
3. I hope so.	나는 그렇기를 바랍니다.
4. I hope I'm not intruding.	내가 방해가 되지 않기를 바랍니다.
5. I hope to meet you again.	나는 당신을 또 만나고 싶습니다.

"hope ~"

Pattern 243

I hope ~

나는 ~하기를 바랍니다.

Useful expressions

1. **I hope** we'll meet again soon. 우리 곧 다시 만나기를 바랍니다.
2. **I hope** so. 나는 그렇기를 바랍니다.
3. **I hope** you had an enjoyable flight. 당신이 즐거운 항공여행을 했기를 바랍니다.
4. **I hope** these help. 나는 이것이 도움이 되기를 바랍니다.
5. **I hope** I'm not intruding. 내가 방해가 되지 않기를 바랍니다.

Dialogue

A : Do you know that he has been heavily injured? 너 그가 중상을 입었다는 것을 알고 있어?
B : No, I don't know. How much has he been injured? 얼마나 많이 다쳤는데?
A : I don't know the detail either. 나도 상세한 것을 몰라.
B : **I hope** it's nothing serious. 심하게 다친 것이 아니기를 바라는데.

Exercises

1. I hope nothing's _____. 나쁜 일이 아니기를 바래요.
2. I hope you are _____. 당신 말이 맞기를 바래요.
3. I hope they _____ a great trip. 그들이 멋진 여행을 하기를 바래요.

Tip

'I hope (that)~'는 '나는 ~하기를 바랍니다'의 의미로 미래의 단순한 또는 간절한 희망을 나타낼 때 사용하는 표현으로 that은 보통 생략된다.

Answers **1.** wrong **2.** right **3.** have

Pattern 244

I hope to ~

나는 ~하기를 바랍니다.

Useful expressions

1. **I hope to** see you later. 후에 뵙기를 바랍니다.
2. **I hope to** meet everybody there. 나는 모든 사람을 거기에서 만날 수 있기를 바랍니다.
3. **I hope to** get next to him. 나는 그와 가까이 하고 싶습니다.
4. **I hope to** serve you again in the near future. 조만간 다시 모실 수 있게 되기를 바랍니다.
5. **I hope to** visit his old house someday. 나는 언젠가 그의 옛집을 방문하고 싶습니다.

Dialogue

A : Thank you for joining us today. 오늘 함께 해주셔서 감사합니다.
B : It's my pleasure. 같이 있어 즐거웠습니다.
A : **I hope to** see you again soon. 당신을 곧 다시 뵙기를 바랍니다.
B : I hope so too. 저도 역시 마찬가지입니다.

Exercises

1. I hope to _____ that city again. 나는 그 도시를 한 번 더 방문하고 싶습니다.
2. First of all, I hope to be _____ _____ for my sons. 무엇보다도, 제 아들들에게 좋은 본보기가 되고 싶습니다.
3. I hope to _____ the first place in the Marathon. 나는 마라톤에서 일등을 하고 싶어.

Tip

'I hope to ~'는 '나는 ~ 하기를 바랍니다'의 의미로 미래의 단순한 또는 간절한 희망을 나타낼 때 사용하는 표현이다. first of all은 '모든 것의 첫 번째로' 즉 '무엇보다'의 의미, 'take the first place'는 '1등을 차지하다'의 의미이다.

Answers 1. visit 2. good example 3. take

Pattern 245~246

agree ~

Agree는 '(제의에)동의하다, 찬성하다,~와 의견이 일치하다' 의 의미로 상대방이나 다른 사람의 의견, 제안 등에 의견을 같이할 때 사용하는 동사이다. 보통 that절을 동반하여 쓰이거나 전치사 to, with, on등과 함께 사용된다. 보통 크게 3가지로 구분 표시할 수 있는데 '(제의에) 동의할 때' 에는 agree to, '의견이 일치할 때' 에는 agree with, 그리고 '(조건, 안 등의)합의에 도달하다' 를 표현할 때에는 agree on을 사용한다.

Expressions

1. I agree to your plan.
나는 당신의 계획에 동의합니다.

2. I agree that he is untrustworthy.
나는 그가 믿을 수 없는 사람이라는 점에 동의합니다.

3. I agree with you 100%.
나는 당신과 100% 동감이다.

4. I agree with you to some extent.
나는 어느 정도 당신의 말에 동의합니다.

5. I finally agree on a price for the car.
나는 마침내 차의 가격에 대하여 합의합니다.

"agree ~"

Pattern 245

I agree ~

나는 ~에 동의합니다, ~에 찬성하다.

Useful expressions

1. **I agree to your opinion.** 나는 당신의 의견에 동의합니다.
2. **I agree to your plan.** 나는 당신의 계획에 동의합니다.
3. **I agree that he is untrustworthy.** 그가 믿을 수 없는 사람이라는 점에 동감입니다.
4. **I agree, but I'd like to hear your reasons.** 동의하긴 하지만, 그 이유를 듣고 싶은데요.
5. **I agree to the decision.** 나는 그 결정에 동의합니다.

Dialogue

A : How do you handle the current problems? 현재의 문제들에 대해 어떻게 처리하고 있습니까?

B : I'm trying to look for the solution, but I can not solve the problems now. 내가 해결책을 모색하고 있지만 지금 문제들을 해결할 수는 없습니다.

A : I agree that there are problems, I can't accept that they cannot be solved. 문제가 있다는 것은 동의하지만, 그것을 해결할 수 없다는 데에는 받아 들일 수 없습니다.

B : Anyway, I will try my best to fix the problems first. 아무튼, 문제들을 먼저 해결하도록 최선을 다하겠습니다.

Exercises

1. I agree _____ such a proposal. 나는 그러한 제안에 찬성합니다.
2. I agree that he can _____ home early. 그는 내가 일찍 귀가하는 데 대해 동의합니다.
3. I agree _____ my partner's proposal. 나는 동업자의 제안에 동의합니다.

Tip

'I agree ~'는 '나는 ~에 동의하다', '~에 찬성하다'의 의미로 다른 사람 또는 상대방의 말이나 행동에 동의할 때 사용하는 표현이다. agree + to + 명사 또는 부정사 또는 that절이 수반하는 형태를 취한다.

Answers 1. to 2. go 3. to

agree~ 313

Pattern 246

I agree with ~

나는 ~에 동감입니다.

Useful expressions

1. **I agree with** you 100%. 너와 100% 동감이다.
2. **I agree with** your sales forecast. 나도 당신의 판매 예상량에 동의합니다.
3. **I agree with** you to some extent. 어느 정도는 당신의 말에 동의합니다.
4. **I agree with** you in principle. 나는 원칙적으로는 너에게 동의한다.
5. **I agree with** him on that point. 나는 그 점에서 그 사람 의견에 동의해요.

Dialogue

A : We finalized our budget for next year like this. 우리 내년 예산을 이렇게 마무리하였습니다.

B : **I agree with** our budget in part, but the expenses should be increased a little more. 나는 부분적으로 우리의 예산에 동의합니다만 비용은 조금 더 늘어나야 합니다.

A : We can accept your request, but all of us need to save the expenses. 당신의 요청 사항을 받아들일 수 있지만 우리 모두 비용을 절약할 필요가 있습니다.

B : **I agree with** your thought in principle. 나도 원칙적으로 당신의 생각에 동감입니다.

Exercises

1. I agree with him _____. 나는 전적으로 동의해요.
2. I agree with you about the _____ _____. 나는 총기 사건에 대해 너와 같은 생각이다.
3. I agree with our budget _____ _____. 나는 전반적으로 우리의 예산에 동의합니다.

Tip

'I agree with ~'는 '나는 ~에 동감이다', '동의하다'의 의미로 다른 사람 또는 상대방의 말이나 행동에 동의할 때 사용하는 표현이다. 'to some extent'는 '어느정도'의 부사구이고 'in principle'은 '원칙적으로'의 의미를 갖는다.

Answers 1. completely 2. gun accident 3. in general

Pattern 247~249

Unit 49

There is ~

There는 '저 곳에(서), 그 곳에(서)' 의 의미를 갖는 장소, 방향을 나타내는 부사지만 There가 be동사와 함께 쓰이면 '~이 있다' 의 의미가 되어 장소부사로서의 의미가 없어진다. 한편, There is가 'no + ~ing(동명사)' 의 형태로 결합되어 숙어로 사용되는데 이 때는 '~할 수는 없다', '~하는 것은 불가능하다' 의 의미를 갖는다.

Expressions

1. **There is one restaurant near here.** 여기 가까운 곳에 한 음식점이 있다.
2. **There is a museum I want to go and see.** 내가 가보고 싶은 박물관이 있다.
3. **There is no room for doubt.** 의심의 여지가 없다.
4. **There is no knowing what will happen in the future.** 미래에 무슨 일이 일어날지 알 수는 없다.
5. **There is no telling when he will come.** 그가 언제 올지 말할 수는 없다.

"There is~"

Pattern 247

There is ~

~가 있어요.

Useful expressions

1. **There is** one restaurant near here. 여기서 가까운 곳에 한 음식점이 있어요.
2. **There is** a museum I want to go and see. 내가 가보고 싶은 박물관이 있어요.
3. **There is** some violence in it, but not too much. 폭력적인 장면들이 좀 있긴 하지만 그렇게 심하진 않아요.
4. **There is** not much to see there. 거긴 볼거리가 많이 없어요.
5. **There is** tough competition. 경쟁이 치열하다

Dialogue

A : Don't you think we are late for the school ? 우리가 학교에 지각하지 않는다고 생각해요?
B : Take your time. **There is** plenty of time. 천천히 해요. 충분한 시간이 있어요.
A : Hurry up! There may be a traffic jam. 서둘러야 해요. 교통체증이 있을 수도 있어요.
B : You're right. We need to go now. 당신 말이 맞아요. 지금 가지요.

Exercises

1. There is _____ I can do for you. 너를 위해 내가 할 수 있는 게 아무것도 없다.
2. There is a _____ after class. 수업 끝나고 모임이 있습니다.
3. There is a definite reason she _____ the first prize. 그녀가 1등상을 받을 확실한 이유가 있어요.

Tip
'There is ~'는 '~이 있어요'의 의미로 사물의 위치나 상황, 그 안의 내용, 구성에 대해서 설명할 경우 및 해결해야 할 일이 있는 경우 사용하는 표현으로 이때 there는 특별한 의미를 갖지 않는다.

Answers 1. nothing 2. get-together 3. deserves

248 Pattern

There is no room for ~   ~할 여지가 없다.

Useful expressions

1. **There's no room for** doubt. 의심의 여지가 없다.
2. **There's no room for** further improvement. 추가 개선의 여지가 없다.
3. **There's no room for** reconsideration. 재고의 여지가 없다.
4. **There's no room for** discussion concerning the departure time.
   출발 시간에 관하여 토론할 여지가 없다.
5. **There's no room for** South Korea to make concessions. 한국이 양보할 여지가 없다.

Dialogue

A : How was your entrance examinaton? 너의 입학시험은 어땠어?

B : It was not so difficult. 그렇게 어렵지 않았어.

A : I think that there is no room for doubt about your pass. 너의 합격에 대해 의심의 여지가 없다고 생각해.

B : Thank you for your statement. 그렇게 말해줘서 고마워.

Exercises

1. There is no room for _____. 타협의 여지가 없다.
2. There is no room for _____. 논쟁의 여지가 없다.
3. There is no room for the _____ _____. 상호 협조할 여지가 없다.

Tip

'There is no room for ~'는 '~ 할 여지가 없다'는 의미로 여기에서 room은 '방', '공간'의 의미보다 '여지'의 의미로 사용된다. concession은 양보, 허가 및 면허를 의미한다.

Answers 1. compromise 2. argument 3. mutual cooperation

Pattern 249

There is no knowing ~
~아는 것은 불가능하다, ~을 알 수 없다.

Useful expressions

1. **There is no knowing** what will happen in the future. 미래에 무슨 일이 일어날지 아는 것은 불가능하다.
2. **There is no knowing** how it will come out. 결과가 어떻게 될지 모른다.
3. **There is no knowing** what the future may bring forth. 미래에 무슨 일이 일어날지는 알 수 없다.
4. **There is no knowing** what he will do next. 그가 다음에 무엇을 할지 알 수 없다.
5. **There is no knowing** when such an accident may happen. 언제 그러한 사고가 일어날지 모른다.

Dialogue

A : Where is Inho? 인호씨가 어디 있습니까?
B : I don't know. **There is no knowing** where he went. 모르겠습니다. 그가 어디에 갔는지 알 수 없습니다.
A : Did he show up in the office today? 그가 오늘 사무실에 출근했습니까?
B : I saw him this morning, but he seems to have just stepped out. 아침에 그를 보았는데 방금 사무실을 나간 것 같습니다.

Exercises

1. There is no knowing what may _____. 어떤 사태가 일어날지 알지 못한다.
2. There is no knowing where he _____ _____. 그가 어디로 가버렸는지 알 수 없다.
3. There is no knowing when the rain will _____. 비가 언제 그칠지 전혀 알 수가 없다.

Tip

'There is no knowing ~'은 '~를 아는 것은 불가능하다', '~을 알 도리가 없다.'의 의미로 no 다음에 항상 동명사를 동반한다. 'step out'은 '(집, 방에서) 잠시 나오다', '자리를 비우다'의 의미를 가진다.

Answers 1. happen 2. has gone 3. stop

Pattern 250~251

I wish I could ~

Wish는 '~을 바라다, ~하기를 원하다, ~이면 좋겠다고 생각하다'의 의미의 소망, 희망을 나타내는 동사다. 'I wish I could~'는 가정법의 형태로 주어의 단순한 소망, 희망 사항을 표현하고 싶을 때 사용된다. 또한, **I wish I could, but**는 ~을 하고 싶지만 할 수 없을 때와 같이 상대방의 이해를 구할 경우 사용하는 표현이다.

Expressions

1. **I wish I could do something to help out.** 내가 도와줄 수 있는 일이 있었으면 좋겠어요.
2. **I wish I could meet more people.** 나는 더 많은 사람들을 만날 수 있으면 좋겠어.
3. **I wish I could go with you.** 나는 당신과 함께 갈 수 있으면 좋겠어.
4. **I wish I could, but I have tickets for the theater.** 나도 그러고 싶지만 연극표를 가지고 있어서요.
5. **I wish I could, but I'm all tied up right now.** 그럴 수 있으면 좋겠는데, 지금은 제가 너무 바빠서요.

Pattern 250

I wish I could ~   나도 ~할 수 있었으면 좋겠어요.

Useful expressions

1. **I wish I could** do something to help out.   내가 도와줄 수 있는 일이 있었으면 좋겠어요.
2. **I wish I could** meet more people.   나는 더 많은 사람들을 만나고 싶어.
3. **I wish I could** play the piano better.   피아노 연주를 더욱 잘할 수 있었으면 좋겠습니다.
4. **I wish I could** just make you turn around.   당신을 돌아서게 할 수만 있다면 좋겠어요.
5. **I wish I could** get rid of all this old furniture.   이 오래된 가구들을 다 치워 버렸으면 좋겠어.

Dialogue

A : Can you help me with a passport application?   내가 여권 신청하는 데 도와 줄 수 있겠어?
B : **I wish I could** help you.   내가 너를 도와 줄 수 있으면 좋겠는데.
A : Do you have any problem?   어떤 문제가 있어?
B : It takes at least two weeks to process.   처리하는 데 적어도 2주 걸려서.

Exercises

1. I wish I could _____ _____ traveling all over the world.   난 여러 나라를 돌아다니면서 음악을 연주했으면 좋겠어.
2. I wish I could _____ _____ with you.   나도 그 곳에 함께 있다면 좋을 텐데.
3. I wish I could _____ English as well as she does.   그녀만큼 영어를 할 수 있으면 좋겠는데.

Tip

'I wish I could ~'는 '~할 수 있었으면 좋겠어요.'의 의미로 실현할 수 없는 간절한 소망을 나타내는 표현이다. 'get rid of'는 '~을 없애 버리다', '제거하다'의 의미이고 'help +사람 + with ~'는 '~하는데 도와주다'의 의미로 자주 사용된다.

Answers 1. play music 2. be there 3. speak

Pattern 251

I wish I could, but ~
나도 ~할 수 있었으면 좋겠지만 ~해요.

Useful expressions

1. **I wish I could, but** I have tickets for the theater. 나도 그러고 싶지만 연극 보러 가기로 했어.
2. **I wish I could, but** I have to finish this order before tomorrow. 그러고 싶지만 내일 이전에 이 주문을 처리해야 해요.
3. **I wish I could, but** I haven't had time to go over it yet. 그랬으면 좋겠는데, 지금은 살펴볼 시간이 없어.
4. **I wish I could, but** I need to start working on my book immediately. 그러고 싶지만, 지금 당장 책 쓰는 일을 시작해야 하거든.
5. **I wish I could, but** I'm all tied up right now. 그럴 수 있으면 좋겠는데, 지금은 제가 너무 바빠서요.

Dialogue

A : Can you go there with me? 당신은 거기에 저와 함께 갈 수 있겠어요?
B : No, **I wish I could, but** I just don't have time. 아니오, 가고 싶지만 시간이 안 돼요.
A : What makes you so busy? 무엇 때문에 그렇게 바쁘세요?
B : I have to finish my work by tonight. 제 일을 오늘 밤까지 끝내야 해요.

Exercises

1. I wish I could _____ him, but I can't. 아무리 미워하려 해도 그럴 수 없단 거예요.
2. I wish I could _____ you _____ the inventory next week, but I'm afraid I'll still be arranging the window displays. 다음 주 재고 조사할 때 도와주고 싶지만, 그때까지 진열장에 상품 진열을 하고 있을 것 같네요.
3. I wish I could _____ for dinner, but I have to go now. 저녁을 같이 하고 싶지만 지금 가야 해요.

> **Tip**
> 'I wish I could, but ~'는 '~할 수 있었으면 좋겠지만 ~해요'의 의미로 제안, 권유를 거절하거나 할 수 없다는 의사를 완곡하게 표현하려 할 때 사용된다. 상황에 따라 I wish I could, but 또는 I wish I could ~, but로 바꿔 표현할 수 있다.

Answers 1. hate 2. help with 3. stay

Pattern 252~254

I'm + 형용사(형용사구) ~

I'm + 형용사(과거분사, 형용사구, 부사구) ~는 '~라서 ~하다, ~하게 되어 ~하다'의 의미로 보통 감정을 표현할 때 많이 사용하는 구문이다. 보통 I'm + 형용사(과거분사, 형용사구, 부사구) + to부정사나 that절을 수반하는데 결과의 의미를 나타낸다.

Expressions

1. **I'm happy to help you.** 내가 당신을 돕게 되어 행복합니다.
2. **I'm happy to have you back with us.** 나는 당신이 다시 우리와 함께 있게 되어 행복합니다(돌아와 주어 기쁩니다).
3. **I'm frustrated that I can't persuade her.** 나는 그녀를 설득할 수가 없어 실망스러워요.
4. **I'm frustrated that the children didn't obey their parents.** 나는 아이들이 부모님의 말을 듣지 않는 것에 실망했어요.
5. **I'm in no mood to go to a movie.** 나는 영화 보러 갈 기분이 아닙니다.

"I'm + 형용사(형용사구) ~"

252 Pattern

I'm happy to ~

~하게 되어 기쁘다, 기꺼이 ~하겠습니다.

Useful expressions

1. **I'm happy to** have you back with us. 돌아와 주어서 기뻐요.
2. **I'm happy to** be of service. 도움이 되어서 기쁩니다.
3. **I'm happy to** get the job. 그 일을 맡게 되어 기쁩니다.
4. **I'm happy to** have a good friend like you. 당신과 같은 좋은 친구를 갖게 되어 기쁩니다.
5. **I'm happy to** apply for the overseas volunteers program. 저는 해외 자원 봉사 프로그램에 지원하게 되어 기쁩니다.

Dialogue

A : I bought this fax machine yesterday, it doesn't work well. 어제 이 팩스를 샀는데 잘 동작되지 않아요.
B : Yes, I see. I'm very sorry about that, sir. 아, 네. 정말 죄송합니다, 손님.
A : I'd like to return this to you. 이것을 돌려주려고요.
B : **I'm happy to** exchange them for another one. Did you bring your receipt? 다른 걸로 교환해 드릴게요. 영수증 갖고 오셨어요?

Exercises

1. I'm happy to _____ the news. 나는 그 소식을 들으니 기뻐요.
2. I'm happy to _____ that you've embarked on your new career. 당신이 새로운 일을 시작했다는 소식을 들어 매우 기쁩니다.
3. I'm happy to _____ you a good story today. 오늘 여러분들에게 좋은 이야기를 들려주게 되어 기쁩니다.

Tip

'I'm happy to ~'은 '~ 하게 되어 기쁘다.'의 의미로 좋은 일을 하거나 하고자 하는 일을 할 때 사용하는 표현이다. 원래 happy는 '행복한'의 의미이지만 여기에서는 오히려 '기쁜'의 의미를 함축하고 있다. 'embark on'은 '착수하다', '종사하다'의 의미를 갖는다.

Answers **1.** hear **2.** hear **3.** tell

Pattern 253

I'm frustrated that ~ ~라서 실망했어요, 좌절했어요.

Useful expressions

1. **I'm frustrated that** I can't persuade her. 그녀를 설득할 수가 없어서 실망스러워요.
2. **I'm frustrated that** he is so outrageous. 나는 그가 매우 엉뚱해서 낙심했어요.
3. **I'm frustrated that** my English hasn't improved much. 내 영어 실력이 많이 좋아지지 않아서 좌절했어요.
4. **I'm frustrated that** the children don't obey their parents. 나는 아이들이 부모님의 말을 듣지 않는 것에 실망했어요.
5. **I'm frustrated that** my friends are not trying to understand me. 나의 친구들이 나를 이해하려고 하지 않아서 낙심했어요.

Dialogue

A : **What makes you so upset?** 무엇 때문에 그렇게 화가 나 있어?
B : **I'm frustrated that** I can't use with this new computer inventory program. 새로 나온 이 컴퓨터 재고 관리 프로그램을 사용할 수 없어서 낙담하고 있어요.
A : **What's the problem?** 문제가 뭔데요?
B : **I can't figure it out.** 나는 그것을 이해할 수가 없어요.

Exercises

1. I'm frustrated that I can't _____ a solution. 나는 해결책을 찾을 수 없어서 좌절감을 느낀다.
2. I'm frustrated that I _____ _____ _____ until Monday. 월요일까지 내가 기다려야 한다는 사실이 답답하네.
3. I'm frustrated that I _____ weight. 살이 쪄서 낙심하고 있어요.

> **Tip**
> 'I am/was frustrated that ~'은 '~라서 낙심(좌절)하다, 실망하다'의 의미로 뜻대로 안 되어 속상하거나 방법이 없어 막막할 때 그 낙심한 상태의 느낌을 나타낸다. outrageous는 '무모한', '난폭한', '엉뚱한'의 의미를 가지고 있다.

Answers 1. find 2. have to wait 3. gained

254 Pattern

I'm in (no) mood ~ ~할 기분이다(기분이 아니다), ~하고 싶다.

Useful expressions

1. **I'm in no mood** to go to a movie. 나는 영화 보러 갈 기분이 아니다.
2. **I'm in no mood** to cook dinner tonight. 오늘밤은 요리할 기분이 나지 않는데.
3. **I'm just in no mood** for doing anything. 나는 단지 아무것도 하고 싶지 않을 뿐이야.
4. **I'm not in the mood** to go to a disco as times go. 지금 상황으로는 디스코텍에 갈 기분이 아니다.
5. **I'm not in the mood** to read just now. 지금은 책을 읽고 싶은 생각이 없다.

Dialogue

A : **I'm in the mood** for tacos at the moment. 나는 지금 타코를 먹고 싶은데.
B : I Know. When you were on the phone earlier, I heard you say that you were in the mood for tacos, and I couldn't have agreed more. 알아. 네가 전화 통화할 때 타코 먹고 싶다고 하는 말 들었어. 나도 마침 그랬고.
A : Shall we go out for Tacos together now? 우리 지금 함께 타코 먹으러 갈까?
B : Why not? 그렇게 하지.

Exercises

1. I'm not in the mood to _____ _____ the music. 음악을 들을 기분이 아닌데요.
2. It's seven o'clock in the evening and I'm in the mood for _____. 저녁 7시인데 나는 식사를 하고 싶다.
3. I'm in no mood to _____ _____ _____ our arguing. 나는 우리들의 말다툼을 참을 생각이 없다.

> **Tip**
> 'I'm in (no) mood ~'은 '~할 기분이다(기분이 아니다), ~하고 싶다'의 의미로 자기의 기분을 나타낼 때 사용하는 표현이다. 부정의 뜻인 not이 들어갈 때에는 정관사 the가 따라오지만 no를 사용할 때에는 the가 붙지 않는다는 점에 유의하자.

Answers 1. listen to 2. dinner 3. put up with

Pattern 255~256

Unit 52

What is more ~

What은 이미 설명한 다양한 품사 외에도 What is more에서 사용되는 것과 같이 문장의 중간에 위치하여 앞의 문장을 추가적으로 설명하기 위해 연결할 때 사용된다. 이때 이것은 '그 위에 또, 게다가' 의 의미로 앞의 문장을 부연 설명하게 된다. 또한, What는 whatever처럼 복합관계대명사에서 양보절을 이끌어 '무엇이 ~이라도' 의 의미로 사용되어 no matter what과 동일한 의미를 갖는다.

Expressions

1. **She is beautiful and,** what is more, **wise.** 그녀는 아름다운데다가 현명하기도 하다.
2. **He is rich,** what is more, **he is handsome.** 그는 부자이고 게다가 멋있다.
3. **It is raining and,** what is more, **the wind is blowing.** 비가 오는데 게다가 바람까지 분다.
4. Whatever happens**, I will do it.** 무슨일이 일어나도 나는 그것을 하겠습니다.
5. Whatever may happen**, I will not change my mind.** 무슨 일이 일어나든지 나는 마음이 변하지 않을 것이다.

"What is more ~"

255 Pattern

What is more, ~

그 위에 또, 게다가 ~

Useful expressions

1. She is beautiful and, *what is more*, wise. 그녀는 아름다운데다가 현명하기도 하다.
2. He is rich, *what is more*, he is handsome. 그는 부자이고 게다가 멋있다.
3. It is raining and, *what is more*, the wind is blowing. 비가 오는데 또 바람까지 분다.
4. The book is interesting and, *what is more*, very instructive. 그 책은 재미있고, 게다가 교훈적이기도 하다.
5. It's a useful book and, *what is more*, not an expensive one. 그것은 유용한 책이고 게다가 값도 비싸지 않다.

Dialogue

A : Why do you dislike him? 당신은 왜 그를 싫어해요?
B : He's dirty and, *what is more*, he smells. 그는 더럽고 게다가 냄새도 난다.
A : Does he smell? 그가 냄새가 난다고요?
B : Yes, he doesn't often wash his face and hands. 그래요. 그는 자주 얼굴과 손을 씻지 않아요.

Exercises

1. She's smart and, what is more, she is _____. 그녀는 영리하고 게다가 카리스마가 있어요.
2. She's intelligent and, what is more, _____ _____. 그녀는 지적이고 게다가 대단한 미인이다.
3. She was barefooted and, what is more, her chest was _____ _____. 그녀는 맨발인 데다 가슴까지 드러내고 있었다.

Tip
'What is more, ~'은 '그 위에 또, 게다가'의 의미로 앞의 문장과 독립적으로 사용된다. 앞 문장 내용에 이어 그 위에 또 ~을 부가할 때 사용하는 표현이다. instructive는 '교훈적인', '지식을 주는', '도움이 되는'의 의미다.

Answers 1. charismatic 2. very beautiful 3. completely bared

Pattern 256

Whatever (may) happen ~ 무슨 일이 있어도 ~

Useful expressions

1. **Whatever happens**, I will do it. 무슨 일이 일어나도 그것을 하겠다.
2. **Whatever may happen**, I will not change my mind. 무슨 일이 있어도 내 마음은 변치 않는다.
3. I will stand by you **whatever happens**. 무슨 일이 일어나든지 나는 너를 지지하겠다.
4. **Whatever may happen**, I am prepared for it. 무슨 일이 있어도 부닥치고야 말겠다.
5. **Whatever happens**, don't let me forget to ring him. 무슨 일이 있어도 내가 그에게 전화해야 한다는 거 잊지 마.

Dialogue

A : When are you going to finish the work? 당신은 언제 그 일을 끝낼 예정입니까?
B : I'll finish it by tomorrow **whatever happens**. 무슨 일이 있어도 내일까지 끝내겠습니다.
A : Do you think you can do that? 당신은 그렇게 할 수 있다고 생각합니까?
B : I'm not sure, but I will try to finish it. 확신하지 못하지만 그것을 끝내도록 하겠습니다.

Exercises

1. Whatever happens, she is _____. 어떤 일이 일어나도 그녀는 안전하다.
2. _____ calm, whatever happens. 무슨 일이 일어나더라도 침착해.
3. Let's _____ first, whatever may happen afterwards. 나중에야 어찌 되든 우선 먹고 보자.

Tip

'Whatever (may) happen ~' 은 '무슨 일이 있어도 ~하겠다.' 의 의미로 상대방에게 자신의 의지를 확실히 표현하고자 할 때 사용하는 표현이다. no matter what (may) happen과 같이 쓸 수 있다. 'stand by' 는 '~를 지지하다'를 의미한다.

Answers 1. safe 2. stay 3. eat

Pattern 257~259

cannot but(help) ~

Cannot but(help) ~는 '~하지 않을 수 없다'의 의미로 cannot but은 동사원형을 수반하는 데 비하여, cannot help은 동명사를 취한다는 점이 다르다. 여기에서 사용되는 but은 '~을 제외하고'의 의미를 갖는 전치사인 반면 help는 '~을 피하다'의 의미를 갖는 동사이다. 한편, have no choice but은 cannot을 사용하지 않지만 '~할 수밖에 없다, ~하지 않을 수 없다'의 의미로 cannot but(help)과 유사한 의미를 갖는다. 주의할 것은 have no choice but 다음에 to 부정사가 온다는 것이다.

Expressions

1. I cannot but **respect him.** 나는 그를 존경하지 않을 수 없다.

2. I cannot but **admire his honesty.** 나는 그의 성실성에 감탄하지 않을 수 없다.

3. I cannot but **praise his anxiety for knowledge.** 나는 그의 지식욕을 칭찬하지 않을 수 없다.

4. I cannot help **falling in love with her.** 나는 그녀와 사랑에 빠지지 않을 수 없다.

5. I have no choice but **to go.** 나는 가는 수밖에 없다.

Pattern 257

cannot but ~

~하지 않을 수 없다.

Useful expressions

1. I **cannot but** respect him. 나는 그를 존경하지 않을 수 없다.
2. I **cannot but** protest against injustice. 부정 행위를 보고 항의하지 않을 수 없다.
3. I **cannot but** admire his honesty. 그의 성실성에는 그저 탄복하지 않을 수 없다.
4. I **cannot but** praise his anxiety for knowledge. 그의 지식욕에는 탄복하지 않을 수 없다.
5. I **cannot but** admit that he is right and I am wrong. 나는 그가 옳고 내가 틀렸음을 인정하지 않을 수 없다.

Dialogue

A : What do you think about chairman Chung of the company? 그 회사의 정 회장에 대해 어떻게 생각하세요?

B : I **cannot but** respect him for his marvelous and splendid performance. 나는 그의 놀랍고 찬란한 업적에 그를 존경하지 않을 수 없습니다.

A : I totally agree with you. 저도 전적으로 동감입니다.

B : He must have been very challenging in the business. 그는 사업에 매우 도전적이었음에 틀림없어요.

Exercises

1. We cannot but _____ her courage. 우리는 그녀의 용기를 감탄하지 않을 수 없다.
2. He cannot but _____ her for her insincerity. 그는 그녀의 불성실에 대해 비난하지 않을 수 없다.
3. I cannot but _____ his excellent performance. 나는 그의 뛰어난 성과에 대해 칭찬하지 않을 수 없다.

Tip

'cannot but ~'은 '~ 하지 않을 수 없다.'의 의미로 cannot help ~ing와 동일한 의미를 갖는다. 차이가 있다면 cannot but 다음에 동사원형이 오지만 cannot help 다음에는 동명사가 오는 것이 다르다.

Answers 1. admire 2. blame 3. praise

258 Pattern

cannot help ~

~하지 않을 수 없다.

Useful expressions

1. I **cannot help** falling in love with her. 나는 그녀와 사랑에 빠지지 않을 수 없다.
2. I **cannot help** laughing. 나는 웃지 않을 수 없다.
3. I **cannot help** shedding tears. 나는 눈물을 흘리지 않을 수 없다.
4. I **cannot help** distrusting my own eyes. 나는 나의 눈을 의심하지 않을 수 없다.
5. I **cannot help** being astonished. 나는 놀라지 않을 수 없다.

Dialogue

A : What's the reason you don't study hard? 너 공부 열심히 하지 않는 이유가 뭐니?

B : I cannot find it, but I don't like to study. 난 이유를 알 수 없지만 공부하기 싫어요.

A : You are a student, so you **cannot help** studying. 너는 학생이기 때문에 공부하지 않을 수 없어.

B : I know, but I hate to do it. 나도 알지만 공부하기가 싫어요.

Exercises

1. I cannot help _____ his effort. 나는 그의 노력에 감탄하지 않을 수 없다.
2. I cannot help _____ him. 나는 그를 좋아하지 않을 수 없다.
3. I cannot help _____ against his injustice. 나는 그의 부정행위에 항의하지 않을 수 없다.

Tip

'cannot help ~'는 '~ 하지 않을 수 없다.'의 의미로 cannot but과 동일한 의미를 갖는다. injustice는 '불공평, 불의, 부정행위'를 의미한다.

Answers 1. admiring 2. liking 3. protesting

Pattern 259

have no choice but ~   ~할 수밖에 없다, ~하지 않을 수 없다.

Useful expressions

1. I **have no choice but** to go. 나는 가는 수밖에 없다.
2. We **have no choice but** to fire employees. 우리는 직원을 해고하는 것 이외에는 다른 대안이 없습니다.
3. You **have no choice but** to remain in the USA. 당신은 미국에 머무는 것 외에는 어떠한 선택 사항이 없습니다.
4. We may **have no choice but** to move our operations overseas. 우리는 생산시설을 해외로 이전하는 수밖엔 없어요.
5. We **have no choice but** to raise prices by five percent. 가격을 5% 인상하는 것 말고는 다른 방법이 없을 것 같아요.

Dialogue

A : What do you expect that the economy will be? 경기가 어떻게 될 것을 예상합니까?
B : I expect that the economy recession will be continued for the time being. 경기침체가 당분간 지속될 것으로 예상합니다.
A : If it is still not good, we **have no choice but** to lay off some workers. 경기가 안 좋으면, 일부 근로자들을 일시해고할 수밖에 없습니다.
B : I undestand the situation, but it should be minimized. 상황을 이해하지만 일시해고는 최소화되어야 할 것입니다.

Exercises

1. I have no choice but to _____ you a ticket. 저는 과태료 딱지를 드릴 수밖에 없어요.
2. We have no choice but to _____ additional workers. 우리는 직원을 충원하는 것 외에는 달리 방도가 없는 것 같습니다.
3. They have no choice but to _____ their country. 그들은 그들의 나라를 떠날 수밖에 없습니다.

> **Tip**
> 'have no choice but ~'은 '~ 할 수밖에 없다', '하지 않을 수 없다'의 의미로 cannot help ~ing와 유사한 의미를 갖는다. lay off는 '일시해고하다'의 의미인 반면, fire는 '해고하다, 해고시키다'의 의미이다.

Answers **1.** give **2.** hire **3.** leave

Pattern 260~261

enough ~

Enough는 '(~하기에)족한, ~할 만큼의, 충분한' 의 의미를 갖는 형용사로 '~할 만큼 충분한' 의 의미를 내포할 때 사용된다. 보통 형용사로 사용될 때에는 'be동사 + enough' 의 '형태나 형용사 + enough to 부정사' '형용사 + enough'의 형태로 많이 사용된다. 또한, enough + 명사의 형태로 명사를 앞에서 수식할 때 사용되기도 한다.

Expressions

1. **That's** enough **for me.** 나는 그것으로 충분하다.
2. **It is** enough **to know that they are safe.** 그들이 안전하다는 것을 아는 것으로 충분하다.
3. **He is strong** enough **to carry this heavy box.** 그는 이 무거운 박스를 들 만큼 힘이 세다.
4. **It is long** enough**.** 그것의 길이는 충분하다.
5. **He had** enough **to do.** 그는 일이 충분히 있었다.

Pattern 260

동사 + enough + 명사 ~이 충분히 있다, 충분한 ~을 가지고 있다.

Useful expressions

1. He had enough money to spend. 소비할 충분한 돈을 가지고 있었다.
2. Is three weeks enough time for you to finish? 3주면 당신이 충분히 끝낼 수 있겠어요?
3. Is there enough gas in the car to get to the plant? 공장까지 가는 데 차에 기름이 충분해요?
4. There simply aren't enough people here to do the job properly. 작업을 제대로 진행할 만한 인력이 절대적으로 부족하다.
5. Did you have enough time to go to the bank to sign the loan? 융자에 필요한 서명을 하기 위해 은행에 갈 시간은 충분했었니?

Dialogue

A : Hello Ms. Shin! Could you do me a favor? 여보세요 신양! 부탁해도 괜찮겠어요?
B : Sure, if I can? 예, 할 수만 있다면?
A : I don't have enough time to drop by and pick up my paycheck. Just send it to my account. 시간이 없어 내가 직접 들러서 월급을 수령할 수가 없어요. 내 은행 계좌로 보내 주세요.
B : Yes, I can. What is your account number? 예, 그러죠. 계좌번호가 무엇이죠?

Exercises

1. One week is not enough _____ _____ _____ in Chicago.
   1주일은 시카고에서 휴가를 보내기에 짧다.
2. He had saved enough _____ over the last four years. 나는 4년 동안 돈을 충분히 저축하였다.
3. I don't think we have enough _____ to attempt that project. 그 계획을 시도할 정도로 우리가 물자가 충분하다고는 생각하지 않아요.

Tip

'동사 + enough ~'은 '~이 충분히 있다', '충분한 ~을 가지고 있다'의 의미로 이 때 enough는 형용사로 뒤에 오는 명사를 수식하거나 대명사로 사용된다. 뒤에서 앞의 형용사를 수식하는 enough와는 분명한 차이를 이루고 있다.

Answers 1. time to spend 2. money 3. resources

261 Pattern

형용사 + **enough to** ~ ~할 만큼 ~하다, ~할 정도로 ~하다.

Useful expressions

1. **He is strong enough to carry this heavy box.** 그는 이 무거운 박스를 들만큼 힘이 세다.
2. **It's warm enough to eat outdoors this evening.** 오늘 저녁은 야외에서 식사할 수 있을 만큼 따뜻하다.
3. **She is old enough to get married.** 그녀는 결혼하기에 알맞은 나이다.
4. **The cord is not long enough to reach the machine.** 코드가 기계를 연결시키기에 충분히 길지 않다.
5. **I'm not rich enough to afford a car.** 나는 자동차를 살 만큼 부유하지 못하다.

Dialogue

A : **When are you planning to get married?** 언제 결혼을 계획하고 있습니까?
B : **I'm not going to marry in five years.** 5년이내에는 하지 않을 거예요.
A : **Any reason for that?** 무슨 이유라도 있어요?
B : **I am not old enough to get married.** 제가 결혼할 만큼 나이 먹지 않았거든요.

Exercises

1. **The table is _____ enough to work at.** 그 탁자는 작업하기에 충분할 만큼 큽니다.
2. **I was shouting _____ enough for everyone to hear me.** 나는 모든 사람들이 내 목소리를 들을 수 있을 정도로 큰 소리로 말하고 있었다.
3. **They are _____ enough to tolerate the journey by car.** 그들은 자동차 여행을 감당할 만큼 강인하다.

Tip

'~ enough to ~'은 '~할 만큼 ~하다', '~할 정도로 ~하다'의 의미로 보통 형용사를 수식할 때 사용한다. enough가 형용사로 사용될 경우에는 명사 앞에서 수식하는 것이 일반적이다.

Answers 1. big 2. loud 3. strong

Pattern 262~265

독립구문

To 부정사는 일반적으로 명사나 형용사를 뒤에서 수식하면서 '~ 할', 또는 '~ 하기에', '~할 만큼' 등으로 표현되지만, 부정사 중에 때로는 문장 전체를 수식해 주거나 독립적으로 사용되어 부사구처럼 종종 사용되는데 이것이 독립 부정사다. 보통 to부정사의 형태를 취하지만 이외에도 as for me와 같이 독립구문으로서 문장에서 부사구의 역할을 하며 문장의 앞에 또는 간혹 뒤에 위치하기도 한다.

Expressions

1. **To begin with**, he is too young. — 우선, 그는 나이가 너무 젊다.
2. **To begin with**, he read the letter. — 무엇보다도 먼저 그는 편지를 읽었다.
3. **To be sure**, she is charming. — 확실히, 그녀는 매혹적이다.
4. **To tell the truth**, I'm a little nervous. — 사실을 말하자면, 나는 좀 긴장돼요.
5. **As for me**, I will walk. — 나라면 걷겠어요.

262 Pattern

To tell (you) the truth 사실대로 말하자면, 사실

Useful expressions

1. **To tell the truth**, there are many people I'd like to thank. 사실, 감사해야 할 사람이 너무 많습니다.
2. **To tell you the truth**, I'm a little nervous. 솔직히 말해서 나는 좀 긴장돼요.
3. **To tell you the truth**, I'm going to divorce my wife. 사실은, 나 아내와 이혼하려고 해.
4. **To tell you the truth**, I'm completely at a loss when it comes to computers. 사실 난 컴퓨터는 하나도 몰라요.
5. **To tell the truth**, I fell asleep in the middle. 사실은 내가 도중에 잠이 들었어.

Dialogue

A : How was the play? 연극은 어땠어?
B : **To tell the truth**, I was a little disappointed about the play. 솔직히 말하면, 나는 좀 실망했어.
A : Why are you disappointed? 왜 실망했는데?
B : It wasn't as funny as I thought it would be. 생각만큼 그렇게 재미있지 않더라고.

Exercises

1. To tell you the truth, I don't _____ it. 솔직히 말하면 그것을 좋아하지 않아요.
2. To tell you the truth, I can't _____ to get you a gift. 솔직히 당신에게 줄 선물 살 여유가 없거든요.
3. To tell the truth, he is not _____. 사실을 말하자면, 그는 부자가 아니다.

Tip

'To tell (you) the truth'는 '사실대로 말하면, 사실'의 의미로 문장 전체를 수식하는 독립 부정사다. 따라서, 독립된 문장으로 쓰이며 후속 문장 전체를 수식한다. afford는 (시간적, 경제적)여유가 있다, 제공하다의 의미를 갖고 있다.

Answers 1. like 2. afford 3. rich

Pattern 263

To be sure
확실히, 틀림없이, 과연

Useful expressions

1. **To be sure**, she is charming. 확실히, 그녀는 매혹적이다.
2. He sings well, **to be sure**. 분명히 그녀는 노래를 잘한다.
3. He is clever, **to be sure**, but not very hard-working. 확실히, 그는 똑똑하지만 별로 성실한 것 같진 않아.
4. It is a good method, **to be sure**, but it is hard to practice. 그것은 좋은 방법임에는 틀림없지만 실행이 어렵다.
5. This is a handy apparatus, **to be sure**. 확실히 이것은 편리한 기계다.

Dialogue

A : Did you go over the business plan? 당신은 사업계획을 검토했어요?
B : Yes, I did. 예, 검토했습니다.
A : What is your comments on that? 어떻게 생각하십니까?
B : It is a good plan, **to be sure**, but it is not easy to execute. 확실히 그것은 좋은 계획이지만 실행이 쉽지 않습니다.

Exercises

1. She is beautiful, to be sure, but _____ _____. 확실히, 그녀는 아름답지만 감정적으로 메말라 있다.
2. He is a learned scholar, to be sure, but _____ common sense. 그는 학자임에 틀림없지만 확실히 상식이 없다.
3. To be sure, he is _____. 확실히 그는 총명해.

Tip

'To be sure'는 '확실히, 틀림없이, 과연'의 의미로 문장 전체를 수식해주는 독립 부정사이다. 문장의 위치는 문장 앞이나 중간에 보통 위치한다. go over는 (서류, 제안)검토하다의 의미로 review와 동일한 의미를 갖는다.

Answers **1.** emotionally dry **2.** lacks **3.** smart

264 Pattern

To begin with
우선, 첫째로, 무엇보다 먼저

Useful expressions

1. **To begin with**, he is too young. 우선 그는 나이가 너무 젊다.
2. **To begin with**, he read the letter. 무엇보다도 먼저 그는 편지를 읽었다.
3. May I bring you something, **to begin with**, a beverage or some appetizers? 식사 전에 뭐 음료나 애피타이저 먼저 갖다 드릴까요?
4. **To begin with**, these newspaper reports are not true. 우선, 이들 신문 보도는 사실이 아니다.
5. **To begin with**, he had no money, but later he became immensely rich. 처음에는 그가 돈이 없었지만, 나중에는 엄청난 부자가 되었다.

Dialogue

A : What would you like to discuss in today's meeting? 오늘 미팅에서 무엇을 논의하고 싶습니까?
B : **To begin with**, I would like to check the annual sales revenue. 우선 연간 판매수입을 확인하고 싶습니다.
A : After that? 그 다음은요?
B : I think we need to estimate the total cost to achieve the sales revenue. 나는 판매 수입을 달성하기 위해 필요한 총비용을 추산할 필요가 있다고 생각합니다.

Exercises

1. You've got _____ _____ a good start, to begin with. 우선 너는 출발이 좋아야 한다.
2. I'm not going. To begin with, I don't _____ a ticket, and secondly I don't like the play. 난 안 갈 거야. 우선 표가 없고 둘째로 연극을 좋아하지 않아.
3. To begin with, I don't _____ his looks. 첫째, 그 사람의 외모가 마음에 들지 않아.

Tip

'To begin with' 는 '우선, 첫째로, 무엇보다 먼저' 의 의미로 문장 전체를 수식해주는 독립 부정사다. 독립 부정사로, 문장의 어디에나 위치해도 된다. immense는 '거대한', '광대한' 의 의미로 huge와 같은 의미를 갖는다.

Answers 1. to have 2. have 3. like

Pattern 265

As for me
나로서는, 나라면

Useful expressions

1. **As for me,** I will walk. 나라면 걷겠다.
2. **As for me,** I do not care. 나는 상관없습니다.
3. **As for me,** I have nothing to complain of. 나로서는 아무런 불평도 없다.
4. **As for me,** I have been all by myself. 나 같은 경우에는 항상 나 혼자였어.
5. **As for me,** I wouldn't do that work. 나라면 그 일을 하지 않겠다.

Dialogue

A : Did you decide that you wouldn't get married with her? Why? It must be kind of a shock to me. 너 그녀와 결혼하지 않기로 결정했어? 왜 그래? 나에게 좀 충격적인데.
B : She's too much for me. 그녀는 나에게 과분한 것 같아서.
A : **As for me,** I'd marry her. 나라면, 그녀와 결혼할 것 같은데.
B : Really? 정말?

Exercises

1. As for me, I wouldn't _____ her there. 나라면 그녀를 거기에 보내지 않겠다.
2. As for me, give me _____ or give me _____. 다른 사람은 몰라도, 나에게는 자유 아니면 죽음을 달라.
3. As for me, I will _____ him _____ _____. 나라면 그를 도와 주겠다.

Tip

'As for me'는 '나로서는, 나라면'의 의미로 주절과 독립하여 사용된다. For my part와 같은 의미로 나의 입장에서 상대방에게 말할 때 사용하는 표현이다.

Answers 1. send 2. liberty death 3. give a hand

Pattern 266~269

have something(nothing) to ~

Have something(nothing) to ~는 '~와 관계가 있다(없다)'의 의미로 서로 상반적인 경우에 사용할 수 있는 표현이다. Have something to ~는 주어와 직접적인 관련이 있을 때 사용되고 아무 관련이 없을 때는 something을 nothing으로 바꾸어 사용할 수 있다. 한편, have nothing particular to ~는 '특별히 ~할 일이 없다'의 의미로 동일한 의미는 아니지만 유사한 형태를 취하면서 부정대명사를 특별히 수식할 경우에 사용될 수 있는 표현이다. Have trouble ~ing는 '~에 어려움을 겪다'의 의미로 보통 trouble 다음에 전치사 in이 생략되고 동명사를 수반한다.

- **Expressions**

1. I have something to **do with it.** 나는 그것과 관계가 있다.
2. I have something to **do with the case.** 나는 그 사건과 관계가 있다.
3. I have nothing to **do with the accident.** 나는 그 사고와 아무 관계가 없다.
4. I have nothing **particular** to **do.** 나는 특별히 할 일이 없다.
5. I have trouble concentrating **the work.** 나는 일을 집중하는 데 어려움을 겪고 있다.

"have something(nothing) to ~"

Pattern 266

have something to do with ~ ~와 관계가 있다.

Useful expressions

1. I **have something to do with** it. 나는 그것과 관계가 있다.
2. He seems to **have something to do with** the plot, too. 그도 그 음모에 관련된 것 같다.
3. Her job **has something to do with** computers. 그녀의 직업은 컴퓨터와 관련이 있다.
4. Some politicians are suspected to **have something to do with** the housing scandal. 일부 정치인들은 주택 건설 스캔들에 어느 정도 연루된 것으로 의심된다.
5. It must **have something to do with** masculine pride. 그것은 남자의 자존심과 관계된 일임에 틀림없다.

Dialogue

A : Do you know how many policians are involved in the financial scandal? 몇 명의 정치인들이 그 금융스캔들에 연루되어 있는지 알아?
B : I don't know exactly. 정확히 모르는데.
A : I heard that some politicians are suspected to **have something to do with** the scandal. 일부 정치인들이 그 스캔들에 연루된 것으로 의심된다고 들었어.
B : Is that right? It must be a huge political scandal. 그렇습니까? 그것은 큰 정치적인 스캔들임에 틀림없네요.

Exercises

1. I have something to do with _____ _____. 나는 그 일과 관계가 있다.
2. She seems to have something to do with the _____ _____ _____. 그녀는 그 사기죄와 관련 있는 것처럼 보인다.
3. Hard work has something to do with _____ _____. 힘든 노력이 그녀의 성공과 관계가 있다.

Tip
'have something to do with ~'는 '~와 관계가 있다'의 의미로 주어가 어떤 일과 관련이 있을 때 사용할 수 있는 표현이다. 상반적인 표현으로 'have nothing to do with ~'으로 '~과 전혀 관련이 없다'의 의미로 사용된다.

Answers 1. the matter 2. charge of fraud 3. her success

267 Pattern

have nothing to do with ~ ~와 아무 관계가 없다.

Useful expressions

1. I **have nothing to do with** the matter. 나는 그 문제와 아무 관계가 없다.
2. I **have nothing to do with** the case. 나는 그 사건과 아무 관계가 없다.
3. I **have nothing to do with** this accident. 나는 이 사건과 아무 관계가 없다.
4. Chance **has nothing to do with** his success. 그의 성공은 우연이 아니다.
5. Memory **has nothing to do with** health. 기억은 건강과 아무 관련이 없다.

Dialogue

A : Why do you think that he didn't come to the office? 왜 그가 사무실에 오지 않았다고 생각해요?
B : Well, it seems that he is involved in the car accident. 글쎄, 그가 자동차 사고에 연루된 것 같은데.
A : Somebody told me that he **has nothing to do with** the accident. 누군가 나에게 그가 그 사고와 관련이 없다고 하던데요.
B : Why don't you call him now to see what happened? 지금 그에게 전화해서 무슨 일이 있었는지 알아봐요.

Exercises

1. I have nothing to do with _____. 나는 그것과 아무 관계가 없다.
2. He seems to have nothing to do with _____. 그가 그녀와 아무 관련이 없는 것처럼 보인다.
3. Age has nothing to do with a person's _____. 나이는 사람의 역량과는 관계가 없다.

Tip

'have nothing to do with ~'는 'have something to do with ~'와 상반적인 표현으로 '~와 관계가 없다'의 의미다.

Answers 1. that 2. her 3. capabilities

have something(nothing) to ~ **343**

Pattern 268

I have nothing particular to ~ 특별히 ~할 일이 없다.

Useful expressions

1. **I have nothing particular to** do. 특별히 할 일이 없다.
2. **I have nothing particular to** say about it. 그것에 대해 따로 말할 것이 없다.
3. **I have nothing particular to** tell you. 당신에게 특별히 이야기 할 것도 없다.
4. **I have nothing particular to** give you. 당신에게 특별히 줄 것이 없다.
5. **I have nothing particular to** convey to her. 그녀에게 특별히 전할 것이 없다.

Dialogue

A : I'm going to Seoul tonight. 오늘밤 서울에 갈 건데.
B : Are you going to meet Dr. Kim there? 거기에서 김 박사 만날 거야?
A : Yes. Do you have anything to tell him? 그래. 그에게 말할 것이라도 있어?
B : **I have nothing particular to** convey to him now. Give him my best regards. 지금은 그에게 특별히 전할 것은 없어. 안부나 전해.

Exercises

1. I have nothing particular to _____ the market. 특별히 시장을 조사할 일은 없다.
2. I have nothing particular to _____ this afternoon. 나는 오늘 오후에 특별히 할 일이 없다.
3. I have nothing particular to _____ _____ her. 그녀와 특별히 협력해야 할 일은 없다.

Tip
'I have nothing particular to ~'는 '특별히 ~할 일이 없다.'의 의미로 다른 사람에게 특별히 할 일이 없을 때 사용할 수 있는 표현이다. convey는 '(소식, 용건을) 전달하다', '알리다'의 의미를 갖는다.

Answers **1.** survey **2.** do **3.** cooperate with

269 Pattern

I have trouble ~ing
나는 ~에 어려움을 겪다.

Useful expressions

1. **I have trouble concentrating.** 나는 집중하는 데 어려움을 겪고 있다.
2. **I sometimes have trouble waking** up for school. 나는 가끔 아침에 일어나 학교에 가는 데 어려움을 겪고 있다.
3. **I have trouble getting** to sleep. 나는 잠드는 데 어려움을 겪고 있다.
4. **I have trouble getting** used to the New York accent. 나는 뉴욕발음에 익숙해지는데 힘들었습니다.
5. **I have trouble convincing** him to install the jacks. 잭을 설치하도록 그를 설득하는 데 어려움이 있다.

Dialogue

A : Where is my T-shirt in my room, Mom? 엄마, 내 방 안에 있는 티셔츠가 어디 있어요?
B : Don't ask me. **I have trouble keeping** track of my own things, 나에게 묻지마. 내 물건 찾는 것도 힘드니까.
A : I can't find where it is. 그것이 어디 있는지 찾을 수 없어요.
B : Ask Aunt Ruth. She was cleaned up the room this morning. 루스 아주머니에게 물어봐. 그녀가 오늘 아침 방을 치웠어.

Exercises

1. I have trouble _____ the matter. 나는 그 문제를 해결하는 데 어려움을 겪고 있어요.
2. I have trouble _____ with my skirt clinging to my legs. 치맛자락이 발에 감겨 걷기가 힘들다.
3. I have trouble _____ a new product. 신제품을 개발하는 데 어려움을 겪고 있어요.

Tip
'I have trouble ~ing'는 '나는 ~에 어려움을 겪다'의 의미로 trouble 다음에 보통 전치사 in이 생략되고 동명사가 나온다. cling to는 (물건이)달라붙다, 매달리다의 의미를 갖는다.

Answers 1. solving 2. walking 3. developing

have something(nothing) to ~ **345**

Pattern 270~273

Time(Moment) ~

Time(Moment)는 '시간'과 '순간'을 의미하는 명백한 명사다. 그러나 next time ~, every time ~, by the time ~ 또는 the moment ~와 같이 수식어를 동반하여 사용할 때, 이것은 시간을 나타내는 '접속사 역할'을 하면서 부사(구) 의미를 갖는다. 즉, next time ~은 '~할 다음 시간(에)'의 의미지만 '다음에 ~할 때'의 의미로 해석하고, every time ~은 '~할 언제나, 매번'의 의미지만 '~할 때마다'로, 그리고 the moment ~는 '~할 순간(에)'의 의미지만 '~하자마자'의 의미로 자연스럽게 해석된다.

- **Expressions**

1. **Next time you are in town, come to see me.** 다음에 도시에 올 때에는 나에게 찾아 오세요.
2. **Next time I come, I'll bring the children to you.** 다음에 내가 올 때에는 애들을 데리고 오겠습니다.
3. **Every time you need this book, I'll lend it to you.** 당신이 이 책을 필요로 할 때마다 나는 그것을 당신에게 빌려 주겠습니다.
4. **By the time we reached the ground, the game had begun.** 우리가 운동장에 도착했을 즈음에 그 경기는 이미 시작되었다.
5. **The moment he saw me, he ran off.** 그는 나를 보자마자 달아났다.

"Time(Moment) ~"

270 Pattern

(The) next time ~

다음에 ~할 때

Useful expressions

1. **Next time** you are in town, come to see me. 다음 번 상경할 때에는 나에게 찾아 오세요.
2. **Next time** I come, I'll bring the children to you. 이 다음에 올 때는 아이들을 데리고 오겠다.
3. **Next time** you're over this way, please come by. 다음에 이곳에 올 때는 들러 주십시오.
4. You'd better not be in such a hurry **next time** you're crossing the street. 다음에 길을 건널 때는 그렇게 서두르지 않도록 해.
5. **Next time** you see sales figures like this, I want to be notified immediately. 다음에 판매액이 이렇게 나오면 즉시 알려 주길 바래요.

Dialogue

A : We decided to hire Mr. Smith for the sales department. 우리는 스미쓰씨를 영업부에 채용하기로 결정했어요.
B : Oh, that's good. I bet he's a natural salesman. 그거 잘 됐네요. 타고난 세일즈맨이거든요.
A : Do you think so? 그렇게 생각하세요?
B : Yes, he's good at that. **Next time** you talk to him, please tell him I said "hello". 예, 그 일에 능숙해요. 다음에 통화할 때, 내 안부도 전해 주세요.

Exercises

1. Next time you come, _____ her around. 다음에 올 때는 그녀를 데리고 오너라.
2. _____ me there (the) next time you go. 다음에 갈 때 나를 데려다 줘.
3. Next time you buy something small, _____ the salesperson you don't need a paper bag for it. 다음에 여러분이 작은 물건을 살 때는 점원에게 종이 가방이 필요 없다고 말해주세요.

Tip

'(The) next time ~'은 '다음에 ~할 때'의 의미로 next time이 접속사의 역할을 한다. 이 때 next time앞의 정관사 the는 보통 생략되기도 하고 문장 앞 또는 뒤에 위치한다.

Answers 1. bring 2. Take 3. tell

Time (Moment) ~ 347

Pattern 271

Every time ~

~할 때마다

Useful expressions

1. **Every time** you need this book, I'll lend it to you. 당신이 이 책을 필요로 할 때마다 그것을 빌려 주겠습니다.
2. **Every time** you say that, we get in trouble. 그런 말 할 때마다 우리가 어려운 상황에 처한다.
3. I think of dropping a contract **every time** it is up. 매번 계약 기간이 끝날 때마다 계약을 종료할까 생각을 하죠.
4. **Every time** I saw something cool or funny, I immediately felt the need to phonecam-blog it. 뭔가 멋지거나 웃기는 것을 볼 때마다 즉시 카메라폰으로 찍어 블로그에 올려야한다고 생각했거든요.
5. **Every time** you do something wrong and make me unhappy, one of my hairs turns white. 네가 잘못을 해서 엄마 속을 썩이거나 슬프게 만들 때마다 엄마 머리카락 하나가 희어진단다.

Dialogue

A : Shall I try to fix this computer? 이 컴퓨터를 고쳐볼까요?
B : Oh, Would you? That'd be great. 오, 그래주시겠어요? 그러면 좋지요.
A : What is the symptom? 증상이 뭐지요?
B : **Every time** I turn it on, it makes a strange noise and then it gives me an error message. 컴퓨터를 켤 때마다 이상한 소리가 나고 에러 메시지가 떠요.

Exercises

1. Every time we talk, we _____ _____ how you love Nicole Kidman. 매번 말할 때마다 우리는 당신이 니콜 키드먼씨를 얼마나 사랑하는가에 대한 얘기를 하지요.
2. Every time I see him, I _____ _____ it back. 그를 볼 때마다 나는 그것을 돌려 달라고 해요.
3. Every time a police patrol comes near, they _____ _____ the grate over the shop's front door. 경찰이 근처에 올 때마다 그들은 상점 앞의 철창문을 내린다.

Tip
'every time ~'은 '~할 때마다'의 의미로 every time이 접속사로 사용되는 경우다. 이때 every time앞의 문장 앞 또는 뒤에 위치한다. phonecam-blog은 '카메라폰으로 찍어서 블로그에 올리다'의 신조어다.

Answers 1. talk about 2. ask for 3. pull down

272 Pattern

By the time ~

~할 때, ~ 즈음에

Useful expressions

1. **By the time** we reached the ground, the game had begun. 우리가 운동장에 도착했을 때에는 그 경기는 시작되었다.
2. **By the time** the fruit was on the table, they were all in wine. 과일이 식탁에 오를 때쯤에는 모두 상당히 취해 있었다.
3. **By the time** the guests arrived, the house had been thoroughly cleaned. 손님들이 도착했을 때 집은 깨끗이 청소되어 있었다.
4. **By the time** you get this letter, I'll be in Canada. 네가 이 편지를 받을 때 즈음이면, 난 캐나다에 있을 것이다.
5. **By the time** the problem was reported, it had already been fixed. 문제가 보고되었을 때에는 이미 그 문제가 해결된 상태였다.

Dialogue

A : When will it be finished? 그것이 언제 마무리 될 수 있어요?
B : It will be ready **by the time** you get here. 당신이 여기 도착할 즈음에 마무리 돼 있을 겁니다.
A : This is crucial. Can you do that for sure? 이것은 중요해요. 확실히 그렇게 할 수 있습니까?
B : I'll do my utmost to get it finished. 최선을 다하여 마무리하겠습니다.

Exercises

1. By the time I finish this project, I will _____ _____ over 200 pages.
   내가 이 기획서를 다 쓰면 200페이지가 넘을 것이다.
2. By the time the baby had been passed from hand to hand, it _____ _____. 그 갓난아기는 여러 사람의 손을 거칠 무렵에는 큰 소리로 울었다.
3. By the time they had walked 3 miles, they were _____. 그들이 3마일 걸어갔을 즈음에 그들은 지쳐 버렸다.

> **Tip**
> 'By the time ~'은 '~할 때, ~ 할 즈음에'의 의미로 by the time이 접속사로 사용되는 경우다. 이것도 마찬가지로 문장 앞 또는 뒤에 위치한다. exhausted는 '다 써버린', '소모된', '지칠 대로 지친'의 의미다.

Answers 1. have written 2. was crying 3. exhausted

Time (Moment) ~

Pattern 273

The moment ~

~하자마자, ~하는 순간에

Useful expressions

1. **The moment** he saw me, he ran off. 그는 나를 보자마자 이내 달아났다.
2. **The moment** he heard it, he turned dead white. 그 말을 듣자마자 그는 얼굴이 창백해졌다.
3. He ran out of the house **the moment** his mother appeared. 그는 어머니의 모습을 보자마자 집을 뛰어 나갔다.
4. The phone rang **the moment** I opened the door. 내가 문을 열자마자 전화가 울렸다.
5. I went out **the moment** father came home. 아버지가 귀가하시는 것과 동시에 나는 외출하였다.

Dialogue

A : Where are the patients? 환자들이 어디 있습니까?
B : They are out of the hospital. 그들은 병원 밖에 있어요.
A : Why are they there? 왜 그들이 거기에 있습니까?
B : **The moment** they saw the snake, they suddenly got up and ran out of the hospital. 그들이 뱀을 보자마자 갑자기 일어나 병실에서 뛰어나갔습니다.

Exercises

1. He _____ to me the moment he saw me. 그는 나를 보자 곧 뛰어왔다.
2. The moment I _____ _____ the train, I found I had left my umbrella behind. 기차에서 내리자마자 우산을 놓고 내렸다는 것을 알았다.
3. You can _____ anything you want the moment you have a strong faith in yourself. 당신이 강한 신념을 가지고 있는 그 순간에 당신은 당신이 원하는 그 어떤 것도 이룰 수 있습니다.

Tip

'the moment ~'는 '~ 하자마자'의 의미로 as soon as 또는 the minute와 동일한 의미를 갖는다. as soon as가 주로 문장 앞에 위치하는 데 반하여 이것은 문장 앞이나 중간에 위치하여 부사절을 동반한다.

Answers 1. ran 2. got off 3. achieve

Pattern 274~276

Unit 58

give ~

Give는 '~을 주다'의 의미를 갖는 동사로 보통 목적어를 수반한다. 상대방이나 다른 사람에게 물질적인 것 이외에 '약속, 안부' 등 추상적인 것을 제공하는 것을 표현할 때에도 give의 동사를 사용한다. 이와 같이 give는 수여동사로서 간접목적어와 직접목적어의 이중 목적어 형식을 취하는 경우가 많으며 'give + 간접목적어 + 직접목적어'의 형식이나 'give + 직접목적어 + to + 간접목적어'의 형식으로 표시된다.

Expressions

1. **I give you my word for it.** 내가 그것에 대하여 약속합니다.
2. **I give you my word that she is honest.** 나는 그녀가 정직하다는 것을 약속합니다.
3. **Give him my best regards.** 그에게 나의 안부를 전해 주십시오.
4. **Give my best regards to your family.** 당신의 가족들에게 나의 안부를 전해 주십시오.
5. **This car gives a smooth ride.** 이 차는 안락한 승차를 줍니다(승차감이 좋습니다).

Pattern 274

I give you my word ~   ~에 대하여 약속하다.

Useful expressions

1. **I give you my word** for it.   내가 그것에 대하여 약속합니다.
2. **I give you my word** that she is honest.   그녀가 정직하다는 것을 약속합니다.
3. **I give you my word** that this won't happen again.   다시는 이런 일이 없을 것이라고 약속드립니다.
4. **I give you my word** he is not a criminal.   나는 그가 범죄자가 아니라는 것을 약속드립니다.
5. **I give you my word** of honour I didn't do it.   나는 그 일을 하지 않았음을 명예를 걸고 약속합니다.

Dialogue

A : Do you believe that he stole money from his employer?   그가 그의 주인으로부터 돈을 훔쳤다고 믿습니까?
B : I don't believe it. **I give you my word** that he didn't do that.   나는 그것을 믿지 않습니다. 그가 그런 짓을 하지 않았다고 보증합니다.
A : What makes you say that?   무엇 때문에 그렇게 말하지요?
B : I know him well.   내가 그를 잘 알고 있어요.

Exercises

1. I give you my word for her _____.   그녀의 정직함은 제가 보증합니다.
2. I give you my word that he is _____ _____.   나는 그가 매우 영리하다는 것을 약속드립니다.
3. I give you my word that this accident _____ _____ again.   나는 이러한 사고가 다시 일어나지 않을 것이라고 약속드립니다.

Tip
'I give you my word ~'은 '~에 대하여 약속을 하다'의 의미로 어떤 내용에 대하여 상대방에게 확신을 줄 때 사용하는 표현이다. 여기에서 word의 의미는 말, 단어의 의미보다 지켜야 할 '약속'을 의미한다.

Answers 1. honesty 2. very smart 3. won't occur

275 Pattern

Give my best regards to ~ ~에게 안부 전해 주세요.

Useful expressions

1. **Give** him **my best regards.** 그분에게 안부 전해 주십시오.
2. **Give my best regards to** your family. 댁내 여러분에게 안부 전해 주십시오.
3. **Give my best regards to** your parents. 부모님께 안부 전해줘.
4. **Give** the others **my best regards.** 나머지 사람들에게 안부 전해줘.
5. **Give my best regards to** the old friends of mine. 옛친구들에게 안부 전해줘.

Dialogue

A : How are you doing, Chris? 크리스, 어떻게 지내고 있어?

B : I'm doing fine. 잘 지내고 있어.

A : How are your parents? **Give my best regards to** them. 부모님은 어떠셔? 내 안부를 전해줘.

B : They used to have some trouble, but they are doing well. 과거엔 상황이 안 좋았는데 지금은 잘 지내셔.

Exercises

1. Give _____ _____ my best regards. 동생에게 안부 전해줘.
2. Give my best regards to _____ _____. 당신 남편에게 안부 전해줘.
3. Give my best regards to _____ _____. 친구들에게 안부 전해줘.

Tip

'Give my best regards ~'은 '~에게 안부를 전해 주세요'의 의미로 '안부를 전하다' 할 때에는 'give + best regards'를 많이 사용한다.

Answers 1. your brother 2. your husband 3. your friends

Pattern 276

~ gives(has) a smooth(rough) ride ~가 승차감이 좋다(나쁘다).

Useful expressions

1. **This car gives a smooth ride.** 이 차는 승차감이 좋다.
2. **The luxury model gives a smoother ride.** 이 고급형이 승차감이 더 부드럽다.
3. **This truck has a rough ride.** 이 트럭은 승차감이 나쁘다.
4. **The new bus has a smooth ride.** 그 새로운 버스는 승차감이 좋습니다.
5. **The old car doesn't give a smooth ride.** 그 구형 차는 승차감이 좋지 않습니다.

Dialogue

A : **I'd like to rent a car.** 차를 한 대 빌리고 싶은데요.
B : **What type of car would you like?** 어떤 차를 원하세요?
A : **That one looks nice! Does it give a smooth ride?** 저 차가 괜찮아 보이는데요! 승차감은 좋은가요?
B : **It does. You don't even have to ask.** 좋습니다. 두말할 필요 없습니다.

Exercises

1. The sedan _____ a smooth ride. 그 세단 자동차는 승차감이 좋습니다.
2. The big bus has a _____ ride. 그 큰 버스는 승차감이 좋습니다.
3. This new car _____ _____ smooth ride. 이 신차는 승차감이 좋지 않다.

Tip

'~ gives(has) smooth(rough) ride.'는 '승차감이 좋다(나쁘다)'의 의미로 직역하면 '안락한 승차를 주다'로 해석할 수 있다. 이와 유사한 표현으로 comfortable to ride in이 있다. 'You don't have to ask'는 '물을 필요가 없다', 즉 '두말할 필요가 없다'는 의미다.

Answers 1. has(gives) 2. smooth 3. doesn't give

Pattern 277~300

숙어 및 관용 표현

이 단원에서는 실제 영어회화에서 많이 사용되는 중요한 숙어나 관용표현에 대하여 알아본다. 실제로 많이 사용되지만 잘 기억 못하거나 중요한 대화 pattern을 몰라서 간혹 당황하는 경우가 있다. 숙어가 사용되는 상황을 잘 이해하여 손쉽게 사용할 수 있도록 하고 관용적 표현을 잘 활용하면 영어회화에 보다 많은 내용을 표현할 수 있을 것이다.

Expressions

1. **I got it** for nothing. 나는 공짜로 그것을 얻었다.
2. **You have to** get used to **other cultures.** 당신은 타 문화에도 익숙해져야 합니다.
3. Help yourself to **the wine.** 포도주를 마음대로 드십시오.
4. It has been **two years** since **I left school.** 학교를 떠난 지 2년이 되었다.
5. **I was** so **tired** that **I fell asleep quickly.** 나는 너무 피곤해서 빨리 잠들었다.

Pattern 277

for nothing
공짜로, 헛되이

Useful expressions

1. **I got it for nothing.** 나는 공짜로 그것을 얻었다.
2. **All these pains were for nothing.** 이 수고는 모두가 허사였다.
3. **We've been standing in line for nothing.** 우리가 헛되이 줄서서 기다리고 있었다.
4. **She will do anything for me for nothing.** 그녀는 나를 위해서라면 무엇이든 아무 대가 없이 할 것입니다.
5. **We could have got in for nothing.** 우리가 공짜로 들어갈 수도 있었을 것이다.

Dialogue

A : I'm upset about pains we took. 나는 우리가 노력한 수고에 대해 속상하다고.
B : Why are you unhappy today? 왜 오늘 속상해 해?
A : I have been standing in line at the stadium for nothing. 스타디움에 들어가려고 줄을 서서 기다렸지만 헛수고 했지 뭐야.
B : Oh! You didn't get in the stadium after all? 저런! 스타디움에 결국 들어가지 못한 거야?

Exercises

1. I have _____ it for nothing. 나는 그것을 참아 왔지만 헛일이었다.
2. All my trouble _____ for nothing. 모든 나의 수고가 헛되었다.
3. His work _____ _____ for nothing after all. 그의 일은 결국 허탕으로 끝났다.

Tip

'for nothing'은 '공짜로, 헛되이, 대가 없이'의 의미로 어떤 결과를 위해 공들인 일이 수포로 돌아갔을 때 사용하는 표현이다. 보통 문장의 뒤에 위치하여 결국 헛수고로 끝나다의 의미로 해석된다.

Answers 1. endured 2. went 3. has been

278 Pattern

be동사 + on duty ~

~에 근무중이다.

Useful expressions

1. **He is on duty.** 그는 근무중이다.
2. **I'm on night duty this week.** 나는 이번 주에는 야간 당직이다.
3. **Who is on duty here?** 누가 여기 책임자입니까?
4. **I can't help you now, but I'll be on duty in about an hour.** 지금은 도와 드릴 수 없습니다만, 1시간 후 쯤이면 제가 근무를 시작합니다.
5. **Nurses were on duty to give first-aid.** 응급 치료를 위하여 간호사들이 출장 중에 있었다.

Dialogue

A : **I'm on duty this afternoon. Can you please cover for me?** 오늘 오후에 근무를 서야 하는데, 대신 해 줄 수 있어?
B : **Why?** 왜 그러지?
A : **I have a doctor's appointment.** 병원 예약이 있어서 말야.
B : **Really? Let me do that.** 정말? 내가 그렇게 하지.

Exercises

1. He is on _____ duty this week. 그는 이번 주에 야간 당직이다.
2. A manager is on duty _____ _____ a day. 관리자는 하루 15시간 일한다.
3. A policeman was _____ _____ while on duty. 경찰관이 근무중에 총에 맞아 죽었다.

Tip

'주어 + 동사 + on duty ~'는 '~에 근무중이다, 일하고 있다'의 의미로 여기에서 duty는 '임무', '의무'의 뜻으로 사용된다. on duty는 '당번으로', off duty는 '비번으로'의 의미를 갖는다. 'give first aid'는 '응급처치를 하다'의 의미다.

Answers 1. night 2. fifteen hours 3. gunned down

Pattern 279

get used to ~
~에 익숙해지다.

Useful expressions

1. **You have to get used to other cultures.** 당신은 타문화에도 익숙해져야 합니다.
2. **You'll get used to it.** 너는 그것에 익숙해질 거야.
3. **It takes time to get used to a new position.** 새 일에 적응하는 데 시간이 걸린다.
4. **Shortly I should get used to the work.** 머지않아 나는 그 일에 익숙해질 것이다.
5. **I could get used to that kind of travel very easily.** 그런 여행이라면 아주 쉽게 적응하겠던데요.

Dialogue

A : **Are you doing this for the first time?** 이 일을 처음으로 해보는 거예요?
B : **I guess you're right. I'm new at this, but I'll get used to it.** 그런 것 같아요. 이 일은 처음 해보는 거라서요, 하지만 익숙해지겠지요.
A : **It usually takes time to get used to the new work.** 새로운 일에 익숙해지려면 보통 시간이 걸리지요.
B : **I'll shorten the time.** 그 시간을 줄이려고요.

Exercises

1. You will get used to it _____ _____. 차차 익숙해질 거야.
2. It takes time to get used to _____ _____. 새 신이 길들려면 시간이 걸린다.
3. I still can't get used to _____ _____ people drive here. 나는 지금도 여기 사람들 운전 방식에 익숙해지지가 않아요.

Tip

'get used to ~'은 '~에 익숙해지다'의 의미로 get 대신 become을 사용할 수 있다. 이것은 be(become) accustomed to와 같은 의미로 자주 사용되는 표현이다.

Answers 1. by degrees 2. new shoes 3. the way

280 Pattern

be allergic to ~   ~에 알레르기가 있다, ~에 질색이다.

Useful expressions

1. **I'm allergic to strawberries.** 나는 딸기 알레르기가 있습니다.
2. **Are you allergic to caffeine?** 카페인 알레르기가 있나요?
3. **I'm allergic to synthetics.** 저는 화학 섬유에 알레르기가 있거든요.
4. **I'm allergic to reptiles.** 난 파충류를 몹시 싫어해.
5. **I like cats, but unfortunately I'm allergic to them.** 나는 고양이를 좋아하지만 불행히도 그것들에 대해 알레르기가 있다.

Dialogue

A : Do you like peanuts as appetizer? 안주로 땅콩 어때요?
B : I don't like, Don't you have any other appetizers? 좋아하지 않아요. 다른 안주 없어요?
A : I have some other appetizers. 다른 안주 있어요.
B : Then I'll have to have something else. **I'm allergic to** peanuts and I have to be careful about what I eat. 그럼 다른 걸로 해야겠네요. 난 땅콩 알레르기라서 음식에 각별히 신경을 써야 하거든요.

Exercises

1. He's allergic to _____. 그는 벌레를 싫어한다.
2. They are allergic to _____. 그들은 꽃가루에 알레르기가 있다.
3. I'm allergic to _____, and Harrison doesn't really drink either. 나는 알코올 알레르기가 있고 해리슨도 술을 그다지 마시지 않는다.

Tip 'be allergic to ~'은 '~ 에 알레르기가 있다, 매우 싫어하다'의 의미로 to 다음에 명사나 동명사를 동반한다. be동사 대신에 become이 종종 사용되기도 한다.

Answers 1. bugs 2. pollen 3. alcohol

Pattern 281

fall in love with ~   ~와 사랑에 빠지다, ~에게 반하다.

Useful expressions

1. I can't help **falling in love with** you. 당신과 사랑에 빠지지 않을 수 없어요.
2. He eventually **fell in love with** her. 그는 마침내 그녀와 사랑에 빠졌다.
3. When Simba is older, he **falls in love with** his childhood friend. 심바가 나이 들면서, 소꿉친구와 사랑하게 된다.
4. He **falls in love with** her for her beauty and virtue. 그는 그녀의 미덕에 반하고 있다.
5. They **fall in love with** each other for the first time. 그들은 처음으로 서로 사랑에 빠진다.

Dialogue

A : Did you hear that he would marry her soon? 그가 곧 그녀와 결혼할 거라는 것을 들었어?
B : I didn't hear about it. When did they see for the first time? 나는 듣지 못했는데. 그들이 언제 처음 만났다고?
A : I think they must have **fallen in love with** each other at first sight. 그들은 틀림없이 서로에게 첫눈에 반했다고 생각되는데.
B : You're right. I can't believe that. 네 말이 맞아. 나는 믿기지 않는데.

Exercises

1. He fell in love with her and tried to _____ her affection. 그는 그녀에게 반해 그녀의 사랑을 얻으려 애썼다.
2. I fell in love with her _____ _____ _____. 나는 그녀에게 한눈에 반했다.
3. Maybe people outside Korea will fall in love with a Korean star _____ _____. 한국 밖 외국 사람들도 한국의 스타와 사랑에 빠지게 될 것입니다.

Tip

'fall in love with ~'은 '~와 사랑에 빠지다', '~에게 반하다'의 의미로 글자 그대로 '사랑하고 있다'를 표현하고 싶을 때 사용되는 표현이다. 'at first sight'은 '첫 눈에'의 뜻으로 'at first glance'와 같은 의미를 갖는다.

Answers 1. win 2. at first sight 3. as well

Pattern 282

Help yourself to ~
~을 마음대로 드세요.

Useful expressions

1. **Help yourself to** the wine. 포도주를 마음껏 드십시오.
2. **Help yourself to** whatever you need. 마음대로 골라 드세요.
3. **Help yourself to** a cigarette. 담배 드세요.
4. **Help yourself to** the cookies. 쿠키 좀 드세요.
5. **Help yourself to** anything you like on the table. 식탁에서 좋아하는 것을 마음대로 드세요.

Dialogue

A : hank you for coming to our party tonight.. 오늘밤 우리 파티에 오셔서 감사합니다.

B : I'm honoured to be here. 여기 참석할 수 있게 되어 영광입니다.

A : **Help yourself to** the dishes. 요리를 마음껏 드세요.

B : I will. 그렇게 하겠습니다.

Exercises

1. Help yourself to _____. 설탕을 원하는 만큼 넣어서 먹지.
2. Please, help yourself to _____ _____. 레모네이드를 마음껏 드세요.
3. Would you help yourself to _____ _____, please? 파이 좀 드시겠습니까?

Tip

'Help yourself to ~'은 '~을 마음대로 드세요'의 의미로 연회나 파티에서 손님을 맞이할 때 많이 사용하는 표현이다. 여기에서 help는 '권하다', '(음식물을)집어주다'의 의미로 사용된다. to다음에 원하는 음식이나 물건을 연결하여 적절한 표현을 할 수 있다.

Answers 1. sugar 2. some lemonade 3. the pie

숙어 및 관용 표현 **361**

Pattern 283

be on terms with ~   ~와 관계에 있다.

Useful expressions

1. **He is on friendly terms with her.** 빌은 그녀와 가까운 사이다.
2. **They are not on good terms with each other.** 그들은 서로 사이가 좋지 않다.
3. **She is on intimate terms with him.** 그녀는 그와 친밀한 사이다.
4. **I am on visiting terms with Ms. Smith.** 나는 스미스씨와 왕래하는 사이다.
5. **You seem to be on very familiar terms with your bank manager.** 당신은 당신의 은행 담당자와 대단히 친숙한 것 같다.

Dialogue

A : Do you know how Jhon is doing? 너는 존이 어떻게 지내는지 알아?
B : I don't know his whereabouts. 나는 그의 행방을 모르는데.
A : You are not wondering how he is doing? 너는 그가 어떻게 지내는지 궁금하지 않아?
B : I am not on good terms with him nowadays. 요즘 나는 그와 잘 지내고 있지 않아.

Exercises

1. I've always been on _____ terms with my staff. 나는 항상 내 직원들과 훌륭한 관계를 유지해 왔다.
2. They were on _____ terms with each other. 그들은 서로 친하게 지내고 있어.
3. She has not been on _____ terms with her parents for years. 그녀는 몇 년 동안 부모와 말을 하지 않는다.

Tip

'be on terms with ~'는 '~ 와 관계에 있다'의 의미다. 여기에서 terms는 '용어', '조건'이라는 의미보다 '관계'의 의미로 relationship과 같은 의미를 갖는다. whereabouts는 명사로 '소재', '행방'을 의미한다.

Answers 1. excellent 2. intimate 3. speaking

284 Pattern

far from ~

~하기는커녕, 결코 ~이 아닌

Useful expressions

1. He is far from handsome. 그는 결코 잘 생기지 않았다.
2. He is far from a fool. 그는 결코 바보가 아니다.
3. Far from enjoying dancing, he loathes it. 춤을 즐기기는커녕 그는 춤은 질색을 한다.
4. I was far from happy with the behavior of the guide. 가이드의 태도 때문에 참 불쾌했습니다.
5. The outcome of the negotiations is far from certain. 협상 결과는 아직도 불투명하다.

Dialogue

A : Are you happy here? 여기 있으니 행복하세요?
B : No. Far from it, I've never been so miserable in my life. 아뇨. 행복하기는커녕 내 평생 이렇게 비참한 적이 없어요.
A : Why do you think so? 왜 그렇게 생각하세요?
B : I have to take care of everything by myself. 내가 모든 것을 처리해야 해야 하는데요.

Exercises

1. Far from _____ _____, I am hot. 춥기는커녕 몸에서 열이 난다.
2. The war itself is far from _____. 전쟁이 완전히 끝났다고 보기는 어렵습니다.
3. The rain, far from _____ _____, did a good deal of damage to the crops. 그 비는 단비이기는커녕 농작물에 큰 피해를 입혔다.

Tip

'far from ~'은 '~하기는 커녕, 결코 ~이 아닌~'의 의미로 문장 앞이나 중간에 위치하여 반대의 뜻을 관용적으로 강조한다. 원래의 의미인 '~과 거리가 먼'과 함께 반대의 의미를 강조할 때 사용하는 표현이다. seasonable은 '계절에 맞는', '시기 적절한'의 의미다.

Answers 1. being cold 2. over 3. being seasonable

Pattern 285

~ in no way

결코 ~하지 않다.

Useful expressions

1. She is in no way to blame. 그녀는 전혀 잘못이 없다.
2. It is in no way costly. 그것은 결코 비싸지 않다.
3. The price is in no way too high. 그 가격은 결코 비싼 것이 아니다.
4. The situation is in no way serious. 사태는 결코 심각하지 않다.
5. It has contributed in no way to civilization. 그것은 문명에 기여한 바가 없다.

Dialogue

A : How much is this jacket? 이 재킷은 얼마입니까?
B : It is U$ 120. 120달러입니다.
A : Why is it so high? 왜 이렇게 비싸요?
B : It is in no way too high. 그것은 결코 비싸지 않습니다.

Exercises

1. Transit expenses can in no way _____ _____. 교통비도 결코 무시할 수 없다.
2. It is in no way _____. 그것은 결코 비싸지 않다.
3. It is in no way _____. 그것은 더 나으면 낫지, 못하지는 않다

Tip
'~ in no way ~'은 '결코 ~ 하지 않다'의 의미로 언급된 내용이 사실이 아니라는 것을 강하게 주장할 때 사용하는 표현이다. not ~ at all, in no wise 등이 같은 의미를 갖는 관용구이다.

Answers 1. be negligible 2. costly 3. inferior

286 Pattern

~ on my way home
집에 가는 도중에 ~하다.

Useful expressions

1. I met her **on my way home.** 집에 가는 도중에 그녀를 만났다.
2. I'll pick something up for dinner **on my way home.** 나는 집에 가는 길에 저녁거리를 살 것이다.
3. I'll stop by **on my way home.** 집으로 가는 도중에 잠시 들르겠습니다.
4. I'll buy some bread **on my way home.** 나는 집에 가는 길에 빵을 좀 살 거야.
5. I meant to go to the grocery store **on my way home**, but it slipped my mind. 나는 집에 가는 도중에 잡화점에 들릴 생각이었는데, 깜빡 잊고 말았다.

Dialogue

A : Where are you now? 지금 어디예요?
B : I'm driving on the highway. 고속도로에서 운전하고 있어요.
A : What time can you bring it to me? 몇 시에 나에게 가져다 줄 수 있어요?
B : I'll drop it off at around 7:00 **on my way home**. Is that okay? 7시쯤 제가 집에 가는 길에 가져다 드릴게요. 괜찮으시겠어요?

Exercises

1. I _____ Mr. Kim on my way home. 집에 오다가 김 선생님을 만났다.
2. I _____ a tiny little girl on my way home. 나는 집에 오는 길에 조그마한 어린 소녀를 보았다.
3. I plan to _____ _____ the barber's on my way home so I may be a little late. 퇴근하는 길에 이발소에 들를 거라서 조금 늦을지도 모르겠어요.

Tip
'~ on my way home'은 '집에 가는 도중에 ~하다'의 의미로 on the way home으로도 바꿔 사용할 수 있다. 집에 가는 도중에 잠시 다른 곳을 들러야 할 때 자주 사용할 수 있는 표현이다. pick something up은 '~을 집어 올리다, 시장을 보다', stop by는 '(잠시 들르다)'의 의미다.

Answers 1. met **2.** saw **3.** stop by

Pattern 287

I bet (that) ~

틀림없이 ~이다.

Useful expressions

1. **I bet** we win. 틀림없이 우리가 이긴다.
2. **I bet** you are right. 당신 말이 틀림없이 맞아.
3. **I bet** that she is telling the truth. 그녀는 사실을 말하는 게 틀림없어.
4. **I bet** you're having a hard time working. 며칠 동안 추워서 일하는 데 힘들었으리라 믿는다.
5. **I bet** mom thinks it's important. 나는 엄마가 그것이 중요하다고 생각하는 것을 알아.

Dialogue

A : Do you happen to know if the deadlines can be prolonged? 당신은 마감일이 연장될 수 있는지 혹시 알아요?

B : I don't know. But **I bet** that our dealines don't change. 알지 못합니다. 그러나 틀림없이 마감일이 변경되지 않을 거예요.

A : Why is that? 왜 그렇지요?

B : As far as I know, once they are fixed, they don't change. 내가 알기로는 일단 확정되면 변경되지 않습니다.

Exercises

1. I bet he will _____ _____. 나는 그가 틀림없이 돌아올 것이라고 확신해.
2. I bet you'll _____ a great chef. 나는 네가 훌륭한 요리사가 될 거라고 확신해.
3. I bet one of your friends _____ _____ to go. 분명 네 친구 중 한 명은 가고 싶어할 거야.

Tip

'I bet (that) ~'은 '틀림없이 ~ 이다'의 의미로 보통 that은 생략되어 사용된다. bet은 원래 '~에 돈을 걸다'의 뜻으로 걸 정도의 확신을 갖고 말한다는 의미에서 사용된다.

Answers 1. come back 2. make 3. would love

288 Pattern

I used to ~

~하곤 했다, ~하였다.

Useful expressions

1. **I used to** play guitar. 기타를 연주하곤 했어요.
2. **I used to** go out alone. 나는 혼자서 외출하곤 했다.
3. **I used to** knock about the vicinity. 나는 자주 그 주변을 배회하곤 했다.
4. **I used to** run down the sidewalk. 나는 보도를 따라 달려 내려가곤 했다.
5. **I used to** get The New York Times but I switched to The Wall Street Journal. 전에는 '뉴욕 타임즈'를 보았는데 '월 스트리트 저널'로 바꿨어요.

Dialogue

A : Do you know where you used to live in USA? 넌 미국 어디서 살았는지 아니?
B : That's easy -- the Garden State. 그거야 쉽지요 -- 가든 스테이트잖아요.
A : How do you know that? 그걸 어떻게 아니?
B : I remember my dad said that **I used to** live there. 내가 거기에서 살았다는 것을 아빠가 말한 것을 기억하고 있어요.

Exercises

1. I used to _____ with our local orchestra. We gave concerts every month.
   우리 지역 오케스트라에서 연주하곤 했어요. 매달 콘서트를 했죠.
2. I used to _____ in the church choir. 나는 교회 합창단에서 노래했었다.
3. She never used to _____. I always used to call her. 그녀는 전화를 거는 법이 없었다. 항상 내가 걸었다.

Tip

'I used to ~'은 '~하곤 했다, ~하였다.'의 의미로 현재와 대조적으로 과거의 동작이나 상태를 말할 때 사용하는 표현이다. 이에 비해 would는 특정인의 과거의 습관적 또는 반복적인 행위를 말할 때 쓰인다.

Answers 1. play 2. sing 3. call

Pattern 289

It is no use ~ing
~해도 소용없다.

Useful expressions

1. **It is no use crying** over spilt milk. 울어도 한 번 쏟은 물은 다시 담을 수 없다.
2. **It is no use learning** such a thing. 그런 것을 배워도 아무 소용이 없다.
3. **It is no use trying** to excuse yourself. 아무리 핑계를 대도 소용없다.
4. **It is no use trying**. 해봐야 헛수고다.
5. **It is no use arguing** the question further. 그 문제를 더 이상 논의해 보았자 소용이 없다.

Dialogue

A : Why is he trying to quit the company in times of trouble? 왜 그가 어려운 때 회사를 그만두려고 해요?

B : I don't know. **It is no use trying** to persuade him. 저도 모르겠어요. 그를 설득해도 소용이 없어요.

A : Why don't you try once more? 한 번 더 하지 그러세요?

B : I can try, but he is too persistent. 할 수는 있지만 그가 너무 완강해서요.

Exercises

1. It is no use _____. 소리를 질러도 소용없다.
2. It is no use _____ with a child. 아이에게 이치를 말해도 소용없다.
3. It is no use _____ _____ to deny it. 네가 부정해도 소용없다.

Tip

'It is no use ~ing'은 '~ 해도 소용없다'의 의미로 It is of no use + to 부정사와 같은 뜻을 갖는다. 어법상 It is no use다음에 ~ing가 나와야 하고 It is of no use다음에 to + 동사원형이 나오는 것이 어법상 맞는 표현이나 오늘날 혼용하여 사용하기도 한다.

Answers 1. shouting 2. reasoning 3. your trying

290 Pattern

It's a good idea to ~ ~하는 것은 좋은 생각이다.

Useful expressions

1. **It's a good idea to** have a backup plan. 비상 대안이 있는 것은 좋은 생각이다.
2. **It's a good idea to** make a copy of your passport. 여권 복사본을 챙기는 것도 좋은 생각입니다.
3. **It's a good idea to** take the subway at rush hour. 러시아워에는 지하철을 타는 게 좋지.
4. **It's always a good idea to** keep every receipt. 영수증을 보관하는 것은 항상 좋은 일이지요.
5. **It's a good idea to** open your heart every now and then. 기회 있을 때마다 마음을 여는 것도 좋다.

Dialogue

A : I'm going to take our staff out to dinner on Friday. What's your comments on that? 금요일에 직원들과 함께 회식하려고. 당신의 의견은 어때요?
B : **It is a good idea to** encourage your staff at the sluggish activities. 침체된 때 직원에게 힘을 북돋우는 것은 좋지요.
A : I'm trying to find a break-through for a change. 기분전환으로 돌파구를 찾으려고 해요.
B : Great! You need to do that at times. 대단한데요. 당신은 때로 그렇게 할 필요가 있어요.

Exercises

1. It's good idea to _____ _____ _____ a lot of activities. 많은 활동에 관여하는 것은 좋은 생각입니다.
2. It's a good idea to _____ a lot of water. 물을 많이 마시는 것은 좋은 거지.
3. It's a good idea to _____ tax records. 세금 낸 기록을 가지고 있는 게 좋아.

Tip

'It is a good idea to ~ ?'을 직역하면 '~ 하는 것은 좋은 생각이다.' 이나 '~ 하는 것은 좋지요' 정도의 의미로 다른 사람을 격려하거나 결정된 사항에 대하여 좋게 말할 때 사용하는 표현이다. every now and then은 '때때로', '가끔' 의 뜻이다.

Answers 1. get involved in 2. drink 3. keep

Pattern 291

It is time ~

~해야 할 시간이다.

Useful expressions

1. **It is time** for you to go home. 당신이 집에 가야 할 시간이다.
2. **It is time** to depart. 떠날 시간이다.
3. **It is time** to take our chance. 우리의 기회를 살려야 할 시간이다.
4. **It is time** to make a fresh start. 새 출발할 때다.
5. **It is time** for you to write your own ticket. 이젠 너 스스로 네 인생의 계획을 짤 때가 되었다.

Dialogue

A : What time is it now? 지금 몇 시입니까?
B : It is 9:30 a.m. 오전 9시 30분입니다.
A : **It is time** to depart now. 이제 떠나야 할 시간입니다.
B : Okay. Have a pleasant trip. 네, 즐거운 여행이 되십시오.

Exercises

1. It is time _____ _____ our store. 우리도 점포를 옮겨야 할 시기입니다.
2. It is time _____ _____ our plan. 우리 계획을 결정할 시간이다.
3. It is time that you should _____ _____ _____. 네가 자야 할 시간이다.

Tip
'It is time ~.'는 '~해야 할 시간이다.'의 의미로 ~해야 할 당위성을 말할 때 사용하는 표현이다. It is time 뒤에 절이 오는 경우 보통 동사는 should 또는 과거형이 수반된다. write one's own ticket은 '(사업, 인생에 대해)장래의 계획을 세우다'의 의미다.

Answers 1. to relocate 2. to decide 3. go to bed

292 Pattern

~ not ~ until ~ ~때까지 ~하지 않다, ~이 되어 비로소 ~하다.

Useful expressions

1. We do **not** know the blessing of health **until** we lose it. 우리는 건강을 잃고 나서야 건강의 소중함을 안다.
2. He says he will **not** rest **until** justice is served. 그는 정의가 살아날 때까지는 쉬지 않겠다고 말하고 있습니다.
3. The name of the dead man will **not** be released **until** his relatives have been informed. 친척들에게 알릴 때까지 사망자의 이름은 발표되지 않을 것이다.
4. We will **not** be even **until** I can repay him for saving my life. 그에게 내 목숨을 구해준 은혜를 갚기까지는 내가 진 빚을 벗지 못할 것이다.
5. It was **not until** 1981 that the PC became legitimate. 1981년이 되어서야 PC는 본격적으로 등장했습니다.

Dialogue

A : When will he leave? 그가 언제 떠날까?
B : He will **not** go **until** tomorrow. 그는 내일이 되어야 떠날 것이다.
A : Really? Why? 그래? 왜 그러지?
B : He is supposed to have an important meeting with his client tomorrow. 그는 내일 손님과 중요한 미팅을 하기로 되어 있다고 해.

Exercises

1. It was not until I _____ _____ Korea that I learned Han-geul. 나는 한국에 와서야 비로소 한글을 배웠다.
2. It is not until we fall ill that we fully _____ our good health. 병이 나고 나서야 우리의 건강함에 감사하게 된다.
3. The mountain was not _____ until 1953. 그 산은 1953년까지는 정복되지 않았다.

Tip

'~ not ~ until ~'을 직역하면 '~때까지 ~하지 않다.' 즉 '~ 이 되어야 비로소 ~하다'의 의미다. until이 후의 문장을 먼저 해석한 후 앞의 문장을 해석하여야 한다. not until을 간혹 붙여서 사용하기도 한다.

Answers 1. came to 2. appreciate 3. conquered

Pattern 293

It has been ~ since ~ ~한 지 ~이 되다.

Useful expressions

1. **It has been** two years **since** I left school. 학교를 나온 지 2년이 되었다.
2. **It has been** a long time **since** we met. 오랜만에 만나는구나.
3. **It has been** a long time **since** I saw you last. 전번에 만난 후로 오랜 시간이 지났군요.
4. **It has been** one month **since** we shipped the TVs. TV를 선적한 지 한 달이 되었다.
5. **It has been** ten years **since** my father passed away. 아버지가 돌아가신 지 10년이 되었다.

Dialogue

A : Long time no see! 오랜만이다!
B : When did we see last? 우리가 언제 마지막으로 봤지?
A : Maybe I think **it has been** about 10 years **since** we saw. 아마도 우리가 본 지 10년 정도는 되었을 거야.
B : I guess so. How have you been? 나도 그렇게 생각해. 그동안 어떻게 지냈어?

Exercises

1. It has been _____ _____ since he last traveled abroad. 그가 마지막으로 해외여행을 한 지 여러 해가 지났다.
2. It has been _____ since they last made contact. 그들이 마지막으로 연락한 지 몇 년이 지났다.
3. It has been _____ _____ since you started living in Moscow. 네가 모스크바에 산 지 2년이 흘렀다.

Tip

'It has been ~ since ~'는 '~한 지 ~이 되다'의 의미로 since 다음에 과거나 현재완료형이 와서 '~한 지 ~이 되다(이다)'의 뜻이기 때문에 It has been 대신에 It is로 사용해도 같은 의미를 갖는다.

Answers 1. many years 2. years 3. two years

294 Pattern

too ~ to ~

~하기에 ~하다, ~해서 ~할 수 없다.

Useful expressions

1. I'm **too** old **to** work like a horse. 나는 말처럼 일하기에는 너무 늙었다.
2. That book was **too** difficult for me **to** read. 그 책은 내가 읽기에 너무 어려웠다.
3. He is **too** ill **to** eat. 그는 너무 아파서 음식을 먹지 못한다.
4. You are **too** young **to** be in love. 사랑을 하기에는 아직 어리다.
5. No man is **too** old **to** learn. 나이가 너무 많아서 못 배운다는 법은 없다.

Dialogue

A : Don't you think that he can change his attitude? 당신은 그가 그의 태도를 바꿀 수 없다고 생각합니까?
B : Yes, I think that he is **too** old **to** change his old habits. 예, 나는 그가 오래된 습관들을 바꾸기에는 나이가 들었다고 생각합니다.
A : What makes you think so? 왜 그렇게 생각하세요?
B : He is also stubborn and tends to stick to his old habits. 그는 또 완고하기도 하고 오래된 습관에 집착하는 경향이 있어요.

Exercises

1. She is too _____ to take care of herself. 그 여자아이는 아직 어려서 자기 몸도 돌 볼 줄 모른다.
2. She was now too _____ to run the bakery. 그녀는 너무 나이가 많아 이제 제과점을 운영할 수 없습니다.
3. The boy is too _____ to play baseball. 그 소년은 야구를 하기엔 너무 약하다.

Tip
'too ~ to ~'은 '~하기에 너무 ~하다, ~해서 ~할 수 없다'의 의미로 보통 so ~ that ~ can not과 같은 의미로 부정의 뜻을 함축하고 있다. stick to는 '(일을) 끝까지 해내다, 을 고수하다'의 의미다.

Answers 1. young 2. old 3. weak

숙어 및 관용 표현 **373**

Pattern 295

so ~ that ~

매우 ~하여 ~하다.

Useful expressions

1. I was **so** tired **that** I fell asleep quickly. 나는 너무 피곤해서 빨리 잠들었다.
2. Her handwriting is **so** bad **that** it is barely legible. 그녀의 필체가 너무 나빠서 거의 읽을 수가 없다.
3. She was **so** happy **that** she sang a song. 그녀는 너무 행복해서 노래를 불렀다.
4. She was **so** angry **that** she could hardly restrain herself. 그녀는 너무 화가 나서 자신을 억제할 수 없었다.
5. I was **so** sad **that** I broke out into tears. 너무 슬퍼서 갑자기 눈물이 쏟아졌다.

Dialogue

A : Why aren't you following me? 왜 나를 뒤쫓아 오지 못해?
B : I'm **so** tired **that** I cannot go any further. 너무 지쳐서 더는 갈 수가 없어.
A : Are you tired enough not to go further? 더 갈 수 없을 만큼 피곤해?
B : Yes, I am serious. I need to exercise more from now on. 응, 진심이야. 이제부터 운동을 더 해야겠어.

Exercises

1. He was so _____ that he could not speak. 그는 너무 화가 나서 말문이 열리지 않았다.
2. She was so _____ now that I could smell her perfume. 이제 그녀와 거리가 아주 가까웠기 때문에 그녀의 향수 냄새도 맡을 수 있었다.
3. He was so _____ that he could barely stand. 그는 술이 너무 취해서 서있기가 어려웠다.

Tip

'so ~ that ~'을 직역하면 '매우 ~하여 ~하다'의 의미로 ~의 결과로서 ~하다의 결과, 정도를 나타내는 용법이다. so와 that 사이에 항상 형용사가 나와야 하지만 so 대신 such가 나오면 명사가 나와야 한다.

Answers **1.** angry **2.** close **3.** drunk

296 Pattern

On ~ing

~하자마자

Useful expressions

1. **On hearing** the sad news, she began to cry. 그 슬픈 소식을 듣자마자 그녀는 울기 시작하였다.

2. **On arriving** in Tokyo, I called on him. 동경에 도착하자마자 그를 방문했다.

3. **On arriving** home, I discovered the burglary. 집에 도착하자마자 나는 도둑이 든 것을 발견했다.

4. **On seeing** him, she left for Japan. 그를 보자마자, 그녀는 일본으로 떠났다.

5. **On receiving** parcel from a mailman, she unpacked it. 집배원으로부터 소포를 받자마자, 그녀는 그것을 열어 보았다.

Dialogue

A : What did you do when you arrived at Incheon airport? 당신은 인천공항에 도착하였을 때 무엇을 하였습니까?

B : **On arriving** at the airport, I called the office to follow up the meeting. 공항에 도착하자마자 사무실에 전화하여 미팅내용을 점검하였습니다.

A : So, did you go to your office from the airport? 그래서 당신은 사무실에 들어갔습니까?

B : Yes, I took a taxi to go to the office directly. 예, 택시를 타고 곧장 사무실에 갔습니다.

Exercises

1. On receiving an email from my customer, I _____ it immediately. 고객으로부터 이메일을 받자마자, 나는 즉시 답신하였다.

2. On hearing a bad news from her home, she _____ to her house directly. 집으로부터 나쁜 소식을 듣자마자 그녀는 집으로 곧장 갔다.

3. On looking at the score card, he _____ it to pieces. 그는 점수표를 보자마자, 그것을 찢어 버렸다.

Tip

'On ~ing'는 '~ 하자마자'의 의미로 여기에서 on은 동명사, 동작을 나타내는 명사와 함께 '~과 동시에', '~직후에'의 뜻을 갖는다. tear to pieces는 '(여러 조각으로) 찢어 버리다'의 의미다.

Answers 1. replied 2. went 3. tore

Pattern 297

spare + 목적어 ~   ~를 용서하다, (돈,시간을) 내주다(할애하다).

Useful expressions

1. Would you please **spare** me a few minutes? 저에게 시간 좀 내주시겠어요?
2. She can **spare** me for a moment. 그녀가 잠깐동안 자유 시간을 할애해 줘도 좋으련만.
3. **Spare** me, please. 제발 살려주십시오.
4. Will you **spare** me some time tonight? 오늘 밤에 시간 좀 내주시겠어요?
5. Can you **spare** me 10 dollars? 10달러 빌려줄 수 있니?

Dialogue

A : Can I speak to somebody in purchasing department? 구매부 직원과 통화할 수 있을까요?
B : I'll transfer you. This is purchasing department. 돌려 드릴게요. 구매부입니다.
A : This is Anderson Choi from ABC company. Can you **spare** me a few minutes? ABC사의 앤더슨 최입니다. 잠깐 시간을 내주실 수 있나요?
B : What is it regarding? I can give you some. 무엇에 관한 것이지요? 잠시 시간을 내드릴 수 있습니다.

Exercises

1. Could you please _____ me U$100? 당신은 저에게 100달러를 빌려줄 수 있습니까?
2. Will you spare me _____ _____ _____ tomorrow? 내일 저에게 잠시 시간 좀 내주실 수 있습니까?
3. Can you spare _____ _____ this week to take him to the zoo? 이번 주 오후에 시간 내서 그를 동물원에 데리고 갈 수 있나요?

Tip

'spare + 목적어 ~'는 '~를 용서하다, (돈,시간을) 내주다(할애하다)'의 의미로 상대에게 용서를 구하거나 시간을 요청할 때 사용하는 표현이다. 원래 spare는 '아끼다', '절약하다'의 뜻으로 여기에서는 '시간을 내서 ~하다'의 의미로 사용되고 있다.

Answers 1. spare 2. a few minutes 3. an afternoon

298 Pattern

~ be to blame ~   (~에 대하여) 책임이 있다, ~이 나쁘다.

Useful expressions

1. **I am to blame for it.** 그것은 내 잘못이다.
2. **She was in no way to blame.** 그녀는 전혀 책임이 없었다.
3. **He is only partially to blame for the accident.** 그는 그 사고에 대해 부분적으로만 책임이 있다.
4. **I don't think both of them were to blame.** 나는 두 사람 다 잘못이 있다고 생각하지 않는다.
5. **Poor communications were to blame for the mishap.** 의사 전달이 잘 안 되어 불의의 사고가 발생했다.

Dialogue

A : **Who do you think is to blame for the traffic accident?** 그 교통사고에 대한 책임이 누구에게 있다고 생각해요?

B : **I think the taxi driver is to blame.** 나는 택시운전사가 잘못이 있다고 생각합니다.

A : **Why is that?** 왜 그렇지요?

B : **He violated the traffic signal.** 그가 교통신호를 위반했기 때문입니다.

Exercises

1. _____ **are to blame.** 둘 다 나쁘다.
2. _____ **do you think is to blame?** 누가 책임을 져야할 것 같아요?
3. _____ **he** _____ **I am to blame.** 그나 나나 둘 중 하나가 잘못한 것이다.

Tip

'~ be to blame ~'은 '(~에 대하여)책임이 있다, ~이 나쁘다'의 의미로 책임의 대상이 주어에게 있을 때 사용하는 표현이다. 'either A or B'는 A 또는 B 둘 중의 하나를 의미한다.

Answers 1. Both 2. Who 3. Either or

Pattern 299

keep + 목적어 + from ~ing ~에게 ~을 못하게 하다.

Useful expressions

1. The snow **kept me from coming** here. 눈 때문에 나는 여기에 올 수 없었다.
2. She could not **keep herself from shedding** tears. 그녀는 눈물을 억제하지 못하였다.
3. Modesty **keeps him from speaking**. 그는 겸손해서 말하고 있지 않다.
4. Take care to **keep the wound from being** infected. 상처에 균이 들어가지 않도록 주의하시오.
5. Escalating prices **keep people from moving** up. 치솟는 물가 때문에 사람들은 생활이 어려워지고 있다.

Dialogue

A : Have you gone to his funeral? 그의 장례식에 갔었습니까?
B : Yes, I've gone there. 예, 거기에 갔다 왔습니다.
A : Was his wife there? 그의 부인은 거기에 있던가요?
B : Yes, she could not **keep herself from shedding** tears. 그렇습니다. 그녀는 눈에서 눈물을 억제할 수 없었습니다.

Exercises

1. The church bells keep me from _____. 교회 종소리는 나를 못 자게 하고 있다.
2. He tried to keep _____ _____ from being revealed to others. 그는 다른 사람들에게 비밀이 폭로되는 것을 막으려고 하였다.
3. This post keeps _____ _____ from falling. 이 기둥 때문에 집이 안 쓰러진다.

Tip

'keep + 목적어 + from ~ing'은 '~에게 ~을 못하게 하다, ~로부터 ~를 지키다'의 의미로 from 다음에 동명사나 명사(대명사)를 동반한다. 이 때 keep의 의미는 '~하지 않다', '못하게 하다'의 의미로 refrain 이나 prevent등과 대체하여 사용할 수 있다.

Answers 1. sleeping 2. a secret 3. the house

Sure, I can ~

그럼요, 제가 ~할 수 있어요.

Useful expressions

1. **Sure, I can** have a meeting arranged. 그럼요, 모임을 주선해 드릴 수 있습니다.
2. **Sure, I can** pick it up on the way home. 그럼요, 집에 오는 중에 그것을 가져올 수 있어요.
3. **Sure, I can** ask my son to go there. 그럼요, 내 아들에게 거기에 가라고 할 수 있어요.
4. **Sure, I can** show you around. 그럼요, 제가 구경시켜 드릴 수 있어요.
5. **Sure, I can** give you a ride to downtown. 그럼요, 제가 시내까지 차 태워 줄 수 있어요.

Dialogue

A : Could you do me a favor? 부탁 하나 해도 될까요?

B : Yes, what's that? 예, 무엇인데요?

A : Can you arrange a meeting with your boss? 당신 상사와 미팅을 주선해 줄 수 있습니까?

B : **Sure, I can** arrange. 그럼요, 모임을 주선해 드릴 수 있습니다.

Exercises

1. Sure, I can _____ _____ _____ it.. 그럼요, 제가 그것을 처리할 수 있어요
2. Sure, I can _____ _____. 그래요, 그렇게 할 수 있습니다.
3. Sure, I can _____ you another one.. 물론이지요, 제가 다른 것을 보여 드릴 수 있습니다.

Tip

'Sure, I can ~'은 '그럼요, 제가 ~을 할 수 있어요'의 의미로 상대방의 요청이나 제안을 흔쾌히 수락할 때 사용하는 표현으로 sure는 '그럼요', '물론이지요' 정도의 의미를 갖는다. 'on the way home'는 '집으로 오는 도중에', 'give ~ a ride'는 '~를 차에 태워다 주다'의 의미이다.

Answers 1. take care of 2. do that 3. show

* 필수 영어 - 반의어 ❷

even 짝수의	odd 홀수의
exclude 제외하다	include 포함하다
expenditure 지출	revenue 수입
explicit 명시된	implicit 암시적인
export 수출하다	import 수입하다
exterior 외부의	interior 내부의
fail 실패하다	succeed 성공하다
failure 실패	success 성공
fat 살찐	thin 마른
female 여성	male 남성
feminine 여자다운	masculine 남자다운
former 전자의	latter 후자의
gain 얻다	lose 잃다
gain 이익	loss 손실
guilty 유죄의	innocent 무죄의
guilt 유죄	innocence 무죄
heaven 천국	hell 지옥
hope 희망	despair 절망
horizontal 수평의	vertical 수직의
huge 거대한	tiny 작은
income 수입	outgo 지출
inferior 하급의	superior 상급의
liquid 액체의	solid 고체의
loose 풀린	tight 단단히 맨
majority 다수	minority 소수
major 다수의	minor 소수의
maximum 최대	minimum 최소
negative 소극적인, 부정의	positive 적극적인, 긍정의
object 객관	subject 주관
objective 객관적인	subjective 주관적인
optimism 낙관주의	pessimism 비관주의
plural 복수의	singular 단수의
poverty 빈곤	wealth 부유
practice 실행	theory 이론
private 사적인	public 공공의
prose 산문	verse 운문
punishment 벌	reward 상
quality 질	quantity 양
quiet 조용한	noisy 시끄러운
rural 시골의	urban 도시의
thick 두껍다	thin 얇다
virtue 미덕	vice 악덕

3-step 패턴 영어회화 300

부록

- 로마자 한글 표기법
- 수사 읽는 방법
- 형용사·부사 변화표
- 불규칙 동사 변화표
- 불규칙 복수형 명사 변화표
- 철자와 발음법
- 활용도 높은 필수 영어 문장

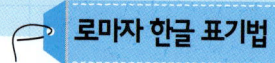

1. 모음

국어	ㅏ	ㅓ	ㅗ	ㅜ	ㅡ	ㅣ	ㅐ	ㅔ	ㅚ	ㅑ	ㅕ	ㅛ	ㅠ	ㅒ	ㅖ	ㅘ	ㅙ	ㅝ	ㅞ	ㅟ	ㅢ
표기법	a	eo	o	u	eu	i	ae	e	oe	ya	yeo	yo	yu	yae	ye	wa	wae	wo	we	wi	ui

2. 자음

국어	ㄱ	ㄲ	ㅋ	ㄷ	ㄸ	ㅌ	ㅂ	ㅃ	ㅍ	ㅈ	ㅉ	ㅊ	ㅅ	ㅆ	ㅎ	ㅁ	ㄴ	ㅇ	ㄹ
표기법	g/k	kk	k	d/t	tt	t	b/p	pp	p	j	jj	ch	s	ss	h	m	n	ng	r/l

3. 국어의 새 로마자표기법 용례

❶ ㄱ, ㄷ, ㅂ, ㅈ은 k, t, p, ch에서 g, d, b, j로 통일

　　ex) 부산 : Pusan → Busan, 대구 : Taegu → Daegu

　　(단 ㄱ, ㄷ, ㅂ이 받침에 올 때는 k, t, p로 / 곡성 → Gokseong, 무극 → Mugeuk)

❷ ㅋ, ㅌ, ㅍ, ㅊ은 k', t', p', ch'에서 k, t, p, ch로 변경

　　ex) 태안 : T'aean → Taean, 충주 : Ch'ungju → Chungju

❸ ㅅ은 sh와 s로 나눠 적던 것을 s로 통일

　　ex) 신라 : Shilla → Silla, 실상사 : Shilsangsa → Silsangsa

❹ 발음상 혼동의 우려가 있을 때 음절 사이에 붙임표(-)사용

　　ex) 중앙 : Jung-ang

❺ 성과 이름은 띄어쓰고 이름은 붙여쓰되 음절 사이에 붙임표 사용 허용

　　ex) 송나리 : Song Nari(또는 Song Na-ri)

　　(단 이름에서 일어난 음운변화는 무시 : 김복남 Kim Boknam)

수사 읽는 방법

기 수	서 수
1 / one	1st / first
2 / two	2nd / second
3 / three	3rd / third
4 / four	4th / fourth
5 / five	5th / fifth*
6 / six	6th / sixth
7 / seven	7th / seventh
8 / eight	8th / eighth*
9 / nine	9th / ninth*
10 / ten	10th / tenth
11 / eleven	11th / eleventh
12 / twelve	12th / twelfth*
13 / thirteen	13th / thirteenth
14 / fourteen	14th / fourteenth
15 / fifteen	15th / fifteenth
20 / twenty	20th / twentieth*
21 / twenty-one	21st / twenty-first
30 / thirty	30th / thirtieth
40 / forty*	40th / fortieth*
50 / fifty	50th / fiftieth
100 / one hundred	100th / hundredth

- hundred, thousand, million 등은 앞에 복수의 수가 올 때 복수형으로 하지 않음.
  ex) two hundred / three thousand
- hundred, thousand 등이 복수형으로 쓰이면 「수백」, 「수천」의 뜻을 갖는다.
  ex) Thousands of people live near the lake.

수사 읽는 방법

1. 정수

23 -- twenty-three
99 -- ninety-nine
452 -- four-hundred (and) fifty-two
3,891 -- three-thousand eight-hundred (and) ninety-one
    = thirty-eight hundred (and) ninety-one
2,001 -- two thousand (and) one

2. 분수 (분자 : 기수, 분모 : 서수로 읽되, 특히 분자가 복수일 때는 분모에 's'를 붙임)

1/3 -- a third
2/3 -- two-thirds
1/2 -- a(one) half
1/4 -- a(one) quarter
3/4 -- three quarters

3. 소수 (정수 : 일반적인 방법, 소수이하 : 한 자리씩)

3.14 -- three point one four
26.43 -- twenty-six point four three
0.195 -- zero point one nine five

4. 연도 (뒤에서 두 자리씩 끊어 읽는다)

1999 -- nineteen ninety-nine
2000 -- (the year) two thousand (cf. Y2K)
2002 -- two thousand (and) two

5. 월일, 시각

April 6 -- April six = April (the) sixth
         = the sixth of April
3:00 -- three o'clock (sharp)
3:15 -- three fifteen = a quarter past three
3:30 -- three thirty = a half past three
3:45 -- three forty-five = a quarter to four

6. 전화 번호(한 자리씩 끊어 읽는다)

443-2868 -- four four three two eight six eight
712-9200 -- seven one two nine two o[ou] o[ou]
         = seven one two nine two double o[ou]

7. 기타

Lesson 4 -- Lesson four = the fourth lesson (4과)
Track 2 -- Track two = the second track (2번 트랙, 2번 홈)
Gate 34 -- Gate thirty-four (34번 탑승구)
World War II -- World War two
             = the second World War (2차 세계대전)
Elizabeth II -- Elizabeth the second (엘리자베스 2세)

형용사·부사 변화표

뜻	원급 비교급	최상급	
추운	cold	colder	coldest
소수의	few	fewer	fewest
아주 큰	great	greater	greatest
넓은, 큰	large	larger	largest
바쁜	busy	buiser	busiest
쉬운	easy	easier	easiest
큰	big	bigger	biggest
나쁜, 아픈	bad, ill	worse	worst
좋은, 잘	good, well	better	best
많은	many, much	more	most
적은, 작은	little	less	least
멀리, 먼	far	farther(거리) farthestfurthest	further(정도)

불규칙 동사 변화표

뜻	현 재	과 거	과거 분사
…이다	am, are, is	was, were(are)	been
…이 되다	become	became	become
시작하다	begin	began	begun
불다	blow	blew	blown
부수다	break	broke	broken
가져오다	bring	brought	brought
건축하다	build	built	built
사다	buy	bought	bought
잡다	catch	caught	caught
오다	come	came	come
자르다	cut	cut	cut
하다	do, does	did	done
마시다	drink	drank	drunk
운전하다	drive	drove	driven
먹다	eat	ate	eaten
느끼다	feel	felt	felt
찾아내다	find	found	found
잊다	forget	forgot	forgotten, forgot
얻다	get	got	gotten, got
주다	give	gave	given
가다	go	went	gone
가지다	have, has	had	had
듣다	hear	heard	heard
지키다	keep	kept	kept
놓다	lay	laid	laid
떠나다	leave	left	left
빌려주다	lend	lent	lent
눕다	lie	lay	lain
잃어버리다	lose	lost	lost
만들다	make	made	made
만나다	meet	met	met
지불하다	pay	paid	paid
놓다, 두다	put	put	put
읽다	read	read[red]	read[red]
달리다	run	ran	run
말하다	say	said	said

뜻	현재	과거	과거 분사
보다	see	saw	seen
보내다	send	sent	sent
흔들다	shake	shook	shaken
보여주다	show	showed	shown
노래하다	sing	sang	sung
앉다	sit	sat	sat
잠자다	sleep	slept	slept
냄새를 맡다	smell	smelt, smelled	smelt, smelled
말하다	speak	spoke	spoken
소비하다	spend	spent	spent
서다	stand	stood	stood
훔치다	steal	stole	stolen
수영하다	swim	swam	swum
잡다, 얻다	take	took	taken
가르치다	teach	taught	taught
말하다	tell	told	told
생각하다	think	thought	thought
이해하다	understand	understood	understood
이기다	win	won	won
쓰다	write	wrote	written

불규칙 복수형 명사 변화표

뜻	단수	복수
어린이	child	children
발	foot	feet
신사	gentleman	gentlemen
거위	goose	geese
남자	man	men
생쥐	mouse	mice
양	sheep	sheep
이	tooth	teeth
아내	wife	wives
여자	woman	women

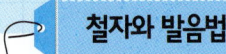
철자와 발음법

1. 자음

알파벳	발음기호	보기
b	[b]	banish, bush, buzz
c	[k]	cake, corn, cane
c	[s]	rice, mice, pencils, difference,
d	[d]	diploma, discount, reduce
f	[f]	flank, flash, knife
g	[?]	ghost, gift, grape, grim
g	[j]	giraffe, cage, generous, gentle, ginger
h	[h]	hospital, husband, heave
j	[dʒ]	juice, join, jerk
k	[k]	kangaroo, kettle, lake
l	[l]	log, logics, lash
m	[m]	microscope, mean, magnet
n	[n]	notion, norm, neutral
p	[p]	ponder, pillar, prudent, stop
q	[k]	quick, quiet, quiver
r	[r]	rest, rabbit, recover, guitar
s	[s]	dress, mouse, house, socks
s	[z]	hose, nose, house, boys
t	[t]	tuttle, tax, foot
ch	[tʃ]	cheap, chatter, chief
th	[ð]	these, therefore, thence
th	[θ]	thoughtful, tooth, throng
v	[v]	vigor, vine, drive
w	[w]	waterfall, wave, wheat
x	[k] [ʃ] [z] [éks]	ox, Xerox, X-RAY,
z	[z]	zebra, zigzag, zone

2. 모음

알파벳	발음기호	보기
단모음 a	[æ]	can, trap, rabbit
장모음 a	[ei]	rain, bait, tray, race
단모음 e	[e]	met, get, men, net
장모음 e	[iː] -/ea/ɜ /ee/	peek, sweet, wheel, team, read
단모음 i	[i]	pin, rip, spin, pillar, pillow
장모음 i	[ai]	kite, ride, pilot, slide
단모음 o	[o] [ɑ]	hot, rock, socks, sorrow
장모음 o	[ou]-/o/ɜ /oa/	bone, boat, toast, soak
단모음 oo	[u]	book, look, hood, foot
장모음 oo	[uː]	school, pool, boots, zoo
단모음 u	[ʌ]	ultimate, umbrella, unable, cup
장모음 u	[juː]	mule, fuse, unity, universal
반모음 y	[j]	yacht, yearn, yawn

활용도 높은 필수 영어 문장

[A]

A piece of cake.	식은 죽 먹기지요.
Absolutely.	절대적으로 그렇지요.
After you.	먼저 가시지요.
Always.	항상 그렇지요.
Amazing.	신기하군요.
And then.	그리고 나서는요?
Any good ideas?	어떤 좋은 생각 있어요?
Any time.	언제라도요.
Anybody home?	집에 누구 있어요?
Anything else?	그 밖에 뭐 있어요?
Are you in line?	당신은 줄에 서 있어요?
Are you kidding?	농담이죠?
Are you serious?	진심이에요?
At last.	드디어.
Attention, please.	좀 주목 해 주세요.
Awesome!	와우! 멋지다.

[B]

Back me up.	나를 지원해 주세요.
Be my guest.	사양하지 말고 하세요.
Be patient.	좀 참으세요.
Be punctual.	시간 좀 맞춰.
Be right back with you.	곧 당신에게 돌아올게요.
Be seated.	앉으세요.
Beat it.	이 자리에서 꺼져.
(Beer), please.	(맥주) 주세요.
Behave yourself.	행동 자제를 하세요.
Better late than never.	늦는 것이 안 하는 것보다 낫지요.
Better than nothing.	없는 것 보다 낫지요.
Boy, It hurts.	이봐, 아파요.
Break it up.	그만 싸워요.

[C]

Call me Sam, please.	샘이라고 불러 주세요.
Can I get a ride?	차 좀 태워 줄 수 있어요?
Can you hear me now?	지금 잘 들려요?
Can't argue with that.	왈가왈부 할 필요가 없지요.
Can't be better than this.	이것보다는 좋을 순 없지요.
Cash or charge?	(계산할 때)현금이세요, 카드세요?
Catch you later.	나중에 보자구요.
Certainly.	확실히 그렇지요.
Charge it please.	크레디 카드로 부탁드려요.
Check it out.	이것을 확인해 보세요.
Check, please.	계산서 좀 주세요.
Cheer up.	기운을 내세요.
Cheers!	건배!
(Coffee), please.	(커피) 주세요.
Come and get it.	와서 드세요(가져가세요).
Come on in.	들어오세요.
Come on!	설마!
Congratulations.	축하합니다.
Could be.	그럴 수도 있겠지요.
Couldn't be better than this.	이보다 더 좋을 순 없어.

[D]

Definitely.	확실히 그렇지요.
Delicious.	맛있어요.
Depends.	경우에 따라 다르지요.
Did you get it?	알아들었어요?
Didn't I make myself clear?	제 입장을 확실하게 말하지 않았나요?
Disgusting.	기분 나빠. 재수 없어.
Do I know it?	저도 압니다. 누가 아니래요?
Do I look all right?	제가 귀찮게 보여요?
Do you follow me?	내말 알아듣겠어요?
Do you have everything with you?	모든 것을 가지셨나요?
Do you?	당신은요?
Doing okay?	잘 하고 있어요?
Don't get too serious.	너무 심각하게 그러지 말아요.
Don't miss the boat.	(보트를 놓치듯이) 기회를 놓치지 마세요.

Don't press (push) your luck.	너무 날 뛰지 마세요(행운을 밀지 말아요).
Don't ask.	묻지 말아요.
Don't be a chicken.	너무 소심하게 굴지 말아요. 너무 겁먹지 마.
Don't be afraid.	두려워하지 마세요.
Don't be foolish.	멍청하게 굴지 말아요.
Don't be modest.	겸손해 하지 말아요.
Don't be shy.	부끄러워하지 마세요.
Don't be silly.	싱겁게 놀지 말아요.
Don't bother.	신경 쓰지 마세요.
Don't bother me.	나를 괴롭게 하지 말아요.
Don't change the subject.	화제를 다른 데로 돌리지 마요.
Don't get into trouble.	사고 치지 마라!
Don't get upset.	너무 화 내지 말아요.
Don't mess with me.	날 함부로 대하려고 하지 말아요.
Don't let me down.	나를 실망시키지 말아요.
Don't make me laugh.	나를 웃게 하지 말아요.
Don't push me.	너무 강요 하지 말아요.
Don't push (press) your luck.	너무 까불지 마세요.
Don't push.	밀지 말아요.
Don't worry about it.	걱정하지 말아요.
Drive safely.	안전하게 운전해요.

[E]

Easy does it.	천천히 해요.
Either will do(Anything will do).	둘 중에 어떤 것이든 돼요.
Enjoy your meal.	맛있게 드세요.
Enough is enough.	충분하니까 이제 그만 해요.
Exactly.	정확하게 맞아요.
Excellent(Super)!	잘 했어요!
Excuse me.	실례합니다.

[F]

Far from it.	아직 멀었지요.
Fifty-fifty.	50:50 입니다.
Follow me.	따라 오세요.
For good!	영원히!
For what.	왜, 무엇을 위해서요?
Forget it.	잊어버리세요.

[G]

Get in the line.	줄을 서세요.
Get lost.	당장 꺼져 버려!
Get off my back.	이제 나를 그만 괴롭혀요.
Get real.	현실적이 되세요. 냉정해지세요.
Get the picture.	이제 뭔가 그림이 보이세요?
Give it a rest.	이제 그만 두세요.
Give it a try.	노력 해 보세요.
Give me a call.	제게 전화 주세요.
Gladly.	기꺼이 하지요.
Go ahead.	어서 그렇게 하세요.
Go fifty-fifty.	반반 나누어 내지요.
Go for it.	그것을 한번 해 보시지요.
Go get it.	가서 가지세요.
Go on, please.	어서 계속 하세요.
Going down.	내려가세요.
Going up.	올라가세요.
Good enough.	그 정도면 충분 합니다.
Good for you.	당신에게 좋은 일이지요.
Good luck to you.	당신에게 행운을 빕니다.
Good luck.	행운을 빕니다.
Good talking to you.	당신과의 대화는 즐거웠어요.
Grow up.	좀 철 좀 들어요.
Guess what.	뭔지 알아 맞추어 봐요.

[H]

Hang in there.	좀 견뎌 봐요.
Hang loose.	좀 편히 쉬고 있어요.
Hang on.	잠깐 기다리세요.
Have a nice day.	좋은 날 되세요.
Have fun.	재미있게 지내세요.
He didn't show up.	그 는 나타나지 않았어요.
He is history to me.	그 는 나에게 지난 일이에요.
Help me.	도와주세요.
Help yourself.	마음껏 하세요.
Here is something for you.	여기 작은 선물 받으세요.
Here you are.	여기에 있어요.

Hi!	안녕!
Hold it.	움직이지 마세요.
Hold on.	잠깐 기다리세요.
How about you?	당신은 어때요?
How big is it?	얼마나 큰데요?
How come(Why)?	왜요?
How do you like here?	여기 좋아 하세요?
How have you been?	그 동안 어떻게 지냈어요?
How many times do I have to say?	몇 번이나 말해야 알겠어요?
How many?	수가 얼마지요?
How much?	양이 얼마지요?
How was your trip (vacation)?	여행 (휴가)는 어땠어요?
How?	어떻게?
How's everything?	모든 것이 어떠세요?
How's work?	일은 어때요?
How's you family?	가족은 잘 있어요?

[I]

I agree.	동의합니다.
I am (deeply) touched.	감동 정말 되었어요.
I am a little disappointed.	좀 실망했어요.
I am all set!	난 모든 준비 완료
I am aware of that.	그것을 파악하고 있습니다.
I am back.	저 돌아왔습니다.
I am broke.	나는 무일푼입니다.
I am coming.	지금 갑니다.
I am crazy about her.	나는 그녀에게 빠졌어요.
I am exhausted.	난 기진맥진입니다.
I am fed up with this.	이것에 진저리가 났어요.
I am free.	한가합니다.
I am full.	배불러요.
I am getting hungry.	배가 슬슬 고파 오는데요.
I am going to miss you.	나는 너를 그리워할 거야
I am impressed.	인상이 좋았어요. 감동 받았어요.
I am in a hurry.	좀 바쁩니다.
I am in need.	궁색합니다.
I am nearsighted.	근시입니다.

I am on duty.	근무 중입니다.
I am scared to death.	난 무서워 죽겠어요.
I am serious.	난 진심이에요.
I am short-changed.	잔돈이 모자라는데요.
I am single.	나는 미혼입니다.
I am sorry.	미안해요.
I am starving to death.	배가 고파 죽겠네요.
I am stuffed.	배가 부릅니다.
I am upset.	화가 납니다.
I bet.	내기할 정도로 자신 있다.
I can tell.	그렇게 말할 수 있어요.
I can handle it.	내가 다룰 수 있어요.
I can not handle it anymore.	난 더 이상 다룰 수 가 없어요.
I can't afford that.	(재정적으로) 그것을 감당 할 수 없어요.
I can't help it	어쩔 수 없어요.
I can't say for sure.	확실히는 말 못 하겠어요.
I can't stand it.	견딜 수 가 없군!
I can't thank you enough.	너무 감사해서 뭐라고 할 말이 없네요.
I didn't mean to(I didn't mean it).	난 그렇게 할 의도는 아니었어요.
I don't believe it.	난 그것을 믿지 않아요.
I don't care.	상관하지 않아요.
I don't get it.	이해를 못 하겠네요
I don't like it.	난 그것을 좋아하지 않아요.
I doubt it.	그렇지 않게 생각 하는데요.
I feel the same way.	저도 같은 느낌입니다.
I get it.	난 알았어요.
I got lost.	난 길을 잃었어요.
I have got to go now.	난 가야겠어요.
I have had enough. I quit.	난 이제 진저리가 나요.
I hardly know him.	나는 그 사람을 잘 모릅니다.
I hate to eat and run but ~.	먹자마자 가기는 싫지만~.
I have a long way to go.	난 갈 길이 멀었지요.
I have no appetite.	난 식욕이 없네요.
I have no clue.	난 아이디어가 전혀 없네요.
I have no energy.	나는 에너지가 없어요.
I have no idea.	난 별 생각이 없네요.

I have no time.	나는 시간이 없어요.
I haven't got all day.	좀 빨리 좀 해 주세요.
I hear you loud and clear.	잘 듣고 있습니다.
I know what.	뭔가 아이디어가 있어요.
I love it.	난 그것을 좋아해!
I made it.	그것을 달성해냈다.
I mean it.	정말입니다. 농담아니에요.
I owe you one.	신세를 지네요.
I see.	알겠습니다.
I still love you.	난 너를 아직도 사랑해.
I swear to God.	난 하나님께 맹세합니다.
I taught myself.	난 고학했습니다.
I was lucky.	내가 행운이었지요.
I was told that.	(누군가 나에게) 그것을 말해 주었어요.
I will be in touch.	제가 연락을 할게요.
I will do it for you.	제가 해 드리지요.
I will drink to that.	그것에 동감입니다.
I will get it.	(전화 등을) 제가 받을게요.
I will miss you.	난 너를 그리워할 거야.
I will never make it on time.	내가 제시간에 가기는 틀렸군.
I wouldn't say no.	아니라고는 말하지 못할 거예요.
I'm coming.	가요, 갑니다.
In a sense, he is nothing but a suit.	어떤 면에서는 그는 허깨비지요.
Incredible.	신뢰가 안 가는군요.
Is that all?	그게 전부예요?
It is chilly.	날이 쌀쌀하네.
It is humid.	후덥지근하네.
It is muggy.	날이 찌프듯하네.
It is out of style.	유행이 아니네요.
It is painful for me.	나에겐 아픈(슬픈) 일입니다.
It is time for lunch.	점심식사 할 시간입니다.
It is time to go.	갈 시간입니다.
It is windy.	바람이 붑니다.
It makes sense.	이해가 갑니다.
It takes time.	시간이 걸립니다.
It's for you.	여기요 전화 왔어요.

It's not fair.	불공평합니다.
It's all right.	괜찮습니다.
It's beautiful.	아름답군요.
It's cool.	멋있네요.
It's free.	공짜입니다.
It's freezing.	얼어붙었네.
It's my fault(It's not my fault).	내 잘못이지요(내 잘못이 아닙니다).
It's all your fault.	모든 게 네 잘 못이야.
It's my pleasure.	제게 기쁨입니다.
It's my turn.	이번에 내 차례입니다.
It's now or never.	지금이 절호의 기회입니다.
It's on me.	이건 제가 쏘는 겁니다.
It's really bad.	아주 나빠요.
It's tough.	터프하네요(힘들군요).
It's your turn.	당신 차례입니다.

[J]

Just about.	거의.
Just kidding.	그냥 농담이에요.
Just looking.	그냥 보는 거예요.
Just a moment.	잠깐만요.

[K]

Keep an eye on this, will you?	이것 좀 봐줘요, 그럴래요?
Keep going.	계속 가세요.
Keep in touch.	계속 연락해요.
Keep it confidential.	대외 비밀로 해주세요.
Keep it to yourself.	당신만 알고 계세요.
Keep looking.	계속해서 찾아 봐요.
Keep out of my way.	제 길을 막지 마세요.
Keep the change.	잔돈을 가지세요.
Keep your chin up.	낙담하지 마세요. 기운을 내요.
Knock it off.	그만 두세요.

[L]

Large or small.	큰 거 아니면 작은 거요.
Let it be.	그렇게 되도록 두지요.
Let me see~ .	자 어떻게 된 건지 보자.

Let me think about it.	그것에 대해서 좀 생각해봅시다.
Let's give him a big hand.	그에게 큰 박수를 보냅시다.
Let's call it a day.	오늘은 이것으로 마칩시다.
Let's eat out.	자, 외식하지요.
Let's get down to business.	이제 일을 시작하지요.
Let's get together sometime.	언제 같이 모여 보지요.
Let's go over it one more time.	자 한 번 더 살펴보지요.
Let's see.	좀 봅시다.
Let's split the bill.	나누어서 내지요.
Let's try.	한번 해보지요.
Look who's here.	아니 이게 누구야.
Lucky you.	자네 운이 좋았어.

[M]

Make a way.	길을 비켜 주세요.
Make mine well done.	내 것은 잘 익도록 해줘요.
Make that two, please.	그것을 2개로 해 주세요.
Make yourself at home.	집처럼 편하게 하세요.
Many thanks in advance.	미리 감사 드려요.
Many thanks.	정말 고마워요.
May I interrupt you.	제가 좀 실례를 해도 될까요?
Maybe.	그럴지도 모르지요.
Maybe not.	그렇지 않을지도 모르지요.
Maybe some other time.	다른 때 해보자구요.
Me, too.	나도 그래.
Money talks.	돈이 만사를 좌우해.
Most likely.	아마도 그럴 것입니다.
My pleasure.	제 기쁨입니다.

[N]

Never better.	아주 좋아요. 최고예요.
Never mind.	됐어요. 신경 쓰지 않아도 돼요.
Never say die.	죽는다는 소리하지 마라.
Never too late.	언제나 늦지 않습니다.
Next time.	다음번에.
Nice meeting you.	만나서 반가워요.
Nice talking to you.	좋은 대화였어요.

No kidding.	설마 농담이겠지.
No problem(No sweet).	문제가 아니네요.
No sweat.	문제없어요.
No way.	절대 안 돼요.
No wonder.	어쩐지 그렇더라.
Not a chance.	기회가 없어요.
Not bad.	나쁘지 않은데요.
Not really.	그렇지는 않아.
Not too good(Not too bad).	썩 좋지가 않네요.
Nothing much.	별거 없어.
Nothing new.	새로운 것은 없어요.
Nothing new about that.	그것에 대해선 새로운 게 없어요.
Now what.	자 이제는 뭐죠?
Now you are talking.	이제야 바르게 말을 하시는군요.

[O]

Occupied!	사용 중!
Oh, dear!	아니 저런!
Okay!	그래, 알았어요!
Okeydokey.	(가까운 사이에서만 사용) 좋아요.
On the contrary.	반대로
Once in a blue moon.	아주 가끔요.
Ouch!	아야!
Out of question.	질문의 여지가 없습니다.

[P]

Pick it up.	주우세요.
Please enjoy yourself.	좀 즐겁게 지내세요.
Please relax.	좀 느긋해 지세요.
Please.	제발!
Poor thing.	안됐습니다.
Pretty good.	정말 좋지요
Really?	정말이에요?
Relax.	좀 느긋해져요.

[S]

Same here.	저도 동감입니다.
Same to you?	당신도요?

Say cheese.	'치즈'라고 말하세요.
Say hello for me.	나대신 안부 전해줘요.
Say that again?	다시 말씀해 주실래요?
See you later(Later)!	나중에 봐요!
Serious?	진심이에요?
Shame on you.	창피한 줄 아세요.
She is my style (She is not my style).	그녀는 내 타입이에요. (그녀는 내 타입이 아니에요).
She is very sophisticated.	그녀는 매우 세련되었어요.
Shoot.	어서 말해 봐요.
Skip it.	다음으로 넘어가요.
So much for that.	이제 그 일은 그만 하세요.
So soon?	그리 빨리?
So what?	그래서 어떻다는 겁니까?
Sold out?	팔렸어요?
Something's fishy.	뭔가 이상한데.
Something's never changed.	어떤 것은 정말 안변하는군.
Sorry to bother you.	번거롭게 해서 죄송합니다.
Sorry.	(누구의 말을 잘못 이해했을 때) 뭐라고 하셨지요?
Sounds good.	듣기에 좋군요.
Speak out.	말좀 크게 하세요.
Speaking.	말하세요.
Speaking Spanish?	서반어어 하세요?
Stay cool.	진정해요.
Stay longer.	좀 더 계시지요.
Stay out of trouble.	말썽을 부리지 말아요.
Stick around.	옆에 있어 보세요.
Stick with it.	포기하지 말고 계속해 봐요.
Stop complaining.	불평 좀 그만 하시지요.
Suit yourself.	좋은 대로 하세요.
Super.	잘 하는군요.
Sure!	물론!
Sure thing.	확실한 것이지요.
Sweet dreams.	즐거운 꿈꾸세요.

T

Take a guess(Can you guess).	맞추어 보세요.
Take care.	조심하세요, 잘 가(떠날 때).
Take my word for it.	그것에 대해서는 내 말을 따라요.
Take your time.	천천히 하세요.
Tell me about it.	그것에 대해서 한번 말해 보세요.
Thank God.	하나님, 감사합니다.
Thanks for calling.	전화 주셔서 감사해요.
Thanks for everything.	여러 가지로 고마워요.
Thanks for the compliment.	칭찬해 주셔서 감사합니다.
Thanks for the ride.	차를 태워다 주셔서 고마워요.
Thanks, but no thanks.	감사해요, 그러나 사양해요.
That depends.	그야 경우에 따라서이지요.
That figures.	그럴 줄 알았습니다.
That happens.	그런 일이 일어납니다.
That should help.	도움이 될 것입니다.
That sounds good.	듣기에 좋군요.
That will be the day.	설마 그럴 수 있을까!
That's a steal.	거저 가져가는 셈이지요(쌉니다).
That's all right.	그냥 됐습니다.
That's all there is to it.	그렇게 하면 되는 그게 전부야.
That's all.	그게 전부예요
That's enough about that.	그것은 그 정도로 충분합니다.
That's enough.	이제 됐습니다.
That's good.	잘 되었어요.
That's hard to say.	말하기 곤란한데요.
That's It.	바로 그거야.
That's a nice surprise.	이거 뜻밖인데요.
That's not fair(That's unfair).	불공평합니다.
That's right.	맞습니다.
That's the way to go.	바로 그겁니다.
That's what I mean.	그게 제가 말하는 것이지요.
There you are.	여기 있습니다.
Things will work out all right.	일이 잘 될 것입니다.
This is just between you and me.	우리들끼리의 비밀입니다.
This is not much.	약소합니다.

This is urgent.	긴급입니다.
This one?	이것 말이에요?
Time will tell.	시간이 말해 줄 것입니다.
Time's up.	이제 시간이 되었어요.
Too bad.	안됐군요.
Too expensive.	너무 비싸네요.
To the best of my knowledge~ .	내가 알기로는~.
Trust me.	저를 믿으세요.
Try again.	다시 해 보세요.

[U]

Uh-uh!	오오, 아닌데요!
Unbelievable.	믿을 수가 없네요.
Up to here.	폭발 일보전이다.
Up, or down?	올라가요, 아니면 내려가요?

[W]

Wait a minute.	잠시만 기다리세요.
Watch out.	위험해, 주의해요.
Watch your language.	말 조심해요.
We are in the same boat.	우리는 같은 처지, 운명이지요.
Welcome home.	집에 온 것을 환영합니다.
Well done.	잘 했어요.
What a nerve.	뻔뻔하군요.
What a relief.	이제 맘이 놓인다.
What a shame?	이게 무슨 창피한 노릇인가?
What about it?	그게 어떤데요?
What about you(What about me)?	당신은 어때요(나는 어때요)?
What brings you here?	어떻게 오셨지요?
What did you say?	뭐라구요?
What do you do?	직업이 뭐지요?
What do you know?	무엇을 알고 있지요?
What do you mean?	무슨 의미지요?
What do you say?	뭐라고 하실래요. 어떠세요?
What do you think of it?	이것에 대해서 뭐라고 생각하세요?
What do you think?	무엇이라고 생각하세요?
What for(For what)?	뭐 때문이지요?

What is it?	무슨 일이지요?
What makes you say that?	무슨 근거로 그렇게 말하세요?
What time is it?	몇 시지요?
What?	뭐라구요?
What's it called?	그것을 뭐라고 부르지요?
What's today's special?	오늘 특선 요리가 뭐지요?
Whatever you say?	뭐라고 하시던가요?
What's happening?	어떻게 지내요?
What's new?	그동안 새로운 거 있었어요?
What's the big deal?	뭐가 그 난리예요?
What's the point?	요점이 뭐지요?
What's up?	어떠세요?
What's wrong?	뭐가 문제예요?
When?	언제?
Where are we?	우리가 어디에 있지요?
Where did you stay?	어디에 머물렀지요?
Where do you live?	어디에 사세요?
Where is a drugstore?	약국이 어디에 있지요?
Where to?	어디로?
Which one?	어느 것이요?
Who cares!	알게 뭐야 상관하지 않아!
Who is it?	누구시지요?
Who knows.	누가 알겠어.
Who's there?	거기 누구죠?
Who's calling?	(전화를 받으면서) 누구시지요?
Why didn't I think of that?	왜 그걸 생각 못했지?
Why not?	왜 안 돼지요?
Why?	왜요?
Win-win situation.	둘다 이기는 셈이지요.
With pleasure.	기쁨으로 해 드리지요.
Would you like some?	좀 해볼래요?
Wow!	와우!

Y

Yeah. Yes	네.
Yes and no.	'yes'나 'no'라고 할 수 없네요.

You are a lucky duck.	당신은 행운아입니다.
You are driving me crazy.	나를 신경질나게 만드네요.
You are getting better.	당신은 점점 좋아지네요.
You are soaked.	흠뻑 젖었군요.
You are teasing me.	나를 놀리시는군요.
You are telling me.	(당신이 말 안해도) 안 들어도 알고 있어요.
You are too much.	당신 너무 하는군요.
You bet.	틀림없어요, 물론이지요.
You cannot fool me.	날 속이지는 못하지요.
You can say that again.	지당한 말씀이지요.
You first.	먼저 하세요.
You flatter me.	칭찬이 과하시네요.
You have a wrong number.	전화를 잘못 거셨어요.
You got it.	이해를 하셨군요.
You have lost me.	제가 말을 놓쳤네요.
You look good.	좋아 보이네요.
You must be crazy.	당신은 미쳤군요.
You name it.	말씀만 하세요.
You said it.	말한 게 맞아요.
You should get in shape.	몸을 좀 가꾸는 게 좋겠는데요.
You stay out of it.	넌 이것에 끼어들지마.
You went too far this time.	이번엔 좀 과하셨군요.
You win.	당신이 이겼어요.
You're wasting your time.	당신은 시간만 낭비하고 있어요.
You're welcome.	천만에요.